PRENTICE HALL

EXPLORADOR DE CIENCIAS

Meteorología y clima

PRENTICE HALL
Needham, Massachusetts
Upper Saddle River, New Jersey

Meteorología y clima

Recursos del programa

Student Edition
Annotated Teacher's Edition
Teaching Resources Book with Color Transparencies
Weather and Climate Materials Kits

Componentes del programa

Integrated Science Laboratory Manual
Integrated Science Laboratory Manual, Teacher's Edition
Inquiry Skills Activity Book
Student-Centered Science Activity Books
Program Planning Guide
Guided Reading English Audiotapes
Guided Reading Spanish Audiotapes and Summaries
Product Testing Activities by Consumer Reports™
Event-Based Science Series (NSF funded)
Prentice Hall Interdisciplinary Explorations
Cobblestone, Odyssey, Calliope, and *Faces* Magazines

Medios/Tecnología

Science Explorer Interactive Student Tutorial CD-ROMs
Odyssey of Discovery CD-ROMs
Resource Pro® (Teaching Resources on CD-ROM)
Assessment Resources CD-ROM with Dial-A-Test®
Internet site at www.science-explorer.phschool.com
Life, Earth, and Physical Science Videodiscs
Life, Earth, and Physical Science Videotapes

Explorador de ciencias Libros del estudiante

De las bacterias a las plantas
Animales
Células y herencia
Biología humana y salud
Ciencias del medio ambiente
El interior de la Tierra
Cambios en la superficie terrestre
El agua de la Tierra
Meteorología y clima
Astronomía
Elementos químicos básicos
Interacciones químicas
Movimiento, fuerza y energía
Electricidad y magnetismo
Sonido y luz

Créditos

El equipo de colaboradores de *Explorador de ciencias* está conformado por representantes editoriales, editores, diseñadores, encargados de pruebas de campo de mercadeo, investigadores de mercado, encargados de servicios de mercadeo, desarrolladores de servicios en línea/multimedia, representantes de mercadotecnia, encargados de producción, y publicadores. Los nombres de los colaboradores se listan a continuación. Aquellos resaltados en negritas indican a los coordinadores del equipo.

Kristen E. Ball, **Barbara A. Bertell,** Peter W. Brooks, **Christopher R. Brown, Greg Cantone,** Jonathan Cheney, **Patrick Finbarr Connolly,** Loree Franz, Donald P. Gagnon, Jr., **Paul J. Gagnon, Joel Gendler,** Elizabeth Good, Kerri Hoar, **Linda D. Johnson,** Katherine M. Kotik, Russ Lappa, Marilyn Leitao, David Lippman, **Eve Melnechuk, Natania Mlawer,** Paul W. Murphy, **Cindy A. Noftle,** Julia F. Osborne, Caroline M. Power, Suzanne J. Schineller, **Susan W. Tafler,** Kira Thaler-Marbit, Robin L. Santel, Ronald Schachter, **Mark Tricca,** Diane Walsh, Pearl B. Weinstein, Beth Norman Winickoff

Acknowledgment for pages 150–151: Excerpt from *Alone* by Richard E. Byrd, reprinted by arrangement with Island Press. Copyright ©1938 by Richard E. Byrd, ©renewed 1986.

ISBN 0-13-436606-9
1 2 3 4 5 6 7 8 9 10 03 02 01 00 99

Portada: Resplandores de rayos sobre Tucson, Arizona.

Autores del programa

Michael J. Padilla, Ph.D.
Professor
Department of Science Education
University of Georgia
Athens, Georgia

Michael Padilla es líder en la enseñanza de Ciencias en secundaria. Ha trabajado como editor y funcionario de la Asociación Nacional de Profesores de Ciencias. Ha sido miembro investigador en diversas premiaciones de la Fundación Nacional de Ciencias y la Fundación Eisenhower, además de participar en la redacción de los Estándares Nacionales de Enseñanza de Ciencias.

En *Explorador de ciencias*, Mike coordina un equipo de desarrollo de programas de enseñanza que promueven la participación de estudiantes y profesores en el campo de las ciencias con base en los Estándares Nacionales de la Enseñanza de Ciencias.

Ioannis Miaoulis, Ph.D.
Dean of Engineering
College of Engineering
Tufts University
Medford, Massachusetts

Martha Cyr, Ph.D.
Director, Engineering
Educational Outreach
College of Engineering
Tufts University
Medford, Massachusetts

Explorador de ciencias es un proyecto creado con la colaboración del Colegio de Ingeniería de la Universidad Tufts. Dicha institución cuenta con un extenso programa de investigación sobre ingeniería que fomenta la participación de estudiantes y profesores en las áreas de ciencia y tecnología.

Además de participar en la creación del proyecto *Explorador de ciencias*, la facultad de la Universidad Tufts también colaboró en la revisión del contenido de los libros del estudiante y la coordinación de las pruebas de campo.

Autor

Barbara Brooks Simons
Science Writer
Boston, Massachusetts

Colaboradores

Alfred B. Bortz, PH.D.
School of Education
Duquesne University
Pittsburgh, Pennsylvania

Emery Pineo
Science Teacher
Barrington Middle School
Barrington, Rhode Island

Karen Riley Sievers
Science Teacher
Callanan Middle School
Des Moines, Iowa

Sharon M. Stroud
Science Teacher
Widefield High School
Colorado Springs, Colorado

Asesor de lecturas

Bonnie B. Armbruster, Ph.D.
Department of Curriculum
and Instruction
University of Illinois
Champaign, Illinois

Asesor interdisciplinario

Heidi Hayes Jacobs, Ed.D.
Teacher's College
Columbia University
New York, New York

Asesores de seguridad

W. H. Breazeale, Ph.D.
Department of Chemistry
College of Charleston
Charleston, South Carolina

Ruth Hathaway, Ph.D.
Hathaway Consulting
Cape Girardeau, Missouri

Revisores del programa de la Universidad Tufts

Behrouz Abedian, Ph.D.
Department of Mechanical Engineering

Wayne Chudyk, Ph.D.
Department of Civil and Environmental Engineering

Eliana De Bernardez-Clark, Ph.D.
Department of Chemical Engineering

Anne Marie Desmarais, Ph.D.
Department of Civil and Environmental Engineering

David L. Kaplan, Ph.D.
Department of Chemical Engineering

Paul Kelley, Ph.D.
Department of Electro-Optics

George S. Mumford, Ph.D.
Professor of Astronomy, Emeritus

Jan A. Pechenik, Ph.D.
Department of Biology

Livia Racz, Ph.D.
Department of Mechanical Engineering

Robert Rifkin, M.D.
School of Medicine

Jack Ridge, Ph.D.
Department of Geology

Chris Swan, Ph.D.
Department of Civil and Environmental Engineering

Peter Y. Wong, Ph.D.
Department of Mechanical Engineering

Revisores del contenido

Jack W. Beal, Ph.D.
Department of Physics
Fairfield University
Fairfield, Connecticut

W. Russell Blake, Ph.D.
Planetarium Director
Plymouth Community Intermediate School
Plymouth, Massachusetts

Howard E. Buhse, Jr., Ph.D.
Department of Biological Sciences
University of Illinois
Chicago, Illinois

Dawn Smith Burgess, Ph.D.
Department of Geophysics
Stanford University
Stanford, California

A. Malcolm Campbell, Ph.D.
Assistant Professor
Davidson College
Davidson, North Carolina

Elizabeth A. De Stasio, Ph.D.
Associate Professor of Biology
Lawrence University
Appleton, Wisconsin

John M. Fowler, Ph.D.
Former Director of Special Projects
National Science Teacher's Association
Arlington, Virginia

Jonathan Gitlin, M.D.
School of Medicine
Washington University
St. Louis, Missouri

Dawn Graff-Haight, Ph.D., CHES
Department of Health, Human Performance, and Athletics
Linfield College
McMinnville, Oregon

Deborah L. Gumucio, Ph.D.
Associate Professor
Department of Anatomy and Cell Biology
University of Michigan
Ann Arbor, Michigan

William S. Harwood, Ph.D.
Dean of University Division and Associate Professor of Education
Indiana University
Bloomington, Indiana

Cyndy Henzel, Ph.D.
Department of Geography and Regional Development
University of Arizona
Tucson, Arizona

Greg Hutton
Science and Health Curriculum Coordinator
School Board of Sarasota County
Sarasota, Florida

Susan K. Jacobson, Ph.D.
Department of Wildlife Ecology and Conservation
University of Florida
Gainesville, Florida

Judy Jernstedt, Ph.D.
Department of Agronomy and Range Science
University of California, Davis
Davis, California

John L. Kermond, Ph.D.
Office of Global Programs
National Oceanographic and Atmospheric Administration
Silver Spring, Maryland

David E. LaHart, Ph.D.
Institute of Science and Public Affairs
Florida State University
Tallahassee, Florida

Joe Leverich, Ph.D.
Department of Biology
St. Louis University
St. Louis, Missouri

Dennis K. Lieu, Ph.D.
Department of Mechanical Engineering
University of California
Berkeley, California

Cynthia J. Moore, Ph.D.
Science Outreach Coordinator
Washington University
St. Louis, Missouri

Joseph M. Moran, Ph.D.
Department of Earth Science
University of Wisconsin–Green Bay
Green Bay, Wisconsin

Joseph Stukey, Ph.D.
Department of Biology
Hope College
Holland, Michigan

Seetha Subramanian
Lexington Community College
University of Kentucky
Lexington, Kentucky

Carl L. Thurman, Ph.D.
Department of Biology
University of Northern Iowa
Cedar Falls, Iowa

Edward D. Walton, Ph.D.
Department of Chemistry
California State Polytechnic University
Pomona, California

Robert S. Young, Ph.D.
Department of Geosciences and Natural Resource Management
Western Carolina University
Cullowhee, North Carolina

Edward J. Zalisko, Ph.D.
Department of Biology
Blackburn College
Carlinville, Illinois

Revisores de pedagogía

Stephanie Anderson
Sierra Vista Junior High School
Canyon Country, California

John W. Anson
Mesa Intermediate School
Palmdale, California

Pamela Arline
Lake Taylor Middle School
Norfolk, Virginia

Lynn Beason
College Station Jr. High School
College Station, Texas

Richard Bothmer
Hollis School District
Hollis, New Hampshire

Jeffrey C. Callister
Newburgh Free Academy
Newburgh, New York

Judy D'Albert
Harvard Day School
Corona Del Mar, California

Betty Scott Dean
Guilford County Schools
McLeansville, North Carolina

Sarah C. Duff
Baltimore City Public Schools
Baltimore, Maryland

Melody Law Ewey
Holmes Junior High School
Davis, California

Sherry L. Fisher
Lake Zurich Middle School North
Lake Zurich, Illinois

Melissa Gibbons
Fort Worth ISD
Fort Worth, Texas

Debra J. Goodding
Kraemer Middle School
Placentia, California

Jack Grande
Weber Middle School
Port Washington, New York

Steve Hills
Riverside Middle School
Grand Rapids, Michigan

Carol Ann Lionello
Kraemer Middle School
Placentia, California

Jaime A. Morales
Henry T. Gage Middle School
Huntington Park, California

Patsy Partin
Cameron Middle School
Nashville, Tennessee

Deedra H. Robinson
Newport News Public Schools
Newport News, Virginia

Bonnie Scott
Clack Middle School
Abilene, Texas

Charles M. Sears
Belzer Middle School
Indianapolis, Indiana

Barbara M. Strange
Ferndale Middle School
High Point, North Carolina

Jackie Louise Ulfig
Ford Middle School
Allen, Texas

Kathy Usina
Belzer Middle School
Indianapolis, Indiana

Heidi M. von Oetinger
L'Anse Creuse Public School
Harrison Township, Michigan

Pam Watson
Hill Country Middle School
Austin, Texas

Revisores de actividades de campo

Nicki Bibbo
Russell Street School
Littleton, Massachusetts

Connie Boone
Fletcher Middle School
Jacksonville Beach, Florida

Rose-Marie Botting
Broward County School District
Fort Lauderdale, Florida

Colleen Campos
Laredo Middle School
Aurora, Colorado

Elizabeth Chait
W. L. Chenery Middle School
Belmont, Massachusetts

Holly Estes
Hale Middle School
Stow, Massachusetts

Laura Hapgood
Plymouth Community Intermediate School
Plymouth, Massachusetts

Sandra M. Harris
Winman Junior High School
Warwick, Rhode Island

Jason Ho
Walter Reed Middle School
Los Angeles, California

Joanne Jackson
Winman Junior High School
Warwick, Rhode Island

Mary F. Lavin
Plymouth Community Intermediate School
Plymouth, Massachusetts

James MacNeil, Ph.D.
Concord Public Schools
Concord, Massachusetts

Lauren Magruder
St. Michael's Country Day School
Newport, Rhode Island

Jeanne Maurand
Glen Urquhart School
Beverly Farms, Massachusetts

Warren Phillips
Plymouth Community Intermediate School
Plymouth, Massachusetts

Carol Pirtle
Hale Middle School
Stow, Massachusetts

Kathleen M. Poe
Kirby-Smith Middle School
Jacksonville, Florida

Cynthia B. Pope
Ruffner Middle School
Norfolk, Virginia

Anne Scammell
Geneva Middle School
Geneva, New York

Karen Riley Sievers
Callanan Middle School
Des Moines, Iowa

David M. Smith
Howard A. Eyer Middle School
Macungie, Pennsylvania

Derek Strohschneider
Plymouth Community Intermediate School
Plymouth, Massachusetts

Sallie Teames
Rosemont Middle School
Fort Worth, Texas

Gene Vitale
Parkland Middle School
McHenry, Illinois

Zenovia Young
Meyer Levin Junior High School (IS 285)
Brooklyn, New York

Contenido

Meteorología y clima

Actividades

Actividades de investigación

PROYECTO DEL CAPÍTULO

Investigación de largo plazo

DESCUBRE

Exploración e investigación antes de leer

Mejora tus destrezas

Práctica de destrezas específicas de la investigación científica

INTÉNTALO

Refuerzo de conceptos clave

Laboratorio de destrezas

Práctica detallada de las destrezas de investigación

Laboratorio real

Aplicación diaria de conceptos científicos

Actividades interdisciplinarias

Ciencias e historia

Ciencias y sociedad

Conexión

Con los ojos en la TIERRA

En el Centro Espacial Kennedy, en la costa este de La Florida, un grupo se prepara para lanzar un satélite al espacio. Saben que una tormenta puede estar dirigiéndose hacia ellos. ¿Deben dar comienzo a la misión o postergarla? Antes de decidirse, el grupo consulta a los meteorólogos para oír el informe meteorológico más reciente.

El Centro Espacial Kennedy está a unos 100 kilómetros al este del centro del estado. Hay más tormentas eléctricas de verano en la parte central de La Florida que en casi cualquier otra región del mundo. Predecir cuándo habrá tormentas intensas y hacia dónde se desplazarán es una de las tareas más exigentes para un meteorólogo. Una de las personas más capaces para este trabajo es J. Marshall Shepherd.

J. Marshall Shepherd
Hijo de dos directores de escuela, J. Marshall Shepherd nació en 1969 y se crió en la pequeña ciudad de Canton, Georgia. Actualmente trabaja para la NASA como meteorólogo investigador de Misión: Planeta Tierra (Mission to Planet Earth). Es experto en el desarrollo de las tormentas eléctricas de gran intensidad. Estudió meteorología en la Universidad Estatal de La Florida.

El huracán Fran bufa sobre el Mar Caribe, cerca de La Florida y la isla de Cuba. Nubes blancas se arremolinan en torno al "ojo", en el centro del huracán (arriba a la derecha).

Todo comenzó con una exposición científica

Marshall Shepherd es un "viejo zorro" en la predicción del tiempo. Ha estado en ello desde el sexto grado de primaria, cuando su maestro le sugirió que se inscribiera en una exposición científica. Marshall tituló su proyecto científico "¿Puede un estudiante de sexto grado predecir el tiempo?" Primero visitó la estación televisora local en Atlanta para ver qué instrumentos usan los meteorólogos para medir las principales variables meteorológicas.

> **"La forma de La Florida es una de las razones de que ahí se formen muchas tormentas."**

"Luego leí un poco sobre los antecedentes y llegué a la conclusión de que podría construir algunos de esos instrumentos con materiales básicos que podía encontrar no lejos de casa", recuerda.

Marshall Shepherd usó materiales caseros y unos cuantos artículos adquiridos a bajo costo en tiendas de accesorios para realizar su proyecto. Construyó una estación meteorológica con un anemómetro para medir la velocidad del viento, un barómetro para medir la presión barométrica, un higrómetro de cabello para medir la humedad y un pluviómetro.

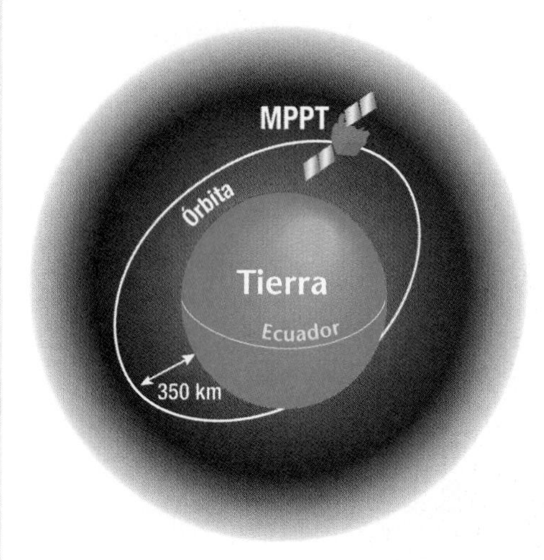

▲ **MPPT, un aparato que registra las condiciones meteorológicas, gira alrededor de la Tierra a una altura de 350 kilómetros. Vuela sobre cada posición de la Tierra a diferente hora cada día.**

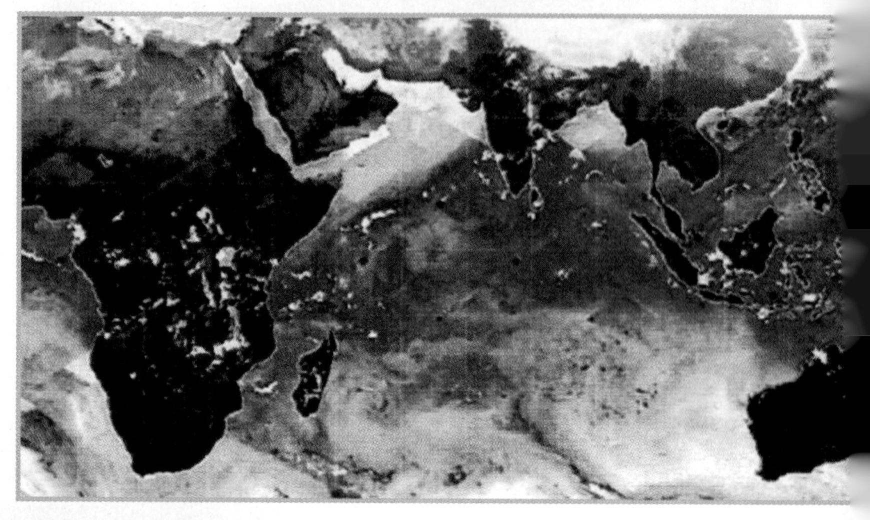

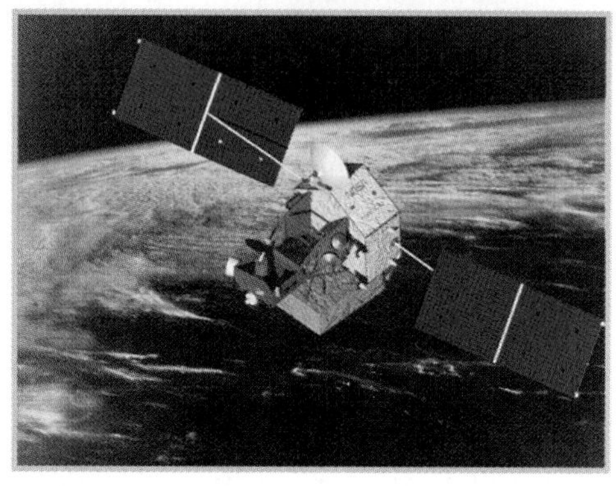

El observatorio del MPPT tiene aproximadamente el tamaño de una pequeña habitación y pesa igual que un camión mediano. Contiene dos paneles solares e instrumentos que registran datos meteorológicos.

"Con estos instrumentos básicos hice observaciones del tiempo en mi vecindario", explica. "Hice un modelo del tiempo día a día durante un periodo de seis meses y obtuve algunos resultados muy interesantes y precisos". Los instrumentos y el trabajo científico de Marshall en este proyecto le valieron premios en exposiciones locales, distritales y estatales.

"Desde entonces participo en proyectos científicos", recuerda. Cuando se graduó de la preparatoria ya tenía una meta definida. "Planeaba ser investigador científico en la NASA *(National Aeronautics and Space Administration)*", declaró.

Predecir tormentas de gran intensidad

En 1992, el huracán Andrew —el más fuerte que haya azotado La Florida— barrió el sur de La Florida y Louisiana. Marshall asistía entonces a la universidad. "Mi tesis de investigación fue sobre el rastreo de huracanes por medio del radar. En realidad hice parte de mi trabajo con el huracán Andrew", dice. "Así fue como me interesé en el clima tropical".

En la escuela para graduados, Marshall Shepherd investigó cómo se crean y se desplazan las tormentas eléctricas, especialmente las de la Florida central. La forma larga y estrecha de La Florida es una de las razones de que ahí se forman muchas tormentas. "Cuando la tierra se calienta más rápido que el agua, se tiene lo que se llama circulación de la brisa marina", explica. "En un típico día de verano se forman brisas marinas en ambas costas de La Florida. Esas brisas tienden a desplazarse hacia el centro. Cuando chocan se produce la tormenta eléctrica intensa".

Diseñar nuevos instrumentos

En la actualidad Marshall Shepherd trabaja en la NASA, donde sus proyectos contribuyen a la Misión: Planeta Tierra. Este programa a largo plazo usa información de satélites, aeronaves y

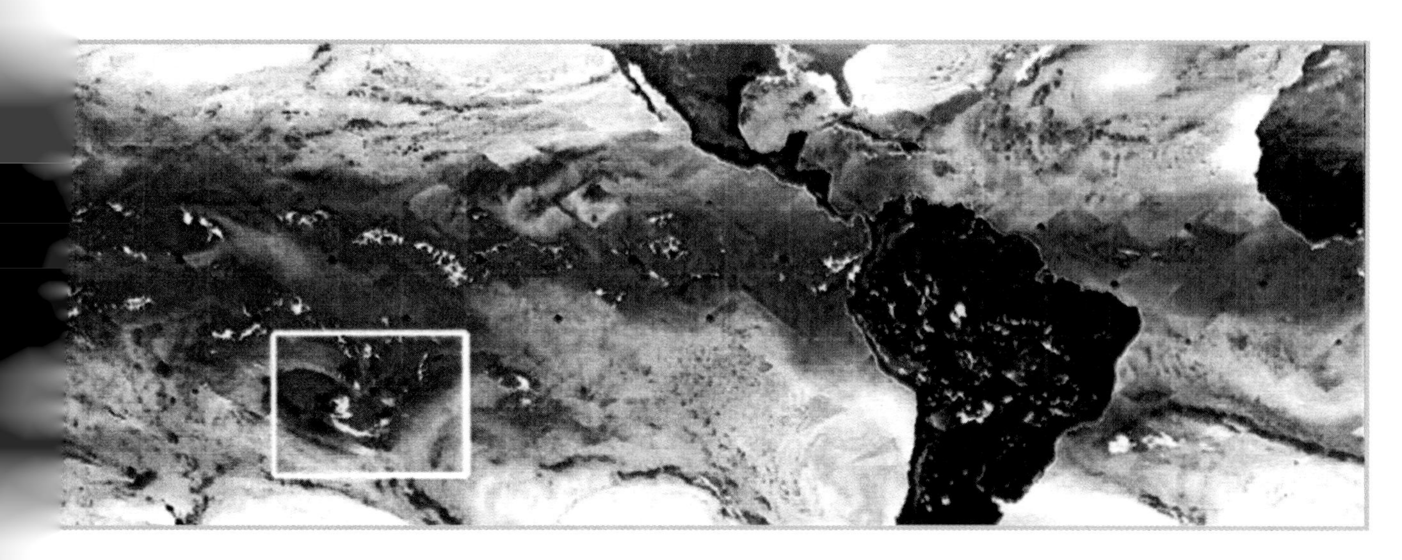

Este mapa fue trazado por la MPPT. El rectángulo blanco identifica un ciclón.

estudios terrestres para explorar los cambios ambientales en el mundo.

El conocimiento de las tormentas eléctricas de Marshall Shepherd es especialmente valioso para interpretar datos de la Misión de Medición de Precipitación Pluvial Tropical (MPPT), un programa que mide la precipitación pluvial tropical y subtropical. Los ciclos de lluvia en las regiones tropicales afectan el tiempo en todo el mundo.

El trabajo de Marshall Shepherd tiene que ver con observación y cálculo. Como lo hacía en sexto grado, diseña y construye instrumentos. Pero ahora sus aparatos son algunos de los más avanzados del mundo. Ya no lleva sus instrumentos a su vecindario para medir las condiciones meteorológicas directamente. Su especialidad ahora es la "percepción remota": hacer observaciones de las condiciones meteorológicas (lluvia, vapor de agua, etcétera) a distancia.

Después de recopilar datos, Marshall usa una computadora para analizarlos. Él y otras personas crearon un programa de computadora que usa los datos para predecir la formación de tormentas de gran intensidad. Por esta razón, cuando el equipo del Centro Espacial Kennedy tiene que decidir si lanza o no un cohete, se apoya en las predicciones de programas similares a aquellos en los que Shepherd ha colaborado.

Para el futuro

Los planes personales de Marshall Shepherd van más allá de la Misión: Planeta Tierra. "Con la construcción de la estación espacial internacional, los científicos van a tener oportunidad de investigar desde el espacio. Mi meta es realizar investigación meteorológica tanto desde la estación espacial como desde la Tierra. Usaré algunos de los instrumentos que estamos diseñando actualmente".
Y expresa otra meta importante para cuando regrese a Tierra: "Poner la ciencia al alcance de los estudiantes, inspirarlos y ponerlos en contacto con ella".

En tu diario

Marshall Shepherd atribuye su éxito a fijarse metas detalladas. "Siempre pongo mis metas por escrito, y las tacho conforme las voy alcanzando", dice. Piensa en alguna tarea importante que te gustaría realizar el año próximo. Identifica los pasos y anota objetivos que tendrás que cumplir para alcanzar tu meta. ¿Cómo te ayudan esos pasos a acercarte a tu meta?

CAPÍTULO 1 La atmósfera

LO QUE ENCONTRARÁS

Integrar las ciencias del ambiente

SECCIÓN 1 El aire que te rodea

Descubre **¿Cuánto tiempo arderá la vela?**
Inténtalo **Inhala, exhala**
Laboratorio real **¿Qué tan limpio está el aire?**

SECCIÓN 2 Calidad del aire

Descubre **¿Qué hay sobre el frasco?**
Mejora tus destrezas **Predecir**

SECCIÓN 3 Presión barométrica

Descubre **¿Tiene masa el aire?**
Inténtalo **Barómetro de botella**
Laboratorio de destrezas **Trabajar bajo presión**

PROYECTO 1

Observar el tiempo

El aire está fresco y despejado, es perfecto para un viaje en globo aerostático. Al ascender, una brisa fresca comienza a empujarte. ¿Adónde te llevará? Los pilotos de globos aerostáticos necesitan saber sobre el tiempo para trazar su ruta.

En este capítulo aprenderás sobre el aire que te rodea. Al estudiar la atmósfera, usarás tus sentidos para reunir información sobre las condiciones meteorológicas. Aun sin instrumentos científicos se pueden hacer observaciones precisas sobre el tiempo.

Tu objetivo Observar las condiciones meteorológicas sin usar instrumentos y buscar en condiciones meteorológicas actuales, indicios del tiempo que habrá mañana.

Para completar este proyecto con éxito, tendrás que:

- hacer un plan para la observación y descripción de una variedad de condiciones meteorológicas en un periodo de dos a tres semanas
- mostrar tus observaciones en una bitácora de las condiciones meteorológicas
- presentar tus descubrimientos sobre las condiciones meteorológicas

Para empezar Analiza qué condiciones meteorológicas puedes observar. Piensa en cómo usar tus sentidos para describir el tiempo. Por ejemplo, ¿puedes calcular la velocidad del viento observando la bandera de la escuela? ¿Puedes describir la temperatura según las prendas de vestir que tienes que usar al salir? Sé creativo.

Comprueba tu aprendizaje Trabajarás en este proyecto mientras estudias el capítulo. Para mantener tu proyecto en marcha, revisa los cuadros de Comprueba tu aprendizaje en los puntos siguientes:

Repaso de la Sección 1, página 17: Reúne y anota tus observaciones.

Repaso de la Sección 4, página 36: Busca patrones en tus datos.

Para terminar Al final del capítulo (página 39), con tus observaciones meteorológicas, prepara una exposición para la clase.

Estos globos aerostáticos suben a la atmósfera en un festival en Snowmass, Colorado.

SECCIÓN 4 Capas de la atmósfera

Descubre ¿Hay aire ahí?

El aire que te rodea

DESCUBRE — ACTIVIDAD

¿Cuánto tiempo arderá la vela?

1. Ponte gafas de protección.
2. Pon un poco de plastilina en un molde de aluminio para pastel. Clava una vela pequeña en la plastilina. Enciende la vela con cuidado.
3. Toma un frasco de cristal pequeño por su base. Voltéalo y baja la boca del frasco sobre la vela hasta que el frasco esté sobre el molde. Al hacer esto, pon en marcha el cronómetro o fíjate en dónde está la manecilla del segundero en un reloj.
4. Observa cuidadosamente la vela. ¿Cuánto tiempo arde la llama?
5. Con un guante de cocina, retira el frasco. Vuelve a encender la vela y repite los pasos 3 y 4 con un frasco más grande.

Reflexiona sobre

Inferir ¿Cómo explicarías las diferencias de tus resultados en los Pasos 4 y 5?

GUÍA DE LECTURA

- **¿Qué importancia tiene la atmósfera para los seres vivos?**
- **¿Qué gases están presentes en la atmósfera de la Tierra?**

Sugerencia de lectura **Antes de leer, examina la Figura 2. A medida que leas, escribe una oración sobre cada uno de los gases importantes de la atmósfera.**

Al volver de la escuela, de camino a casa, el aire es cálido y está en calma. El cielo está cubierto de densas y oscuras nubes. A la distancia ves un destello. Segundos después escuchas un trueno. Al dar vuelta en la esquina de tu calle comienzan a caer gotas de lluvia. Corres y llegas a casa justo al comenzar el aguacero. En el cobertizo haces una pausa para recobrar el aliento y observar desde ahí la tormenta.

Importancia de la atmósfera

Donde vives, ¿el tiempo cambia con frecuencia o es constante? **Tiempo** es la condición de la atmósfera terrestre en un momento y lugar particulares. Pero ¿qué es la atmósfera? La **atmósfera** terrestre es la capa de gases que rodea la Tierra. Para entender el tamaño relativo de la atmósfera, imagina que la Tierra tiene el tamaño de una manzana.

Figura 1 Vista desde el espacio, la atmósfera terrestre aparece como una delgada capa cerca del horizonte. La atmósfera hace posible la vida en la Tierra.

Si sueltas tu aliento sobre la manzana, se formará una fina película de agua en su superficie. La atmósfera terrestre es como el agua sobre la manzana: una fina capa de gases sobre su superficie.

La atmósfera terrestre hace que las condiciones de la Tierra sean adecuadas para los seres vivos. La atmósfera contiene oxígeno y otros gases que tú y otros seres vivos necesitan para vivir. A su vez, los seres vivos afectan la atmósfera. La atmósfera cambia constantemente debido a los átomos y moléculas de gases que se mueven alrededor del globo y al entrar y salir de los seres vivos, la tierra y el agua.

Los seres vivos necesitan también calor y agua líquida. Al atrapar la energía solar, la atmósfera conserva en la mayor parte de la superficie terrestre el calor suficiente para que el agua exista como líquido. Además, la atmósfera protege a los seres vivos de la peligrosa radiación solar. Asimismo, evita el impacto de la mayoría de los meteoritos, o trozos de roca del espacio exterior, contra la superficie de nuestro planeta.

☑ *Punto clave* *¿En qué condiciones estaría la Tierra sin la atmósfera?*

Composición de la atmósfera

La atmósfera se compone de una mezcla de átomos y moléculas de diferentes clases de gases. El átomo es la unidad más pequeña de un elemento químico que puede existir por sí misma. Las moléculas se forman de dos o más átomos. **La atmósfera de la Tierra se compone de nitrógeno, oxígeno, dióxido de carbono, vapor de agua y muchos otros gases, así como de partículas de líquidos y sólidos.**

Nitrógeno Como se ve en la Figura 2, el nitrógeno es el gas más abundante de la atmósfera. Constituye poco más de tres cuartas partes del aire que respiramos. Cada molécula de nitrógeno se forma con dos átomos de este gas.

Artes del lenguaje CONEXIÓN

La palabra *atmósfera* viene de dos palabras griegas: *atmos*, que significa "vapor" y *sphera*, que quiere decir "esfera". Así que atmósfera son los vapores o gases que rodean una esfera, en este caso, la Tierra.

En tu diario

Al leer este capítulo, anota todas las palabras que terminen en *-sfera*. Busca las raíces de cada palabra en un diccionario. ¿En qué forma te ayuda el conocimiento de las raíces de cada palabra a entender su significado?

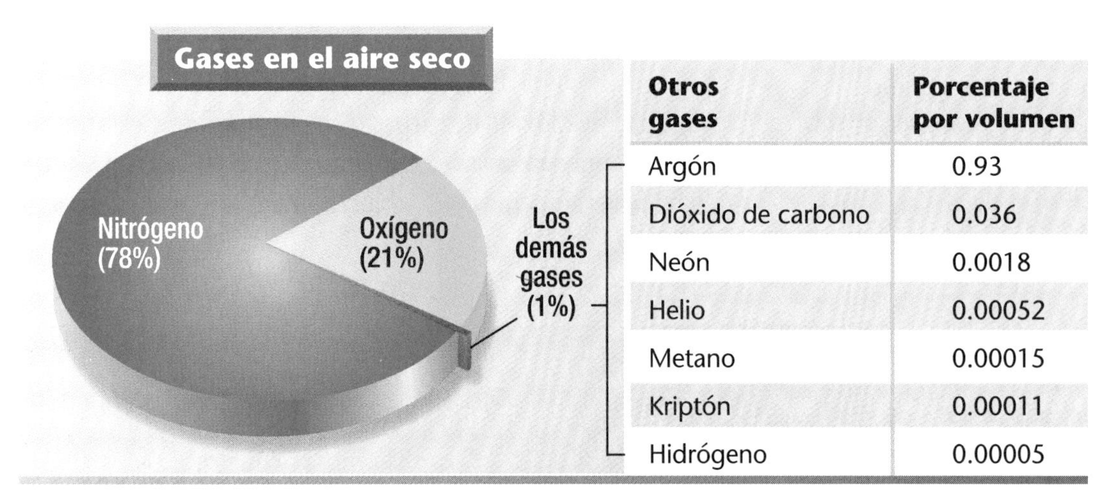

Otros gases	Porcentaje por volumen
Argón	0.93
Dióxido de carbono	0.036
Neón	0.0018
Helio	0.00052
Metano	0.00015
Kriptón	0.00011
Hidrógeno	0.00005

Figura 2 El aire seco tiene siempre la misma composición de gases.
Interpretar datos *¿Cuáles son los dos gases que componen la mayor parte del aire?*

INTÉNTALO

Inhala, exhala

¿Cómo puedes detectar el dióxido de carbono en el aire que exhalas?

1. Ponte tus gafas de protección.
2. Llena un vaso sencillo o uno de precipitados con agua de cal.

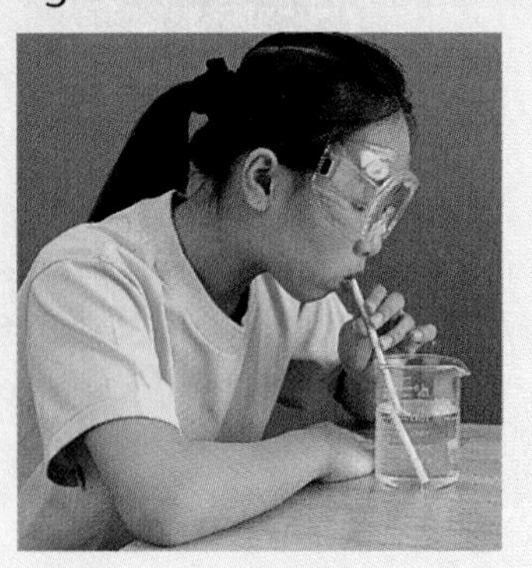

3. Con un popote, sopla suavemente en el agua de cal alrededor de un minuto. **PRECAUCIÓN:** *No sorbas por el popote ni bebas el agua de cal.*
4. ¿Qué le sucede al agua de cal?

Desarrollar hipótesis ¿Qué crees que ocurriría si hicieras este experimento después de trotar por 10 minutos? Si intentaras esto, ¿qué te indicarían los resultados sobre el ejercicio y el dióxido de carbono?

INTEGRAR LAS CIENCIAS DE LA VIDA El nitrógeno es esencial para los seres vivos. Las proteínas y otras sustancias químicas complejas de los seres vivos contienen nitrógeno. Tú y todos los demás organismos necesitan nitrógeno para la formación y el restablecimiento de las células del cuerpo.

La mayoría de los seres vivos no puede obtener nitrógeno directamente del aire. En lugar de esto, algunas bacterias convierten el nitrógeno en sustancias llamadas nitratos. Las plantas absorben entonces los nitratos del suelo y los usan para hacer proteínas. Para obtener proteínas, los animales tienen que comer plantas y otros animales.

Oxígeno Cada molécula de oxígeno tiene dos átomos. Aun cuando el oxígeno es el segundo gas más abundante de la atmósfera, constituye menos de un cuarto del volumen de ésta. Las plantas y los animales toman el oxígeno directamente del aire y lo usan para liberar energía de los alimentos y aprovecharla.

El oxígeno también participa en otros procesos importantes. Cualquier combustible que se te ocurra pensar, desde la gasolina de un automóvil hasta las velas de un pastel, usa oxígeno al arder. La combustión consume rápidamente el oxígeno. En otros procesos, el oxígeno se consume lentamente. Por ejemplo, el acero de los automóviles y de otros objetos reacciona lentamente con el oxígeno para formar el óxido de hierro o herrumbre.

¿Has percibido un olor picante en el aire después de una tormenta eléctrica? Es el olor del ozono, que se forma cuando los rayos interactúan con el oxígeno del aire. El **ozono** es una forma del oxígeno que tiene tres átomos de oxígeno en cada molécula, en lugar de los dos habituales.

Dióxido de carbono Cada molécula de dióxido de carbono tiene un átomo de carbono y dos de oxígeno. Aunque la atmósfera tiene sólo una pequeña cantidad de dióxido de carbono, es esencial para la vida. Las plantas necesitan dióxido de carbono para producir alimentos. Los animales, por otra parte, liberan dióxido de carbono como desecho.

Cuando se queman combustibles como carbón mineral y gasolina, liberan dióxido de carbono. Quemar estos combustibles aumenta la cantidad de dióxido de carbono en la atmósfera. Los niveles de dióxido de carbono pueden ser la causa del aumento en la temperatura de la Tierra. El tema del aumento en la temperatura de la Tierra, o calentamiento global, se analiza en el Capítulo 4.

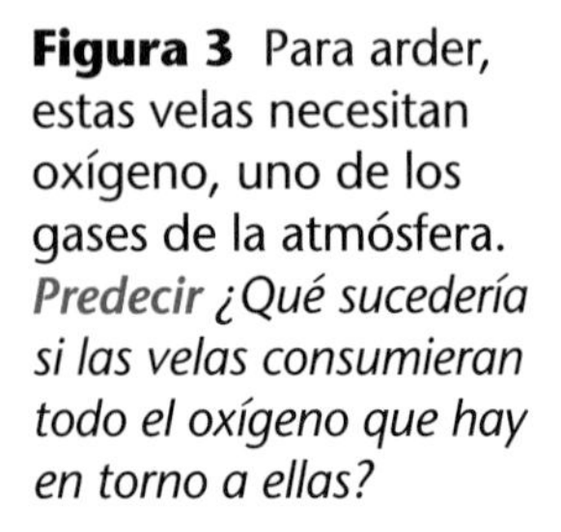

Figura 3 Para arder, estas velas necesitan oxígeno, uno de los gases de la atmósfera. ***Predecir*** *¿Qué sucedería si las velas consumieran todo el oxígeno que hay en torno a ellas?*

Otros gases El oxígeno y el nitrógeno juntos forman el 99 por ciento del aire seco. El dióxido de carbono y el argón componen la mayor parte del otro uno por ciento restante y a los otros gases se les llama gases raros porque sólo están presentes en pequeñas cantidades.

Vapor de agua La composición del aire hasta ahora tratada corresponde al aire seco. En realidad, el aire no es seco porque contiene vapor de agua. El **vapor de agua** es agua en forma de gas. El vapor de agua es invisible; no es lo mismo que el vapor simple, compuesto de diminutas gotas de agua líquida. Cada molécula de agua tiene dos átomos de hidrógeno y uno de oxígeno.

La cantidad de vapor de agua en el aire varía mucho de un lugar a otro y de un clima a otro. El aire sobre el desierto o sobre el hielo polar puede casi no contener vapor de agua. En los bosques tropicales, casi el cinco por ciento del aire puede ser vapor de agua.

El vapor de agua tiene una función importante en las condiciones meteorológicas de la Tierra. Las nubes se forman cuando el vapor de agua del aire se condensa formando pequeñísimas gotas de agua líquida o cristales de hielo. Si estas gotitas o cristales crecen lo suficiente, se precipitan como lluvia o nieve.

Figura 4 Esta exuberante vegetación crece en el bosque tropical de Costa Rica. El porcentaje de vapor de agua en el aire en un bosque tropical puede alcanzar el cinco por ciento.

Partículas El aire puro contiene sólo gases. Pero el aire puro sólo existe en laboratorios. En el mundo real, el aire también contiene minúsculas partículas sólidas y líquidas de polvo, humo, sal y otras sustancias químicas. A veces puedes verlas en el aire a tu alrededor, pero la mayoría de ellas son demasiado pequeñas para poder verlas.

Repaso de la sección 1

1. Describe dos formas en que la atmósfera es importante para la vida en la Tierra.
2. ¿Cuáles son los cuatro gases más comunes en el aire seco?
3. ¿Por qué las cantidades de gases de la atmósfera se muestran como porcentajes del aire seco?
4. **Razonamiento crítico Aplicar los conceptos** ¿Cuánto cambiaría la cantidad de bióxido de carbono de la atmósfera si no hubiera plantas? ¿Y si no hubiera animales?

PROYECTO DEL CAPÍTULO 1

Comprueba tu aprendizaje

¿Ya determinaste *cómo, dónde* y *cuándo* harás tus observaciones? Organiza una bitácora para anotarlas. Piensa en formas de comparar las condiciones de un día a otro. No uses instrumentos o informes meteorológicos. (*Sugerencia:* Puedes calcular qué tanto del cielo está cubierto de nubes.) Por tu seguridad, no hagas observaciones cuando haya tormenta.

Laboratorio real

Tú y tu medio ambiente

¿Qué tan limpio está el aire?

¡A veces puedes realmente ver la atmósfera! ¿Cómo? Puesto que el aire normalmente es transparente, sólo es visible cuando tiene partículas. En esta actividad usarás una aspiradora de vacío para recoger partículas del aire.

Problema

¿Cómo afectan los factores del estado del tiempo el número de partículas en el aire?

Enfoque en las destrezas

medir, interpretar datos

Materiales

filtros de cafetera
liga
termómetro
microscopio de poca potencia
aspiradora de vacío con manguera de absorción (1 por clase)

Procedimiento

1. Predice los factores que afectarán la cantidad de partículas que recojas. ¿Cómo pueden estos afectar tus resultados?
2. En tu cuaderno de notas, haz una tabla de datos como la de abajo.
3. Pon el filtro de cafetera sobre la boquilla de la manguera de la aspiradora. Ajusta firmemente el filtro a la manguera con una liga. Asegúrate de que el aire pase a través del filtro antes de entrar en la aspiradora.
4. Toma muestras de aire en el mismo lugar durante cinco días. Si es posible, busca un lugar al aire libre. Si no lo hay, puedes dirigir la aspiradora al exterior por una ventana del salón de clases. **PRECAUCIÓN:** *No uses la aspiradora al aire libre en días húmedos o lluviosos.* Si el tiempo es húmedo o lluvioso, toma la muestra después que cese la lluvia.
5. Sostén la boquilla de la aspiradora por lo menos a un metro del suelo cada vez que la enciendas. Enciéndela y déjala funcionar 30 minutos. Después apágala.

TABLA DE DATOS

Fecha y hora	Temperatura	Cantidad de precipitación	Dirección del viento	Velocidad del viento	Número de partículas

6. Mientras la aspiradora está funcionando, observa las condiciones meteorológicas. Mide la temperatura. Calcula la precipitación, si la hay, a partir de la observación anterior. Fíjate en la dirección del viento, si lo hay. Observa también si el viento es fuerte, ligero o está en calma. Anota tus observaciones.
7. Quita el filtro de la boquilla. Rotula el filtro anotando lugar, hora y fecha. Dibuja un círculo en el filtro que señale el área que estuvo sobre la boquilla.
8. Coloca el filtro de cafetera en el portaobjetos del microscopio (en la potencia 40). Asegúrate de que la parte que estuvo sobre la boquilla de la aspiradora esté bajo la lente del microscopio. Sin mover el filtro, cuenta las partículas que veas. Anota el número en tu tabla de datos.
9. Repite los Pasos 3–8 cada día despejado.

Analizar y concluir

1. ¿Hubo algún día de la semana en que recogieras más partículas?
2. ¿Qué factores cambiaron durante la semana que pudieran haber causado cambios en la cuenta de partículas?
3. ¿Tuvo algún efecto el estado del tiempo en tus resultados diarios? Si fue así, ¿qué factor meteorológico crees que fue más importante?
4. Haz una lista de posibles fuentes de las partículas que recogiste. ¿Son naturales esas fuentes o las partículas proceden de productos manufacturados?
5. ¿Cómo podrías mejorar tu método para obtener más partículas del aire?
6. **Aplicar** Identifica áreas en tu escuela o a su alrededor donde pueda haber niveles altos de polvo y otras partículas. ¿Qué puede hacer la gente para protegerse en estas áreas?

Crear un experimento

¿Piensas que la hora del día afectará la cantidad de partículas que recojas? Desarrolla una hipótesis y un plan para demostrarla. ¿Podrías trabajar con otras clases para obtener datos a diferentes horas del día? Antes de llevar a cabo tu plan, obtén la aprobación de tu maestro.

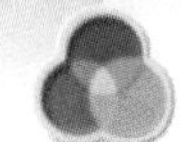

SECCIÓN 2 Calidad del aire

DESCUBRE — ACTIVIDAD

¿Qué hay sobre el frasco?

1. Ponte las gafas de protección.
2. Pon un poco de plastilina en un pedazo de papel de aluminio. Clava una vela en la plastilina. Enciende la vela.
3. Con un guante de cocina, sostén el frasco de cristal por el borde, de modo que el fondo quede sobre la flama.

Reflexiona sobre

Observar ¿Qué ves sobre el frasco? ¿De dónde viene?

GUÍA DE LECTURA

- **¿Cuáles son las principales fuentes de contaminación del aire?**
- **¿Cómo se forman el smog fotoquímico y la lluvia ácida?**

Sugerencia de lectura **A medida que leas, busca evidencias que apoyen este enunciado: Las actividades humanas causan la mayor parte de la contaminación del aire. ¿Qué factores apoyan este enunciado? ¿Qué hechos no lo apoyan?**

Hace cien años, la ciudad de Londres, Inglaterra, era sombría y sucia. En las fábricas se quemaba carbón mineral y la mayoría de las casas se calentaba también con carbón. El aire estaba lleno de hollín. En 1905 se creó el término *smog* combinando las palabras *smoke* (humo) y *fog* (niebla) para describir este tipo de contaminación del aire. Actualmente, la gente de Londres quema mucho menos carbón mineral. El resultado es que el aire en Londres es ahora mucho más limpio que hace 100 años.

Contaminación del aire

Al leer esto respiras sin pensarlo. La respiración lleva aire a tus pulmones, donde tu cuerpo toma el oxígeno que necesita. También respiras pequeñas partículas e incluso pequeñas cantidades de gases dañinos. De hecho, esas partículas y esos gases son lo que preocupan a la gente.

Si vives en una gran ciudad, tal vez ya sabes lo que es la contaminación del aire. Quizá hayas notado una neblina gris o un olor desagradable del aire. Aun si vives lejos de una ciudad, el aire a tu alrededor puede estar contaminado. Los **contaminantes** son sustancias dañinas en el aire, el agua y el suelo. La Figura 5 muestra algunos efectos de la contaminación del aire en la salud humana.

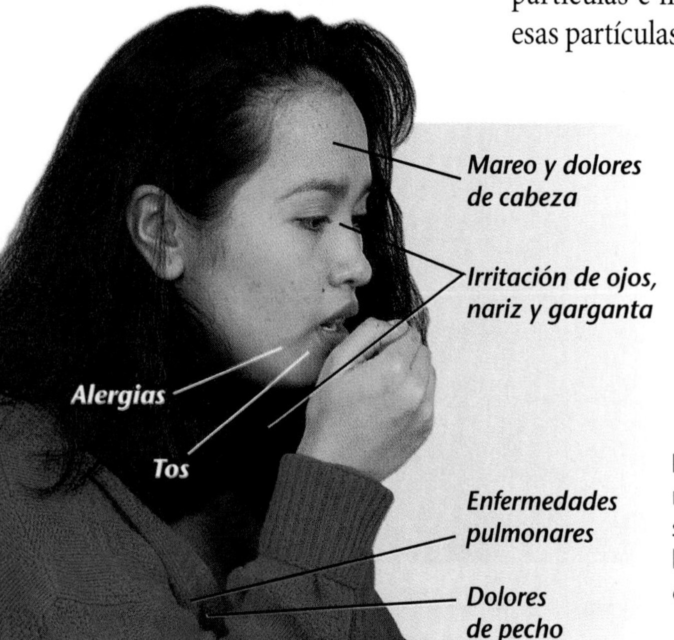

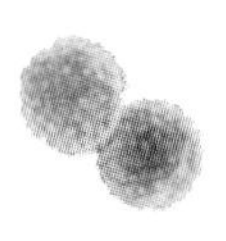

Figura 5 La contaminación del aire puede causar muchos problemas. Algunos contaminantes del aire son naturales, pero la mayoría se deben a actividades humanas. ***Interpretar fotografías*** *¿Qué partes del cuerpo son las más afectadas por la contaminación?*

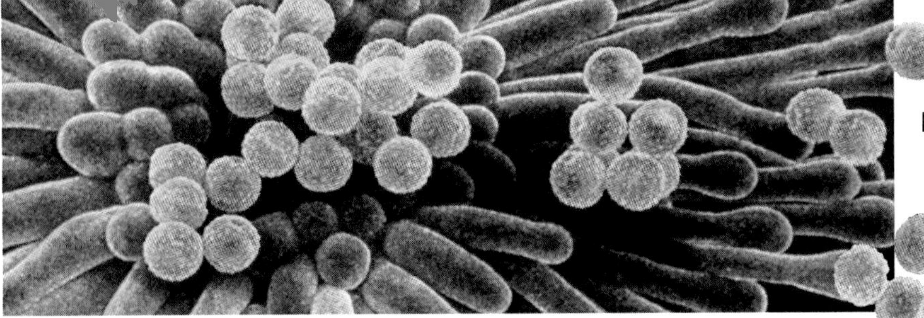

Figura 6 Estos granos de polen de una flor de ambrosía se han amplificado bastante para mostrar el detalle. El polen puede hacer que las personas alérgicas a él estornuden.

Parte de la contaminación del aire ocurre de manera natural, pero mucha se debe a actividades humanas. **La mayor parte de la contaminación del aire es resultado de quemar combustibles fósiles, como el carbón mineral, el petróleo, la gasolina y el diesel.** Casi la mitad de la contaminación del aire por actividades humanas viene de los autos y otros vehículos de motor. Poco más de un cuarto proviene de fábricas y plantas de energía que queman carbón mineral y petróleo. Quemar combustibles fósiles produce contaminantes del aire, que incluyen partículas y gases que forman el smog y la lluvia ácida.

☑ *Punto clave ¿Cuáles son dos fuentes de contaminantes que ves todos los días?*

Partículas

Como sabes, el aire contiene partículas junto con los gases. Cuando esas partículas llegan a tus pulmones, pueden ser dañinas. Las partículas en el aire proceden tanto de fuentes naturales como de actividades humanas.

Fuentes naturales Muchos procesos naturales agregan partículas a la atmósfera. Cuando las olas rompen contra las rocas, parte del agua salada se esparce en el aire y se evapora. Minúsculas partículas de sal permanecen en el aire. El viento arrastra partículas de tierra y polen de plantas. Los incendios forestales, la erosión del suelo y las tormentas de polvo añaden partículas a la atmósfera. Los volcanes en erupción arrojan nubes de polvo y cenizas junto con gases venenosos.

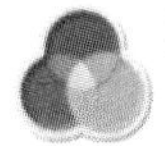

INTEGRAR LA SALUD Hasta el aire limpio contiene partículas de polvo y polen. La Figura 6 muestra el polen, fino material polvoso producido por muchas plantas. El viento se lleva el polen no sólo a otras plantas, sino también a las personas. Un tipo de alergia, comúnmente conocida como "fiebre del heno", es causada por el polen de plantas como la ambrosía. Los síntomas de la fiebre del heno son estornudos, flujo nasal, irritación de ojos y dolor de cabeza. Los informes meteorológicos a menudo incluyen un "índice de concentración del polen", que es el porcentaje de granos de polen por metro cúbico de aire.

Actividades humanas Cuando quemamos combustibles como madera y carbón mineral, partículas compuestas principalmente de carbono van al aire. Estas partículas de hollín son las que dan al humo su color oscuro. La agricultura y la construcción también liberan grandes cantidades de tierra en el aire.

Figura 7 A estas personas de Pontianak, Indonesia, se les da máscaras contra el polvo para protegerlas del humo causado por incendios forestales. ***Inferir*** *¿Qué efectos crees que este humo podría haber tenido en la gente que vive en esta región?*

Predecir ACTIVIDAD

¿Las cantidades de contaminantes en el aire están siempre en el mismo nivel o varían con el tiempo? ¿A qué hora del día crees que las fuentes principales de contaminación del aire —automóviles, camiones, plantas de energía y fábricas— puedan producir la contaminación mayor? En general, ¿piensas que haya más contaminación en la mañana o al anochecer? ¿Los lunes o los viernes? ¿En qué basas tu predicción?

Smog

El smog de tipo londinense se forma cuando partículas de humo del carbón mineral se combinan con gotitas de agua en el aire húmedo. Por fortuna, este tipo de smog ya no es común en Estados Unidos. Hoy día, ciudades soleadas como Los Ángeles tienen otro tipo de smog. A la neblina café que se forma en las ciudades se le llama **smog fotoquímico**. El prefijo *foto-* significa "luz". La acción de la luz solar en las sustancias químicas causa el smog fotoquímico.

INTEGRAR LA QUÍMICA El smog fotoquímico se forma por un proceso complejo. Todos los combustibles fósiles contienen hidrocarburos, que son sustancias compuestas de carbono e hidrógeno. Cuando se queman combustibles fósiles, algunos hidrocarburos no arden por completo y escapan al aire. Al mismo tiempo, la temperatura alta que acompañan a la combustión causa que parte del nitrógeno del aire reaccione con el oxígeno para formar óxidos de nitrógeno. **Los óxidos de nitrógeno, los hidrocarburos y otros contaminantes del aire reaccionan entre sí en presencia de la luz solar para formar una mezcla de ozono y otras sustancias químicas llamadas smog fotoquímico.** El ozono del smog fotoquímico irrita las vías respiratorias y daña las plantas, así como el caucho, la pintura y algunos plásticos.

☑ *Punto clave* *¿Cómo se combinan las condiciones naturales con las actividades humanas para crear el smog fotoquímico?*

Lluvia ácida

Una consecuencia de la contaminación del aire es la lluvia ácida. Quemar carbón mineral, que contiene mucho azufre, produce sustancias compuestas de oxígeno y azufre llamadas óxidos de azufre. **La lluvia ácida se forma cuando los óxidos de nitrógeno y de azufre se combinan con el agua de la atmósfera para formar ácido nítrico y ácido sulfúrico.**

Figura 8 Este científico estudia árboles dañados por la lluvia ácida. La lluvia ácida es una consecuencia de la contaminación del aire.

La lluvia, la aguanieve, la nieve, la niebla e incluso las partículas secas llevan estos dos ácidos de la atmósfera a árboles, lagos y edificios. La lluvia es por naturaleza ligeramente ácida, pero a la lluvia que contiene más ácido que el normal se le conoce como **lluvia ácida**. La lluvia ácida es a veces lo bastante fuerte para dañar la superficie de edificios y estatuas.

Como lo muestra la Figura 8, los árboles de hojas en forma de aguja, como los pinos y los abetos, son especialmente sensibles a la lluvia ácida. Ésta hace que las agujas del pino se pongan pardas o se desprendan. También daña los lagos y estanques. La lluvia ácida puede hacer el agua tan ácida que plantas, anfibios, peces e insectos ya no sobrevivan en ella.

Mejoramiento de la calidad del aire

El gobierno de Estados Unidos y los gobiernos estatales han aprobado varias leyes y reglamentos para reducir la contaminación del aire. Por ejemplo, los dispositivos de control de la contaminación son equipo obligatorio en los automóviles. Las fábricas y plantas de energía tienen que instalar filtros en las chimeneas para eliminar los contaminantes del humo antes de emitirlo a la atmósfera. Estos filtros se llaman depuradores.

La calidad del aire en este país ha mejorado en general en los últimos 30 años. Han disminuido las cantidades de todos los contaminantes principales del aire. Los automóviles más nuevos producen menos contaminación que los modelos anteriores. Las plantas de energía recién construidas contaminan menos que las que han estado muchos años en operación.

Sin embargo, ahora hay más automóviles en la carretera y más plantas de energía quemando combustibles fósiles que en el pasado. Por desgracia, el aire en muchas ciudades estadounidenses está todavía contaminado. Mucha gente piensa que se requieren reglamentos más estrictos para controlar la contaminación del aire. Otras personas opinan que reducir la contaminación del aire es muy costoso y que los beneficios de reglamentos más estrictos pueden no valer sus costos.

Repaso de la sección 2

1. ¿Cómo se produce la mayor parte de la contaminación del aire?
2. Nombra dos fuentes naturales y dos artificiales de partículas en la atmósfera.
3. ¿Cómo se forma el smog fotoquímico? ¿Qué clases de daño causa?
4. ¿Qué sustancias se combinan para formar la lluvia ácida?
5. **Razonamiento crítico Inferir** ¿Crees que los niveles del smog fotoquímico sean más altos durante el invierno o durante el verano? Explica.

Las ciencias en casa

Es fácil ver las partículas en el aire. Reúne a los miembros de tu familia en un cuarto oscuro. Abre un poco una persiana o una cortina de tiro, o enciende una linterna de bolsillo. ¿Puedes ver partículas diminutas suspendidas en el haz de luz? Comenta con tu familia de dónde vinieron las partículas. ¿Cuáles podrían ser algunas fuentes naturales? ¿Cuáles podrían ser algunas fuentes humanas?

Ciencias y sociedad

Automóviles y aire limpio

La nueva tecnología y leyes estrictas han traído un aire más limpio a muchas ciudades de Estados Unidos. Pero en algunos lugares el aire sigue contaminado. Los autos y camiones causan cerca de la mitad de la contaminación del aire en las ciudades. ¡Y cada año hay más autos en las calles!

En el mundo, hay alrededor de 500 millones de autos. Muchos de ellos significarán más contaminación y congestionamientos. Desafortunadamente, los autos varados en el tráfico producen tres veces más contaminación que los que circulan en vía libre. ¿Qué se puede hacer para reducir este tipo de contaminación?

Temas de debate

¿Puede hacerse que los autos contaminen menos? En los últimos 20 años los autos se han hecho más eficientes en el uso de combustible y los niveles de contaminación han descendido. Los ingenieros tratan de hacer que los autos funcionen eficientemente y produzcan menos contaminación. Pero la tecnología ofrece otras respuestas.

Algunos vehículos usan combustibles diferentes de la gasolina. Por ejemplo, el gas natural puede mover autos y camiones. El gas natural produce menos contaminación que la gasolina.

Los autos eléctricos no producen contaminación del aire. Pero la electricidad para recargar las baterías viene de plantas de energía que queman petróleo o carbón mineral. De modo que los autos eléctricos producen contaminación indirectamente. Ya se han producido unos cuantos autos eléctricos pero son costosos y sólo pueden hacer viajes cortos.

¿Debe conducir menos la gente? Muchos viajes en auto se pueden recorrer a pie. Para viajes más largos, podría considerarse el uso de una bicicleta. Muchos autos transportan sólo a una persona. Se debería considerar el uso colectivo del auto o tomar autobuses y trenes subterráneos.

¿Está la solución en normas o impuestos más estrictos? Algunos gobiernos estatales han hecho esfuerzos por reducir la contaminación. En California hay estrictas leyes anticontaminación que fijan patrones para reducir los contaminantes emitidos por los autos. Leyes más estrictas podrían prohibir los autos viejos.

Otra propuesta es hacer más costosa la conducción. Esto podría significar impuestos más altos a la gasolina o pago de cuotas en horas de tráfico intenso.

Tú decide

1. **Identifica el problema**
   Explica por qué los automóviles dificultan mejorar la calidad del aire. ¿Qué clases de contaminación causan los autos?
2. **Analiza las opciones**
   ¿Cuáles son algunas formas de reducir la contaminación causada por los autos? ¿Deben ser voluntarias o los gobiernos deben imponerlas?
3. **Encuentra una solución**
   ¿Cómo animarías a la gente a reducir la contaminación causada por los autos? Haz una composición con recortes de diarios y revistas. Escribe textos para explicar tu solución.

SECCIÓN 3

Presión barométrica

DESCUBRE — ACTIVIDAD

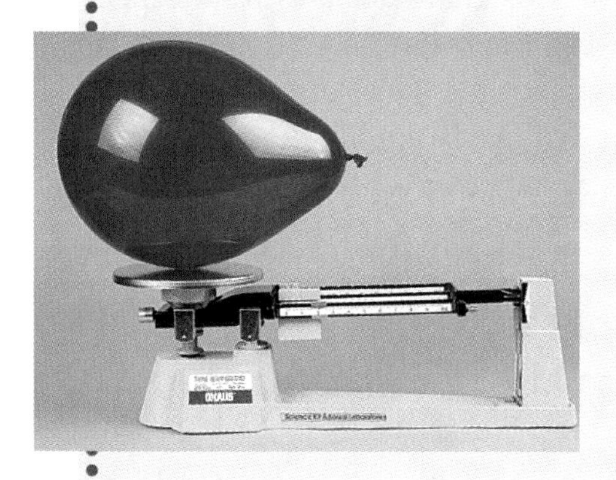

¿Tiene masa el aire?

1. Usa una balanza para encontrar la masa de un globo desinflado.
2. Infla el globo y anúdale el cuello. ¿Crees que la masa del globo inflado será diferente de la del globo desinflado?
3. Encuentra la masa del globo inflado. Compárala con la del globo desinflado. ¿Fue correcta tu predicción?

Reflexiona sobre

Sacar conclusiones ¿Cambió la masa del globo después de inflarlo? ¿Qué puedes concluir sobre si el aire tiene masa?

GUÍA DE LECTURA

- ¿Cuáles son algunas de las propiedades del aire?
- ¿Qué instrumentos se usan para medir la presión barométrica?
- ¿Cómo afecta el aumento en la altitud a la presión y densidad del aire?

Sugerencia de lectura A medida que leas esta sección, usa los encabezados para hacer un bosquejo sobre la presión barométrica.

Una de las mejores partes al comer cacahuates tostados es abrir el frasco. Cuando los cacahuates de un frasco se "empacan al vacío", se extrae la mayor parte del aire, creando baja presión en el interior del frasco. Cuando rompes el sello, el ruido que oyes es el aire del exterior que entra en el frasco. Ese ruido es el resultado de la diferencia de presión entre el exterior del frasco y su interior.

Propiedades del aire

Puede parecerte que el aire no tiene masa. Sin embargo, el aire está formado de átomos y moléculas, las cuales tienen masa. Así que el aire tiene masa. **Debido a que el aire tiene masa, tiene también otras propiedades, que incluyen densidad y presión.**

Densidad La cantidad de masa en un volumen de aire determinado es su **densidad.** Puedes calcular la densidad dividiendo la masa entre el volumen.

$$\text{Densidad} = \frac{\text{Masa}}{\text{Volumen}}$$

Si hay más moléculas en un determinado volumen de aire, la densidad es mayor. Si hay menos moléculas, la densidad disminuye.

Presión La fuerza que presiona sobre un área o superficie se conoce como **presión.** Una sustancia más densa tiene más masa por unidad de volumen que una menos densa. Por lo tanto el aire más denso ejerce más presión que el aire menos denso.

Para entender la presión piensa que llevas una mochila pesada a la espalda. El peso presiona las cintas en tus hombros, como lo hace la mochila con el excursionista de la foto.

Cuando te quitas la mochila, sientes como si hubiera desaparecido toda la presión sobre tus hombros. ¿Pero ha desaparecido? Aún sigue sobre ti el peso de la columna de aire, como se aprecia en la Figura 9.

La **presión barométrica** es el resultado del peso de una columna de aire empujando hacia abajo sobre un área. ¡El peso de la columna de aire sobre tu pupitre es casi igual al de un gran autobús escolar! ¿Por qué entonces no aplasta el aire tu pupitre? La razón es que las moléculas del aire empujan en todas direcciones: abajo, arriba y a los lados. Así que la presión del aire sobre la cubierta de tu pupitre se compensa con la presión de aire por debajo del pupitre.

Figura 9 Hay una columna de aire sobre ti todo el tiempo. El peso del aire en la atmósfera causa la presión barométrica.

Medición de la presión barométrica

¿Has oído alguna vez un reporte del estado del tiempo que diga que la presión barométrica está descendiendo? El descenso en la presión barométrica suele indicar que se acerca una tormenta. El ascenso en la presión barométrica suele indicar tiempo despejado. El **barómetro** es el instrumento que se usa para medir los cambios en la presión barométrica. **Hay dos clases de barómetros: los barómetros de mercurio y los barómetros aneroides.**

Barómetros de mercurio Los primeros barómetros inventados fueron los de mercurio. En la Figura 10 se muestra cómo funciona un barómetro de mercurio. El **barómetro de mercurio** es un tubo de cristal abierto por el extremo inferior y lleno parcialmente de mercurio. El espacio en el tubo sobre el mercurio es casi un vacío: no contiene aire. El extremo abierto del tubo descansa sobre un plato con mercurio. La presión barométrica que empuja hacia abajo sobre la superficie del mercurio en el

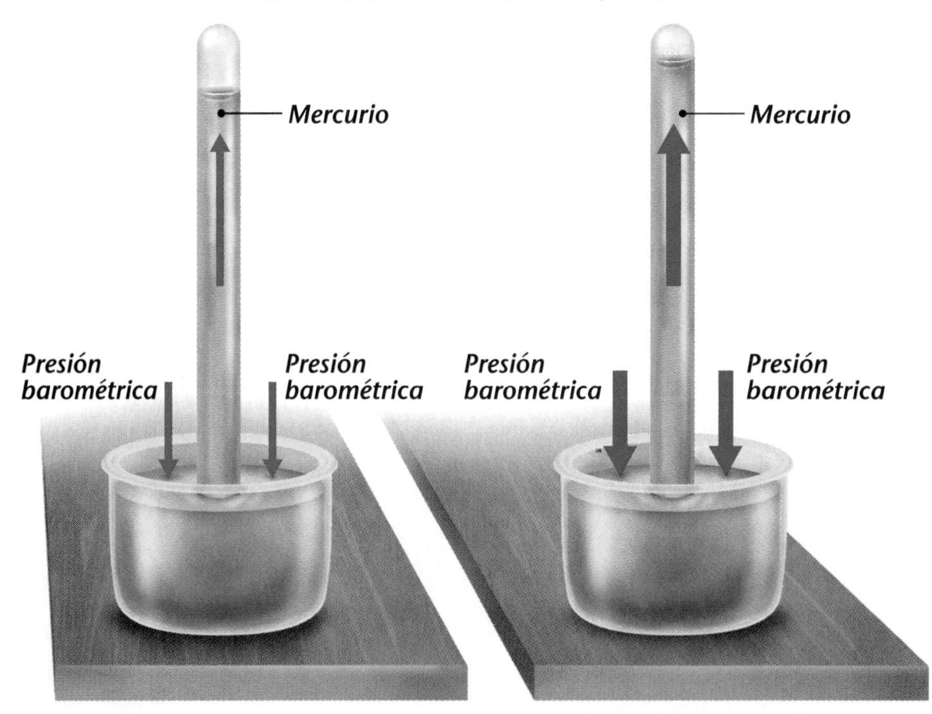

Figura 10 La presión barométrica presiona hacia abajo sobre la superficie del mercurio en el plato, ocasionando que suba el mercurio del tubo. *Predecir ¿Qué ocurre cuando aumenta la presión?*

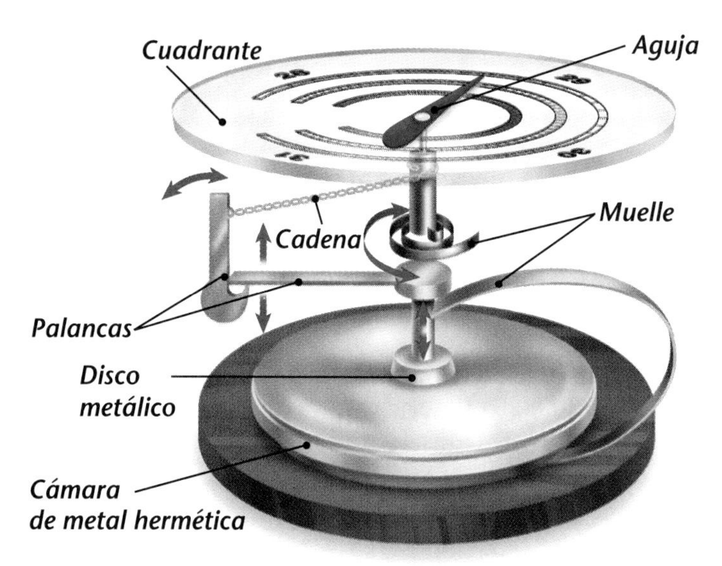

Figura 11 Los cambios en la presión barométrica causan que las paredes de la cámara de metal hermética se flexionen hacia adentro y hacia afuera. La aguja del cuadrante señala la presión barométrica.

plato es igual al peso de la columna de mercurio en el tubo. A nivel del mar, la columna de mercurio mide unos 76 centímetros de alto, en promedio.

Cuando aumenta la presión barométrica, empuja más hacia abajo sobre la superficie del mercurio. La mayor presión barométrica fuerza a la columna de mercurio a subir más. ¿Qué sucederá con la columna de mercurio si la presión barométrica disminuye? Caerá.

Barómetros aneroides Si tienes un barómetro sobre el pupitre o en la pared de tu casa, probablemente es un barómetro aneroide. La palabra *aneroide* significa "sin líquido". Un **barómetro aneroide** tiene una cámara de metal hermética, como se muestra en la Figura 11. La cámara de metal es sensible a los cambios de presión barométrica. Cuando la presión barométrica aumenta, oprime hacia adentro las delgadas paredes de la cámara. Cuando la presión baja, las paredes salen hacia afuera. La cámara está conectada con un cuadrante por una serie de muelles y palancas. Al cambiar la forma de la cámara, la aguja del cuadrante se mueve.

Los barómetros aneroides son más pequeños que los de mercurio y no tienen líquido. Por lo tanto, son portátiles y más prácticos para usarlos, por ejemplo, en las consolas de los aviones.

Unidades de presión barométrica Los reportes del estado del tiempo usan diferentes unidades para medir la presión barométrica. En la mayoría de los reportes meteorológicos se emplean las pulgadas de mercurio. Por ejemplo, si la columna de mercurio en un barómetro es de 30 pulgadas de alto, la presión barométrica es de "30 pulgadas de mercurio" o, simplemente, de "30 pulgadas".

Los mapas del Servicio Meteorológico Nacional (*National Weather Service*) indican la presión en milibaras. Una pulgada de mercurio equivale aproximadamente a 33.87 milibaras, así que 30 pulgadas de mercurio equivalen aproximadamente a 1,016 milibaras.

☑ ***Punto clave*** *Nombra dos unidades comunes que se usan para medir la presión barométrica.*

INTÉNTALO

Barómetro de botella

ACTIVIDAD

He aquí cómo hacer un aparato que muestre los cambios en la presión barométrica.

1. Llena a la mitad con agua una botella de soda de dos litros.
2. Introduce un popote largo dentro de la botella, de modo que el extremo esté en el agua. Sella con plastilina la boca de la botella alrededor del popote.
3. Oprime los costados de la botella. ¿Qué pasa con el nivel de agua en el popote?
4. Suelta los costados de la botella. Observa el nivel del agua en el popote.

Inferir Explica tus resultados en términos de presión barométrica.

Aumento de la altitud

La presión barométrica en la cima del Monte McKinley de Alaska —a más de 6 kilómetros sobre el nivel del mar— es menos de la mitad de la presión al nivel del mar. La **altitud,** o elevación, es la distancia sobre el nivel del mar, que es el nivel promedio de la superficie de los océanos. **La presión barométrica disminuye a medida que aumenta la altitud. Conforme la presión barométrica disminuye, también lo hace la densidad.**

La altitud afecta la presión barométrica Imagina una pila de diez libros. ¿Qué libro tiene más peso encima, el segundo de arriba o

Laboratorio de destrezas

Medir

Trabajar bajo presión

Los cambios en la presión barométrica se relacionan con los de las condiciones meteorológicas. En este experimento, construirás y usarás tu propio barómetro para medir la presión barométrica.

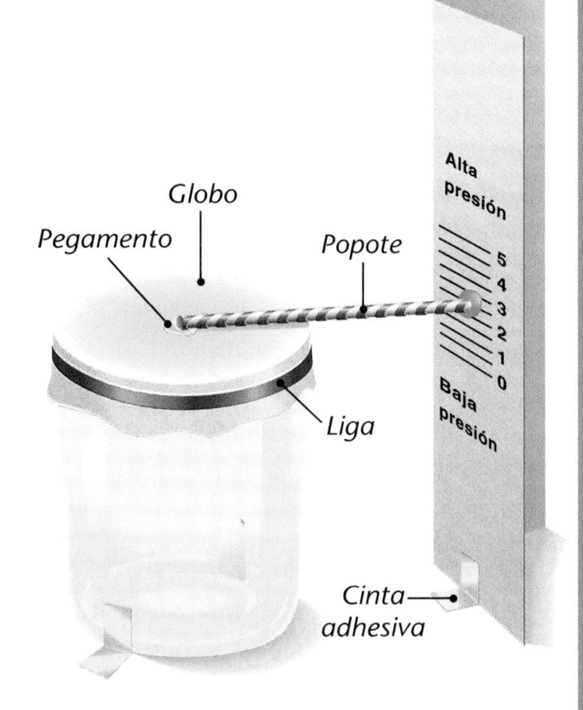

Problema

¿Cómo puede un barómetro detectar los cambios en la presión barométrica?

Materiales

plastilina
pegamento blanco
lápiz
regla métrica
globo de hule grande
popote, de 12 a 15 cm de largo
tira de cartón de 10 cm × 25 cm
tijeras
cinta adhesiva
frasco de cristal de boca ancha
liga

Procedimiento 

1. Corta la abertura angosta del globo.
2. Dobla los bordes del globo hacia afuera. Estira cuidadosamente el globo sobre la boca del frasco de cristal. Utiliza la liga para fijar el globo al borde del frasco.
3. Pon un poco de pegamento en el centro arriba del globo. Pega un extremo del popote al pegamento. Deja que el otro extremo del popote se extienda a varios centímetros del borde del frasco. Este popote es tu señalador. Pon un poquito de plastilina, del tamaño de un chícharo, en el extremo libre del apuntador.

el que está hasta abajo? El segundo libro de arriba tiene sólo el peso de un libro encima. Mientras que el libro hasta abajo de la pila tiene encima el peso de todos los demás libros.

El aire al nivel del mar es como el libro del fondo. Recuerda que la presión barométrica es el peso de la columna de aire que empuja hacia abajo sobre un área. El aire al nivel del mar tiene todo el peso de la atmósfera sobre sí. Por lo tanto, la presión barométrica al nivel del mar es la mayor. El aire cercano a la parte superior de la atmósfera es como el segundo libro de arriba. Allí, el aire tiene menos presión encima y, por consiguiente, tiene presión barométrica más baja.

TABLA DE DATOS

Fecha y hora	Presión barométrica	Condiciones meteorológicas

4. Mientras el pegamento se seca, dobla la tira de cartón a lo largo y dibuja una escala a lo largo del borde con marcas distanciadas a 0.5 cm entre sí. Escribe "Presión alta" en la parte superior de tu escala y "Presión baja" en la parte de inferior.
5. Después de que el pegamento se seque, pon tu barómetro y su escala en un lugar lo más libre que se pueda de cambios de temperatura. Acomoda la escala y el barómetro como se muestra en el diagrama. Cuida de que el apuntador de popote alcance la tira de cartón.
6. Fija con cinta adhesiva la escala y el barómetro para que no se muevan durante el experimento.
7. En tu cuaderno de notas, copia la tabla de datos. Anota fecha y la hora. Observa el nivel del popote en la tira de cartón.
8. Revisa el barómetro dos veces al día. Anota tus observaciones en tu tabla de datos.
9. Anota las condiciones meteorológicas cada día.

Analizar y concluir

1. ¿Qué cambio en las condiciones meteorológicas debe ocurrir para que suba el extremo libre del popote? ¿Qué cambio tiene que ocurrir para que baje?
2. De acuerdo con tus observaciones, ¿qué clase de tiempo se asocia habitualmente con la presión barométrica alta? ¿Y con la presión baja?
3. Si el globo tuviera un pequeño orificio, ¿qué ocurriría con la precisión de tu barómetro?
4. **Piensa en esto** ¿Qué efecto tendría, si lo tuviera, un cambio de temperatura muy grande en la precisión de tu barómetro?

Explorar más

Compara los cambios en la presión barométrica mostrados por tu barómetro con las lecturas de presiones alta y baja que aparecen en los mapas meteorológicos del periódico durante el mismo periodo. ¿Cómo se comparan tus lecturas con las de los periódicos?

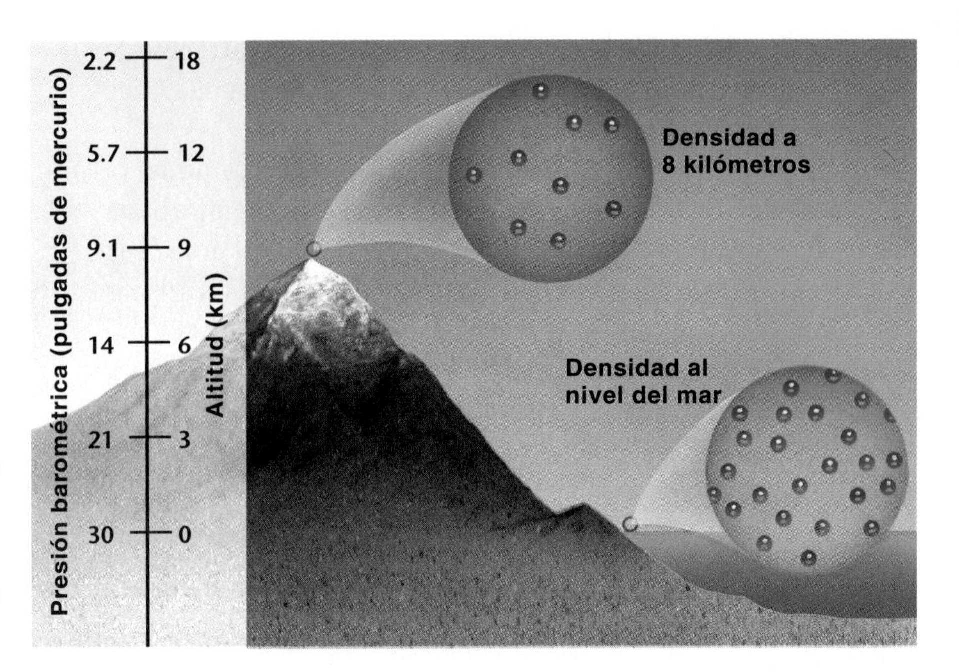

Figura 12 La densidad del aire disminuye conforme la altitud aumenta. El aire al nivel del mar tiene más moléculas de gas por cada metro cúbico que el aire en lo alto de una montaña.

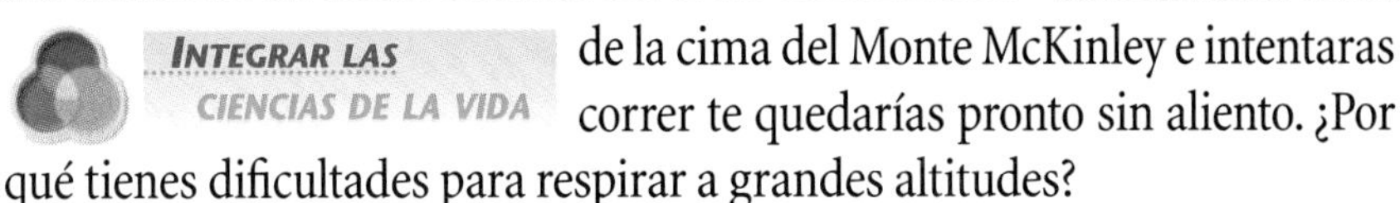

La altitud afecta también a la densidad Si estuvieras cerca de la cima del Monte McKinley e intentaras correr te quedarías pronto sin aliento. ¿Por qué tienes dificultades para respirar a grandes altitudes?

A medida que subes a través de la atmósfera, la presión barométrica disminuye. Así que la densidad disminuye conforme la altitud aumenta, como se muestra en la Figura 12.

Ya sea que el aire esté al nivel del mar o a seis kilómetros sobre éste, aún contiene 21 por ciento de oxígeno. Sin embargo, puesto que el aire es menos denso a gran altitud, hay menos moléculas de oxígeno para respirar en cada metro cúbico de aire que las que hay al nivel del mar. Tomas menos oxígeno con cada aspiración. Por eso te quedas pronto sin aliento.

Repaso de la sección 3

1. ¿En qué forma afecta el aumento en la densidad de un gas a su presión?
2. Describe cómo mide un barómetro de mercurio la presión barométrica.
3. ¿Por qué es difícil respirar el aire en la cima de una montaña?
4. **Razonamiento crítico Predecir** ¿Qué cambios en la presión barométrica esperarías si bajaras con un barómetro al tiro de una mina? Explícalo.

Las ciencias en casa

He aquí cómo puedes mostrarle a tu familia que el aire tiene presión. Llena un vaso con agua a la mitad. Coloca un pedazo de cartón grueso sobre la boca del vaso. Detén el cartón en su sitio con una mano al tiempo que volteas el vaso. **PRECAUCIÓN:** *Asegúrate de que el cartón no se doble.* Quita ahora la mano del cartón. ¿Qué sucede? Explícale a tu familia que el cartón no se cae porque la presión barométrica que empuja hacia arriba sobre él es mayor que el peso del agua que empuja hacia abajo.

Capas de la atmósfera

DESCUBRE

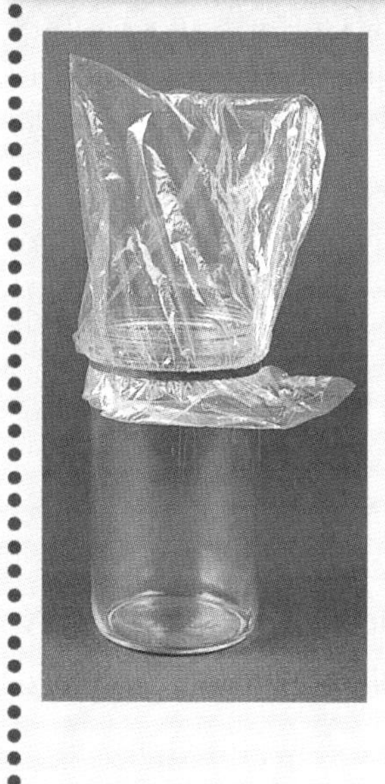

¿Hay aire ahí?

1. Usa una liga de hule gruesa para fijar una bolsa de plástico sobre la abertura de un frasco de boca ancha.
2. Trata de empujar suavemente la bolsa adentro del frasco. ¿Qué ocurre? ¿Es la presión barométrica más alta dentro o fuera de la bolsa?
3. Quita la liga y forra el interior del frasco con la bolsa de plástico. Usa la liga de hule para asegurar los bordes de la bolsa sobre el borde del frasco.
4. Suavemente trata de tirar de la bolsa afuera del frasco con las yemas de los dedos. ¿Qué sucede? ¿Es más alta la presión barométrica dentro o fuera de la bolsa?

Reflexiona sobre

Predecir Explica tus observaciones en términos de presión barométrica. ¿Cómo piensas que afectarían las diferencias de presión barométrica a un globo meteorológico que viaja por la atmósfera?

GUÍA DE LECTURA

- **¿Cuáles son las características de las principales capas de la atmósfera?**

Sugerencia de lectura **Antes de leer, repasa *Explorar las capas de la atmósfera.* Enlista las palabras desconocidas. Busca su significado mientras lees.**

Imagina que haces un viaje en un globo aerostático. Partes de una playa cálida, cerca del océano, con una altitud de 0 kilómetros. Oyes un rugido cuando el piloto enciende el quemador para calentar el aire del globo. Éste empieza a elevarse y la superficie de la Tierra se aleja más y más. Al ascender el globo a una altitud de tres kilómetros, te das cuenta que el aire se enfría. A los seis kilómetros de altura empiezas a tener problemas para respirar. El aire se está volviendo menos denso. Es hora de regresar.

¿Qué pasaría si hubieras podido continuar tu ascenso en globo a través de la atmósfera? A medida que te elevaras más, la presión barométrica y la temperatura de la atmósfera cambiarían notablemente. **Las cuatro principales capas de la atmósfera se clasifican de acuerdo con los cambios en la temperatura. Esas capas son la troposfera, estratosfera, mesosfera y termosfera.**

La troposfera

Vivimos en la capa más interna, o baja, de la atmósfera de la Tierra, la **troposfera**. *Tropo-* significa "variable, cambiante"; las condiciones de la troposfera son más variables que en las de otras capas. La troposfera es donde se produce el tiempo de la Tierra.

Figura 13 Este globo meteorológico llevará instrumentos para medir las condiciones meteorológicas en lo alto de la atmósfera. ***Aplicar los conceptos*** *¿Cuál es la primera capa de la atmósfera que el globo atraviesa en su ascenso?*

Aunque los globos aerostáticos no pueden volar muy alto en la troposfera, otro tipo de globos puede hacerlo. Para medir las condiciones meteorológicas, los científicos lanzan globos que llevan instrumentos a lo alto de la atmósfera. Los globos no se inflan completamente antes de ser lanzados. Recuerda que la presión barométrica disminuye conforme asciendes a través de la atmósfera. Dejar el globo sólo parcialmente inflado le da al gas interior espacio para expandirse a medida que la presión barométrica afuera del globo disminuye.

La profundidad de la troposfera varía de más de 16 kilómetros sobre el ecuador a menos de 9 kilómetros sobre los polos. Aun cuando es la capa más baja de la atmósfera, la troposfera contiene casi toda la masa de la atmósfera.

A medida que la altitud aumenta en la troposfera, la temperatura desciende. En promedio, por cada kilómetro de altitud el aire es 6.5 grados Celsius más frío. En la parte superior de la troposfera, la temperatura deja de disminuir y permanece constante en –60°C. El agua aquí forma finas nubes de hielo con aspecto de plumas.

☑ *Punto clave* ***¿Por qué las nubes, en lo alto de la troposfera, están formadas de cristales de hielo en lugar de gotas de agua?***

La estratosfera

La **estratosfera** se extiende de la parte superior de la troposfera hasta cerca de 50 kilómetros de la superficie terrestre. *Estrato-* deriva de *stratum*, voz latina que significa "capa".

La capa inferior de la estratosfera es fría, cerca de –60°C. Podría sorprenderte descubrir que la parte superior de la estratosfera es más cálida que la inferior. ¿Por qué es así? La estratosfera superior contiene una capa de ozono, la forma triatómica del oxígeno. Cuando el ozono de la estratosfera absorbe energía solar, ésta se convierte en calor y calienta el aire.

Al ascender el globo meteorológico a través de la estratosfera, la presión barométrica continúa disminuyendo. El volumen del globo aumenta. Finalmente, el globo revienta y el paquete de instrumentos cae de vuelta a la superficie de la Tierra —aminorada su velocidad de caída por un paracaídas.

La mesosfera

Sobre la estratosfera, una caída de la temperatura marca el principio de la siguiente capa, la **mesosfera.** *Meso-* significa "medio", así que la mesosfera es la capa media de la atmósfera. Ésta comienza a 50 kilómetros sobre la superficie de la Tierra y termina a 80 kilómetros. La mesosfera exterior es la parte más fría de la atmósfera, con temperaturas cercanas a –90°C.

EXPLORAR *las capas de la atmósfera*

La atmósfera está dividida en cuatro capas: la troposfera, la estratosfera, la mesosfera y la termosfera. La termosfera se divide en ionosfera y exosfera.

550 km

500 km

400 km

300 km

200 km

100 km

80 km

50 km

12 km

Exosfera, sobre 550 km

Las llamadas telefónicas y las imágenes de televisión llegan por medio de los satélites de comunicaciones que giran en la órbita de la Tierra, en la exosfera.

Ionosfera, de 80 a 550 km

Los iones en la ionosfera reflejan las ondas de radio de vuelta a la Tierra. La aurora boreal ocurre en la ionosfera.

Termosfera, sobre 80 km

La termosfera se extiende a partir de 80 km sobre la superficie de la Tierra al espacio exterior. No tiene límite exterior definido.

Mesosfera, de 50 a 80 km

La mayoría de los meteoroides arden en la mesosfera, produciendo una estela de meteoritos.

Estratosfera, de 12 a 50 km

La capa de ozono en la estratosfera absorbe la radiación ultravioleta.

Troposfera, de 0 a 12 km

La lluvia, nieve, tormentas y la mayoría de las nubes se producen en la troposfera.

INTEGRAR LAS CIENCIAS DEL ESPACIO Si ves el rastro luminoso de una estrella fugaz en el cielo de la noche, estás viendo un meteorito que arde al entrar en la mesosfera. Ésta protege la superficie terrestre de ser golpeada por la mayoría de los meteoroides, que son trozos de roca y metal del espacio exterior. Lo que ves como estrella fugaz o meteorito es la estela de gases calientes, resplandecientes que deja atrás el meteorito que va ardiendo.

✓ **Punto clave** *¿Cuál es la profundidad de la mesosfera?*

La termosfera

Cerca de la parte superior de la atmósfera el aire es muy tenue. El aire a 80 kilómetros sobre la superficie de la Tierra es sólo alrededor del 0.001 por ciento de la densidad que tiene al nivel del mar. Es como si tomaras

Exploradores de la atmósfera

La atmósfera se ha explorado desde la tierra y desde el espacio.

1746

El experimento de Franklin con la electricidad

El estadista e inventor estadounidense Benjamin Franklin y unos amigos en Filadelfia experimentaron con la electricidad de la atmósfera. Para demostrar que el rayo es una forma de electricidad, Franklin voló un cometa durante una tormenta eléctrica. Sin embargo, no sostuvo en propia mano la cuerda del cometa, como lo muestra este impreso histórico.

1600 **1700** **1800**

1643

Torricelli inventa el barómetro

El físico y matemático italiano Evangelista Torricelli mejoró los instrumentos científicos existentes e inventó algunos nuevos. En 1643 inventó el barómetro usando una columna de mercurio de 1.2 metros de altura.

1804

Gay-Lussac estudia la troposfera superior

El químico francés Joseph-Louis Gay-Lussac ascendió a una altura de unos siete kilómetros en un globo de hidrógeno para estudiar la troposfera superior. Gay-Lussac estudió la presión, la temperatura y la humedad.

un metro cúbico de aire del nivel del mar y lo extendieras dentro de 100,000 metros cúbicos en la parte superior de la mesosfera. La capa más externa de la atmósfera, la **termosfera,** se extiende a partir de 80 kilómetros sobre la superficie terrestre hacia afuera en el espacio. No tiene límite externo definido. La atmósfera no se acaba de pronto en el borde exterior de la termosfera. Hay átomos y moléculas de gas tan apartados unos de otros que el aire se mezcla gradualmente con el espacio exterior.

Termo- en termosfera, significa "calor". Aun cuando el aire de la termosfera es tenue, está muy caliente, hasta los 1,800 °C. ¡La temperatura en la termosfera es más alta que la de un horno para fabricar acero! Pero ¿por qué está tan caliente la termosfera? La energía solar choca primero con la termosfera. Las moléculas de nitrógeno y oxígeno convierten la energía solar en calor.

Imagina que eres una de las primeras personas en subir por la atmósfera en globo. ¿Qué necesitarías llevar? Investiga qué fue lo que llevaron los primeros exploradores en sus globos. Escribe por lo menos dos párrafos sobre qué llevarías y por qué.

1931

Piccard explora la estratosfera

El físico suizo-belga Auguste Piccard hizo el primer ascenso a la estratosfera. Alcanzó una altura de cerca de 16 kilómetros en una cabina hermética unida a un enorme globo de hidrógeno. Aquí aparece Piccard con la cabina.

1900 **2000**

1960

Lanzamiento del primer satélite meteorológico

TIROS-1, el primer satélite meteorológico provisto de una cámara para enviar datos de regreso a la Tierra, fue puesto en órbita por Estados Unidos. Como éste, otros satélites meteorológicos posteriores giraron alrededor de la Tierra, observaron las capas de nubes y registraron temperaturas y presiones de la atmósfera.

1994

El transbordador espacial investiga la atmósfera

El transbordador espacial *Atlantis* de la NASA, viajó a una altura de 300 km en la termosfera. *Atlantis* transportó el programa de investigación ATLAS–3, que observó la influencia del Sol en la atmósfera.

Figura 14 La aurora boreal, vista desde Fairbanks, Alaska, crea un espectacular despliegue en el cielo nocturno.

A pesar de la alta temperatura, no sentirías calor en la termosfera. Un termómetro ordinario marcaría una temperatura por debajo de 0° C. ¿Por qué? La temperatura es la cantidad promedio de energía de movimiento de cada molécula de una sustancia. Las moléculas de gas en la termosfera se mueven muy rápidamente, así que la temperatura es muy alta. No obstante, las moléculas están muy alejadas entre sí en el aire tenue. No hay muchas que choquen con el termómetro y lo calienten. Así que un termómetro ordinario no detectaría la energía de las moléculas.

La ionosfera La termosfera se divide en dos capas. La capa baja de la termosfera, llamada **ionosfera**, comienza a 80 kilómetros sobre la superficie y termina a 550 kilómetros. La energía solar causa que las moléculas de gas de la ionosfera se conviertan en partículas eléctricamente cargadas llamadas iones. Las ondas de radio rebotan en los iones de la ionosfera, y los envían de regreso a la superficie terrestre.

Los despliegues luminosos de la **aurora boreal** —las luces del norte— también ocurren en la ionosfera. Las partículas solares que entran en la ionosfera cerca del polo norte, causan la aurora boreal. Estas partículas chocan con los átomos de oxígeno y nitrógeno en la ionosfera, provocando que despidan un resplandor.

La exosfera *Exo-* significa "externo", así que la **exosfera** es la capa externa de la termosfera. La exosfera se extiende de los 550 kilómetros al exterior por miles de kilómetros. Cuando haces una llamada telefónica de larga distancia o ves televisión, la señal puede haber viajado hasta un satélite en órbita en la exosfera y regresado hacia abajo, a tu casa. Los satélites se usan también para observar el clima en el mundo y para transportar telescopios que estudian a fondo el espacio.

INTEGRAR LA TECNOLOGÍA

Repaso de la sección 4

1. Describe una característica de cada una de las cuatro capas principales de la atmósfera.
2. ¿Qué es una estrella fugaz? ¿En qué capa de la atmósfera la verías?
3. ¿Qué es la aurora boreal? ¿En qué capa de la atmósfera ocurre?
4. **Razonamiento crítico Sacar conclusiones** ¿Por qué la mesosfera es la parte más fría de la atmósfera?

PROYECTO DEL CAPÍTULO 1

Comprueba tu aprendizaje

Revisa tu bitácora de las condiciones meteorológicas. ¿Qué factores de las condiciones de un día te permiten predecir el tiempo del día siguiente? ¿Qué condiciones meteorológicas cambiaron más de un día para otro? Sigue anotando tus observaciones y empieza a pensar en cómo las presentarás.

El aire que te rodea

Ideas clave

- La atmósfera terrestre permite que las condiciones sean adecuadas para los seres vivos.
- La atmósfera terrestre se compone de moléculas de nitrógeno, oxígeno, dióxido de carbono y vapor de agua, así como de otros gases y partículas de líquidos y sólidos.

Términos clave

tiempo | ozono
atmósfera | vapor de agua

Calidad del aire

INTEGRAR LAS CIENCIAS DEL AMBIENTE

Ideas clave

- La mayor parte de la contaminación del aire resulta de la quema de combustibles fósiles, como el carbón mineral, el petróleo, la gasolina y el diesel.
- Los óxidos de nitrógeno, hidrocarburos y otros contaminantes del aire reaccionan entre sí en presencia de la luz solar para formar una mezcla de ozono y otras sustancias químicas llamada smog fotoquímico.
- La lluvia ácida se forma cuando los óxidos de nitrógeno y los del azufre se combinan con el agua del aire para formar ácido nítrico y ácido sulfúrico.

Términos clave

contaminante | smog fotoquímico | lluvia ácida

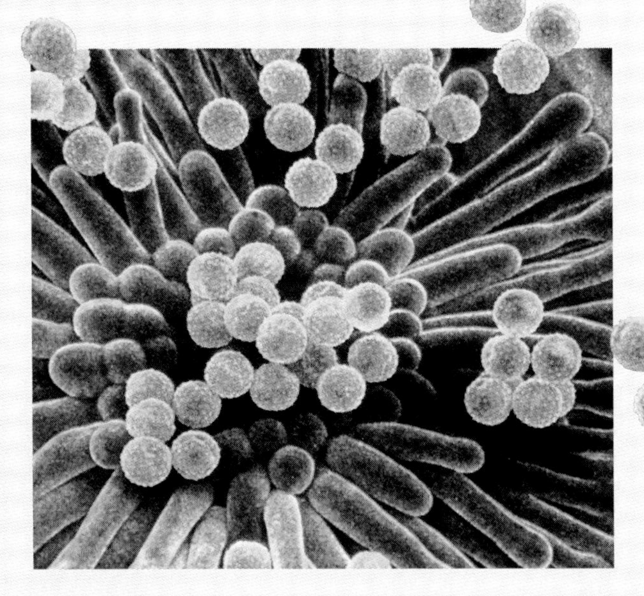

Presión barométrica

Ideas clave

- Las propiedades del aire comprenden la masa, la densidad y la presión.
- La presión barométrica es el peso de una columna de aire empujando hacia abajo sobre un área.
- La presión barométrica se mide con barómetros de mercurio y barómetros aneroides.
- La presión barométrica disminuye conforme aumenta la altitud. Cuando la presión barométrica disminuye, también disminuye la densidad del aire.

Términos clave

densidad | barómetro | altitud
presión | barómetro de mercurio
presión barométrica | barómetro aneroide

Capas de la atmósfera

Ideas clave

- Las cuatro capas principales de la atmósfera se clasifican de acuerdo con los cambios de temperatura. Estas capas son la troposfera, estratosfera, mesosfera y termosfera.
- La lluvia, la nieve, las tormentas y la mayoría de las nubes se producen en la troposfera.
- El ozono en la estratosfera absorbe la energía solar.
- La mayoría de los meteoroides arden en la mesosfera, produciendo estelas de meteoritos.
- La aurora boreal ocurre en la ionosfera.
- Los satélites de comunicaciones giran alrededor de la Tierra en la exosfera.

Términos clave

troposfera | ionosfera
estratosfera | aurora boreal
mesosfera | exosfera
termosfera

USAR LA INTERNET

www.science-explorer.phschool.com

CAPÍTULO 1 REPASO

Repaso del contenido

Para repasar los conceptos clave, consulta el Interactive Student Tutorial CD-ROM.

Opción múltiple

Elige la letra de la respuesta que complete mejor cada enunciado.

1. El gas más abundante en la naturaleza es el
a. ozono. **b.** dióxido de carbono.
c. oxígeno. **d.** nitrógeno.

2. La causa de la mayor parte de la contaminación del aire es
a. el polvo y el polen.
b. la lluvia ácida.
c. los volcanes en erupción.
d. la quema de combustibles fósiles.

3. Un barómetro se usa para medir
a. la temperatura. **b.** el smog.
c. la presión barométrica. **d.** la densidad.

4. Las capas de la atmósfera se clasifican de acuerdo con los cambios de
a. altitud.
b. temperatura.
c. presión.
d. densidad.

5. La capa interna, o "capa del tiempo", de la atmósfera se llama
a. mesosfera.
b. troposfera.
c. termosfera.
d. estratosfera.

Falso o verdadero

Si el enunciado es verdadero, escribe verdadero. Si es falso, cambia la palabra o palabras subrayadas para hacer verdadero el enunciado.

6. Las plantas necesitan <u>dióxido de carbono</u> de la atmósfera para elaborar alimento.

7. Quemar combustibles fósiles agrega <u>nitrógeno</u> a la atmósfera.

8. Cuando se mezclan los óxidos de azufre y de nitrógeno con el agua del aire forma el <u>smog</u>.

9. Si la masa de un volumen fijo de aire aumenta, se vuelve <u>menos</u> densa.

10. La presión del aire <u>aumenta</u> cuando subes de la tierra a nivel del mar a la cima de una montaña.

Revisar los conceptos

11. Nombra dos formas en las que el dióxido de carbono se agrega a la atmósfera.

12. Explica por qué es difícil incluir el vapor de agua en una gráfica que muestra los porcentajes de varios gases en la atmósfera.

13. ¿Cuál es la diferencia entre el smog fotoquímico y el smog tipo Londres?

14. Enumera las siguientes capas de la atmósfera siguiendo el orden ascendente desde la superficie de la Tierra: termosfera, estratosfera, troposfera, mesosfera.

15. Describe los cambios de temperatura que ocurren cuando asciendes a través de la troposfera.

16. Escribir para aprender Eres un científico que tiene oportunidad de unirse a una misión de investigación para explorar la atmósfera. Para obtener lugar en esta misión, tienes que escribir una carta persuasiva en que digas qué capa de la atmósfera quieres investigar y por qué la elegiste.

Razonamiento gráfico

17. Red de conceptos En una hoja de papel, copia la red de conceptos de la presión barométrica. Después complétala y ponle un título. (Para más información acerca de las redes de conceptos, consulta el Manual de destrezas.)

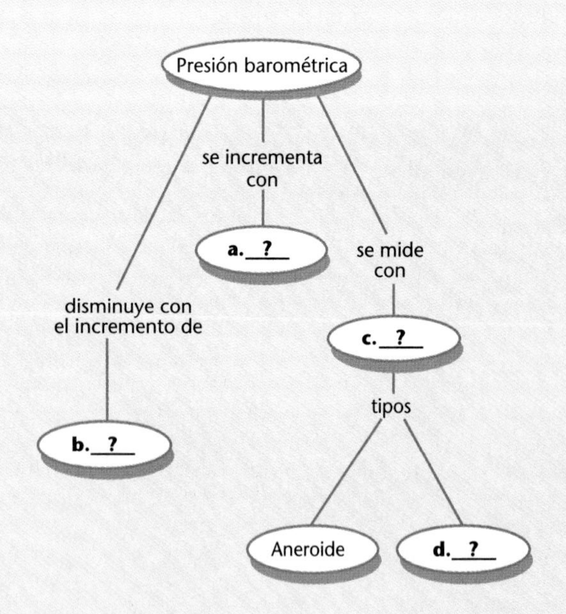

Aplicar las destrezas

La siguiente tabla muestra la temperatura a diversas altitudes sobre Omaha, Nebraska, un día de enero. Úsala para responder las preguntas a continuación.

Altitud (kilómetros)	0	1.6	3.2	4.8	6.4	7.2
Temperatura (° C)	0	–4	–9	–21	–32	–40

18. **Hacer gráficas** Haz una gráfica lineal con los datos de la tabla. Pon la temperatura en el eje horizontal y la altitud en el eje vertical. Rotula tu gráfica.
19. **Interpretar gráficas** ¿Aproximadamente a qué altura sobre tierra fue la temperatura de –15° C?
20. **Interpretar gráficas** ¿Cuál fue la temperatura aproximada a 2.4 km sobre Omaha?
21. **Calcular** Supón que un avión está a 6.8 km sobre Omaha ese día. ¿Cuál sería la temperatura aproximada a 6.8 km? ¿Cuánto más fría fue la temperatura a 6.8 km sobre tierra que al nivel del suelo?

Razonamiento crítico

22. **Predecir** Describe los cambios en la atmósfera que experimentarías al subir una montaña de cuatro kilómetros o más de altura. ¿Cómo podrían afectarte físicamente estos cambios?
23. **Aplicar los conceptos** ¿Por qué un barómetro aneroide puede usarse para medir la elevación así como la presión barométrica?
24. **Relacionar causa y efecto** ¿Cómo puede la combustión de carbón mineral alto en azufre, en una planta generadora de energía, dañar un bosque a cientos de kilómetros de distancia?
25. **Clasificar** ¿Qué fuentes de contaminación del aire son naturales y cuáles son creadas por el hombre?

Evaluación del rendimiento

PROYECTO DEL CAPÍTULO 1

Para terminar

Presenta tu proyecto Para tu presentación en clase, prepara una exposición de tus observaciones meteorológicas. Incluye dibujos, gráficas y tablas que resuman el tiempo que observaste. Practica la presentación de tu proyecto. ¿Necesitas hacer algunas mejoras? Si es así, hazlas ahora.

Reflexiona y anota En tu diario, escribe en qué forma podrías mejorar tu bitácora de las condiciones del tiempo. ¿Sobre qué condiciones meteorológicas te gustaría conocer más? ¿Qué factores podrías haber medido con mayor precisión usando instrumentos?

Participa

En tu comunidad Con algunos compañeros, investiga la calidad del aire en tu escuela y sus alrededores, y en tu vecindario. Escucha los informes meteorológicos o busca en los diarios el índice de concentración de polen y otros contaminantes. Con la aprobación de tu maestro, diseña experimentos en que se usen filtros, máscaras contra el polvo u otros aparatos para examinar las partículas del aire. Luego escribe un informe que resuma tus resultados e identifique posibles fuentes de contaminación.

2 Factores meteorológicos

LO QUE ENCONTRARÁS

Energía en la atmósfera

Descubre ¿Retiene calor una bolsa de plástico?

Laboratorio de destrezas Calentamiento de la superficie terrestre

Integrar la física

Transferencia de calor

Descubre ¿Qué sucede cuando se calienta el aire?

Inténtalo Temperatura a dos alturas

Vientos

Descubre ¿Hacia dónde va el viento?

Inténtalo Construye una veleta

Laboratorio real ¿Dónde está el viento?

PROYECTO 2

Tu propia estación meteorológica

¡Una abundante lluvia de primavera es justo lo que las flores necesitan! A medida que el tiempo sea más cálido, el jardín florecerá. Días cálidos, vientos suaves y lluvia suficiente son factores que afectarán a todo lo que crece. En este capítulo aprenderás sobre diversos factores del tiempo, incluidas la presión barométrica, temperatura, velocidad y dirección del viento, humedad relativa, precipitación pluvial y la cantidad y tipo de nubes.

Tu objetivo Medir y anotar las condiciones meteorológicas por medio de instrumentos. Debes buscar patrones en tus datos que puedan usarse para predecir el tiempo del día siguiente.

Para completar este proyecto con éxito, tendrás que:

- desarrollar un plan para medir los factores del tiempo
- anotar tus datos en una bitácora
- mostrar tus datos en un conjunto de gráficas
- usar datos y gráficas para predecir el tiempo
- seguir los lineamientos de seguridad del Apéndice A

Para empezar Da un vistazo al capítulo para ver qué factores del tiempo deseas medir. Analiza con un grupo de tus compañeros de clase qué instrumentos podrían usar. Busca ideas sobre qué observaciones debes hacer cada día.

Comprueba tu aprendizaje Trabajarás en este proyecto mientras estudias el capítulo. Para mantener tu proyecto en marcha, revisa los cuadros de Comprueba tu aprendizaje en los puntos siguientes:

Repaso de la Sección 2, página 51: Prepárate para hacer observaciones.

Repaso de la Sección 3, página 60: Reúne y anota datos.

Repaso de la Sección 5, página 70: Grafica tus datos y busca patrones.

Para terminar Al final del capítulo (página 73), presenta tus observaciones meteorológicas y explica qué tan bien predijiste el tiempo.

Las lluvias de primavera son un factor importante para el crecimiento de estos tulipanes.

Sección 4 Agua en la atmósfera

Descubre **¿Cómo se forma la niebla?**

Mejora tus destrezas **Interpretar datos**

Sección 5 Precipitación

Descubre **¿Cómo puedes hacer granizo?**

Mejora tus destrezas **Calcular**

Energía en la atmósfera

DESCUBRE ACTIVIDAD

¿Retiene calor una bolsa de plástico?

1. Anota las temperaturas iniciales de dos termómetros. (Debes obtener las mismas lecturas.)
2. Coloca un termómetro en una bolsa de plástico. Pon un pedacito de papel en la bolsa de modo que haga sombra sobre el bulbo del termómetro. Sella la bolsa.
3. Pon ambos termómetros en el alféizar de una ventana soleada o cerca de una lámpara de luz. Cubre el bulbo del segundo termómetro con un pedacito de papel. Predice lo que crees que sucederá.
4. Espera cinco minutos. Luego anota la temperatura de los dos termómetros.

Reflexiona sobre

Medir ¿Fueron iguales las dos temperaturas? ¿Cómo podrías explicar alguna diferencia?

GUÍA DE LECTURA

- **¿En qué forma viaja la energía solar a la Tierra?**
- **¿Qué le sucede a la energía solar cuando llega a la Tierra?**

Sugerencia de lectura **Antes de leer, busca en la sección las palabras en negritas que no te sean familiares. Al leer, indaga su significado.**

Imagina un soleado día de verano. Por la mañana el sol está bajo y el aire fresco. Al ascender el sol, la temperatura aumenta. A mediodía hace bastante calor. Como verás en este capítulo, el calor es un factor importante del tiempo. El movimiento del calor en la atmósfera hace que las temperaturas cambien, que soplen los vientos y que llueva.

Energía solar

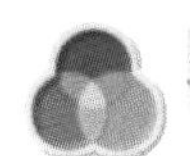

INTEGRAR LA FÍSICA

Casi toda la energía que hay en la atmósfera de la Tierra viene del Sol. Esta energía viaja a la Tierra como **ondas electromagnéticas,** una forma de la energía que puede viajar por el espacio. Las ondas electromagnéticas se clasifican de acuerdo con la longitud de onda, o distancia entre ondas. La transferencia directa de energía por medio de ondas electromagnéticas se llama **radiación.**

La mayor parte de la energía solar llega a la Tierra en forma de luz visible y de radiación infrarroja, y una pequeña cantidad de radiación ultravioleta. La luz visible es una mezcla de todos los colores que ves en un arco iris: rojo, naranja, amarillo, verde, azul y violeta. Los colores diferentes son resultado de diferentes longitudes de onda de

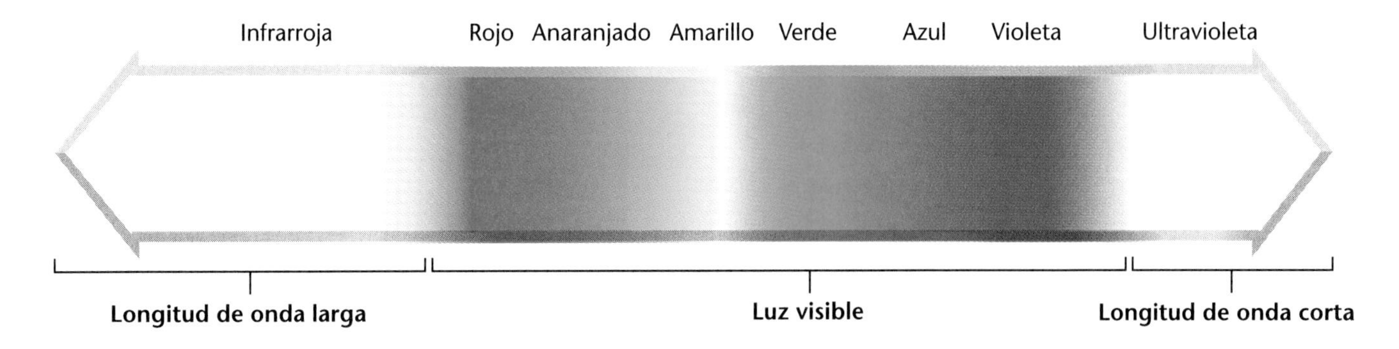

la luz visible. La luz roja y la naranja tienen las más largas longitudes de onda, mientras la luz azul y la violeta tienen las más cortas.

La **radiación infrarroja** es una forma de energía con longitudes de onda más largas que la luz roja. Esta radiación infrarroja no es visible, pero puedes sentirla como calor. En los restaurantes, las lámparas de calor que mantienen calientes los alimentos despiden tanto luz roja visible como radiación infrarroja invisible. El Sol emite también **radiación ultravioleta**, que tiene longitud de onda más corta que la luz violeta. La radiación ultravioleta causa las quemaduras solares. Esta radiación puede causar también cáncer de la piel y daño en los ojos.

Figura 1 Las ondas electromagnéticas incluyen radiación infrarroja, luz visible y radiación ultravioleta. ***Interpretar diagramas*** *¿Qué tipo de radiación tiene longitud de onda más corta que la luz visible? ¿Qué tipo de radiación tiene la longitud de onda más larga?*

☑ *Punto clave* *¿Qué color de la luz visible tiene la mayor longitud de onda?*

Energía en la atmósfera

Antes de que los rayos solares lleguen a la superficie terrestre tienen que pasar a través de la atmósfera. La ruta de los rayos solares se muestra en *Explorar la energía en la atmósfera*, en la siguiente página.

La atmósfera absorbe parte de la energía solar. El vapor de agua y el dióxido de carbono absorben parte de la radiación infrarroja. La capa de ozono en la estratosfera absorbe la mayor parte de la radiación ultravioleta. Las nubes, el polvo y otros gases absorben también energía solar.

Parte de los rayos solares se reflejan. Las nubes en la atmósfera actúan como espejos, reflejando parte de la energía solar de regreso al espacio. Además, partículas de polvo y moléculas de gases en la atmósfera reflejan la luz solar en todas direcciones.

A la reflexión de la luz en todas direcciones se le llama **dispersión.** Cuando miras al cielo, la luz que ves ha sido dispersada por las moléculas de gas en la atmósfera. Las moléculas de gas dispersan las longitudes de onda corta de luz visible (azul y violeta) más que las de onda larga (roja y naranja). Por eso la luz dispersa es más azul que la luz solar ordinaria, que es la razón por la cual el cielo se ve azul de día.

Cuando el Sol sale y se oculta, su luz atraviesa un espesor mayor de la atmósfera que cuando está en lo alto del cielo. Más luz del extremo azul del espectro se elimina por dispersión antes de llegar a tus ojos. La luz solar restante tiene principalmente luz roja y naranja. El Sol se ve rojo, y las nubes a su alrededor se ponen muy coloridas.

☑ *Punto clave* *¿Por qué las partículas de las erupciones volcánicas hacen los ocasos y los amaneceres más rojos?*

EXPLORAR la energía en la atmósfera

La mayor parte de la energía que mantiene caliente la Tierra viene del Sol. Parte de esta energía se refleja o se absorbe en la atmósfera. El resto de la energía llega a la superficie de la Tierra, donde se refleja o absorbe.

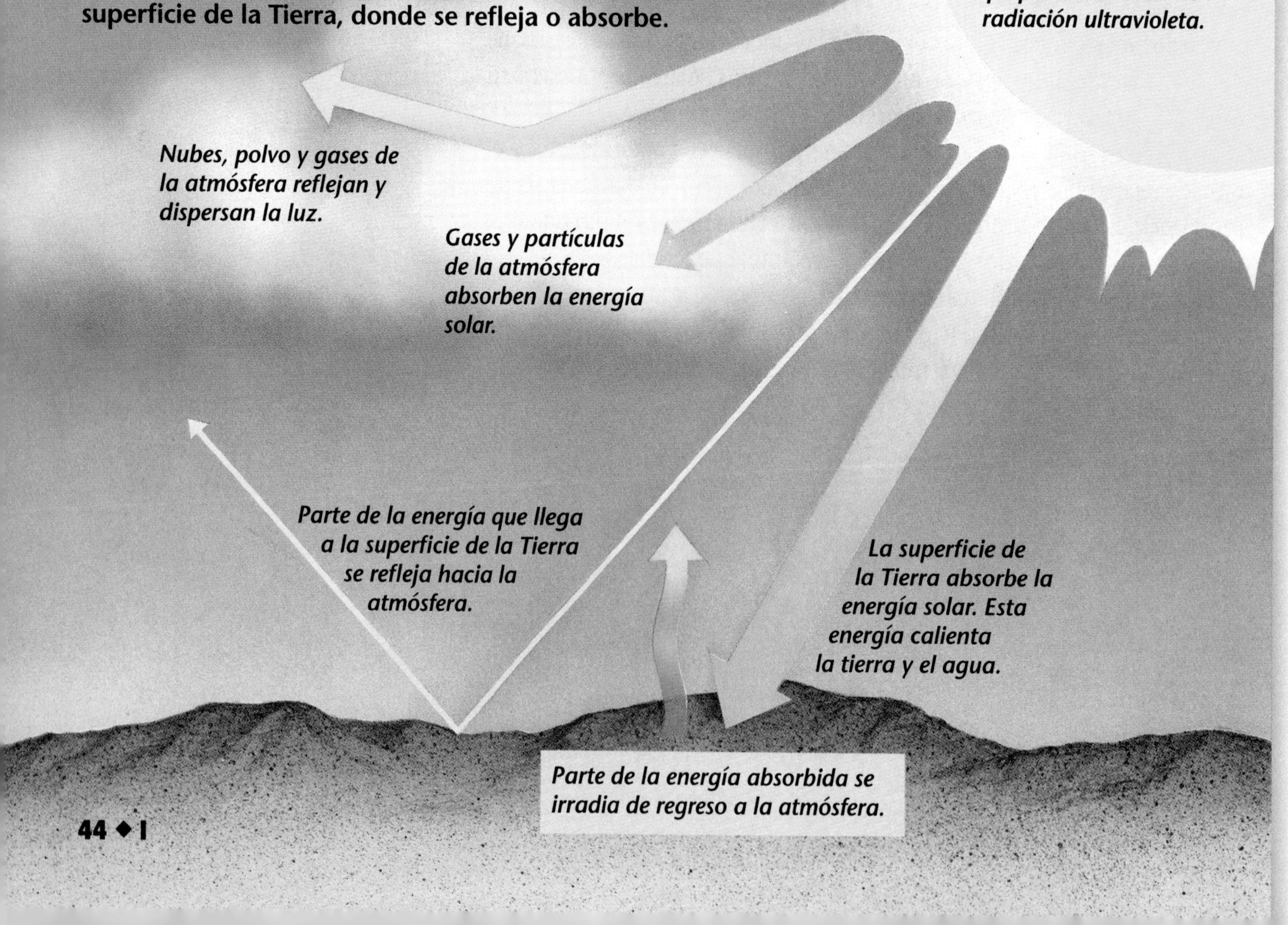

La energía solar es principalmente luz visible y radiación infrarroja, con una pequeña cantidad de radiación ultravioleta.

Nubes, polvo y gases de la atmósfera reflejan y dispersan la luz.

Gases y partículas de la atmósfera absorben la energía solar.

Parte de la energía que llega a la superficie de la Tierra se refleja hacia la atmósfera.

La superficie de la Tierra absorbe la energía solar. Esta energía calienta la tierra y el agua.

Parte de la energía absorbida se irradia de regreso a la atmósfera.

Energía en la superficie de la Tierra

Parte de la energía solar llega a la superficie de la Tierra y se refleja hacia la atmósfera. Sin embargo, la tierra y el agua absorben parte de esa energía transformada en calor.

Cuando la superficie de la Tierra se calienta, irradia parte de la energía hacia la atmósfera como radiación infrarroja. Esta radiación infrarroja no realiza todo el recorrido de regreso al espacio a través de la atmósfera. Buena parte es absorbida por el vapor de agua, el dióxido de carbono, el metano y otros gases del aire. La energía de la radiación absorbida calienta los gases en el aire. Estos gases forman una "cubierta" que retiene el calor en la atmósfera. El proceso por el cual los gases retienen el calor en el aire se llama **efecto invernadero.**

¿Has estado alguna vez en un invernadero? Aun en un día frío, el invernadero es cálido. Los invernaderos atrapan el calor de dos formas. Primera, la radiación infrarroja liberada en el interior no puede atravesar fácilmente el armazón de cristal y se queda atrapada. Segunda, el aire caliente dentro del invernadero no puede elevarse porque el armazón de cristal impide la circulación del aire. Lo que sucede en la atmósfera de la Tierra es similar a la primera forma en que los invernaderos retienen el calor.

El efecto invernadero es un proceso natural que mantiene la atmósfera terrestre a una temperatura cómoda para la mayoría de los seres vivos. Sin embargo, la actividad humana en los últimos 200 años ha aumentado la cantidad de dióxido de carbono en la atmósfera, lo cual puede estar calentándola. Aprenderás más sobre el efecto invernadero en el Capítulo 4.

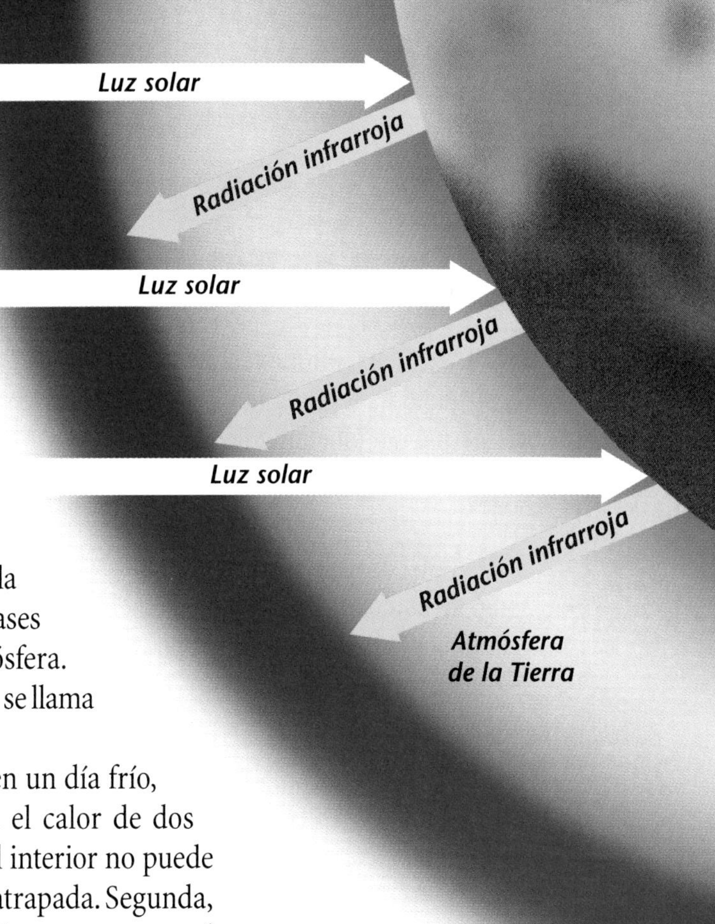

Figura 2 La luz solar viaja a través de la atmósfera a la superficie de la Tierra. Esta superficie despide entonces radiación infrarroja. Mucha de esta energía es retenida por la atmósfera, que se calienta con ella.

Repaso de la sección 1

1. Haz una lista de las tres formas de radiación del sol. ¿En qué se parecen? ¿En qué son diferentes?
2. ¿Qué pasa con la energía solar que absorbe la superficie de la Tierra?
3. ¿Por qué es azul el cielo? ¿Por qué suelen ser rojos los ocasos?
4. **Razonamiento crítico Aplicar los conceptos** ¿Cómo serían las condiciones en la Tierra sin el efecto invernadero?

Las ciencias en casa

Con un adulto de la familia, explora el papel de la radiación en el calentamiento de tu casa. ¿Algunas habitaciones son más cálidas y soleadas por la mañana? ¿Otras son más calientes y soleadas por la tarde? Abrir y cerrar cortinas o persianas ¿afecta a la temperatura de una habitación? Explica tus observaciones a tu familia.

Laboratorio de destrezas

Desarrollar hipótesis

Calentamiento de la superficie terrestre

En este experimento, desarrollarás y pondrás a prueba una hipótesis sobre qué tan rápidamente absorben la radiación diferentes materiales.

Problema

¿Cómo se comparan las tasas de calentamiento y enfriamiento de la arena y el agua?

Materiales

2 termómetros
2 vasos de precipitados de 400 ml
agua, 300 ml
regla métrica
reloj o cronómetro
soporte con anillo y abrazadera
arena seca, 300 ml
lámpara de 100 W
cordel
papel para gráficas

Procedimiento

1. ¿Qué se calentará más rápido, la arena o el agua? Anota tu hipótesis en la forma "Si... entonces...". Explica qué información usaste para hacer tu hipótesis y sigue estos pasos.
2. Copia esta tabla de datos en tu cuaderno. Añade filas suficientes para anotar datos por 15 minutos.
3. Pon en un vaso de precipitados 300 ml de arena seca.
4. Pon en un vaso de precipitados 300 ml de agua.
5. Coloca los vasos de precipitados bajo el soporte.
6. Pon un termómetro en cada vaso.
7. Cuelga los termómetros del soporte con un cordel. Esto los sostendrá.
8. Ajusta la altura de la abrazadera para que el bulbo de cada termómetro quede cubierto por aproximadamente 0.5 cm de arena o agua en los vasos de precipitados.
9. Pon la lámpara a unos 20 cm sobre la arena y el agua. Los vasos de precipitados no deben estar separados por más de 8 cm. **PRECAUCIÓN:** *No salpiques de agua la bombilla de la lámpara.*
10. Anota la temperatura de la arena y el agua.
11. Enciende la lámpara. Lee la temperatura de la arena y el agua cada minuto durante 15 minutos. Anota las temperaturas en la columna Temperatura con luz encendida de la tabla de datos.
12. ¿Qué material se enfriará más rápido? Anota tus hipótesis. De nuevo, justifica por qué crees que tu hipótesis es correcta.
13. Apaga la luz. Lee la temperatura de la arena y el agua cada minuto durante otros 15 min. Anota las temperaturas en la columna Temperatura con luz apagada (16 a 30 min).

TABLA DE DATOS

Temperatura con luz encendida (°C)			Temperatura con luz apagada (°C)		
Tiempo (min)	Arena	Agua	Tiempo (min)	Arena	Agua
Inicio			16		
1			17		
2			18		
3			19		
4			20		
5			21		

Analizar y concluir

1. Dibuja dos gráficas de líneas para mostrar los datos del cambio de temperatura de la arena y el agua en el tiempo. Divide el eje horizontal de 0 a 30 minutos y al eje vertical en grados Celsius. Dibuja ambas gráficas en la misma hoja de papel para gráficas. Usa una línea punteada para indicar el cambio de temperatura en el agua y una línea continua para mostrar el cambio de temperatura en la arena.
2. Calcula el cambio total de temperatura de cada material.
3. Basado en tus datos, ¿qué material tuvo el mayor aumento de temperatura?
4. ¿Qué puedes concluir sobre qué material absorbió más rápidamente el calor? ¿Cómo se comparan los resultados con tu hipótesis?
5. Revisa tus datos. En 15 minutos, ¿qué material se enfrió más rápido?
6. ¿Cómo se comparan estos resultados con tu segunda hipótesis?
7. **Piensa en esto** Si tus resultados no apoyaron tus hipótesis, ¿por qué los resultados fueron diferentes de lo que esperabas?
8. **Aplicar** Con base en tus resultados, ¿qué se calentará más rápido en un día soleado: el agua de un lago o la arena que lo rodea? ¿Cuál se enfriará más rápido al oscurecer?

Explorar más

¿Crees que todos los materiales sólidos se calientan tan rápido como la arena? Por ejemplo, considera la grava, la piedra triturada o diferentes tipos de tierra. Escribe una hipótesis sobre sus índices de calentamiento, como enunciado "Si... entonces...". Con la supervisión de tu maestro, desarrolla un procedimiento para probar tu hipótesis. ¿Fue correcta?

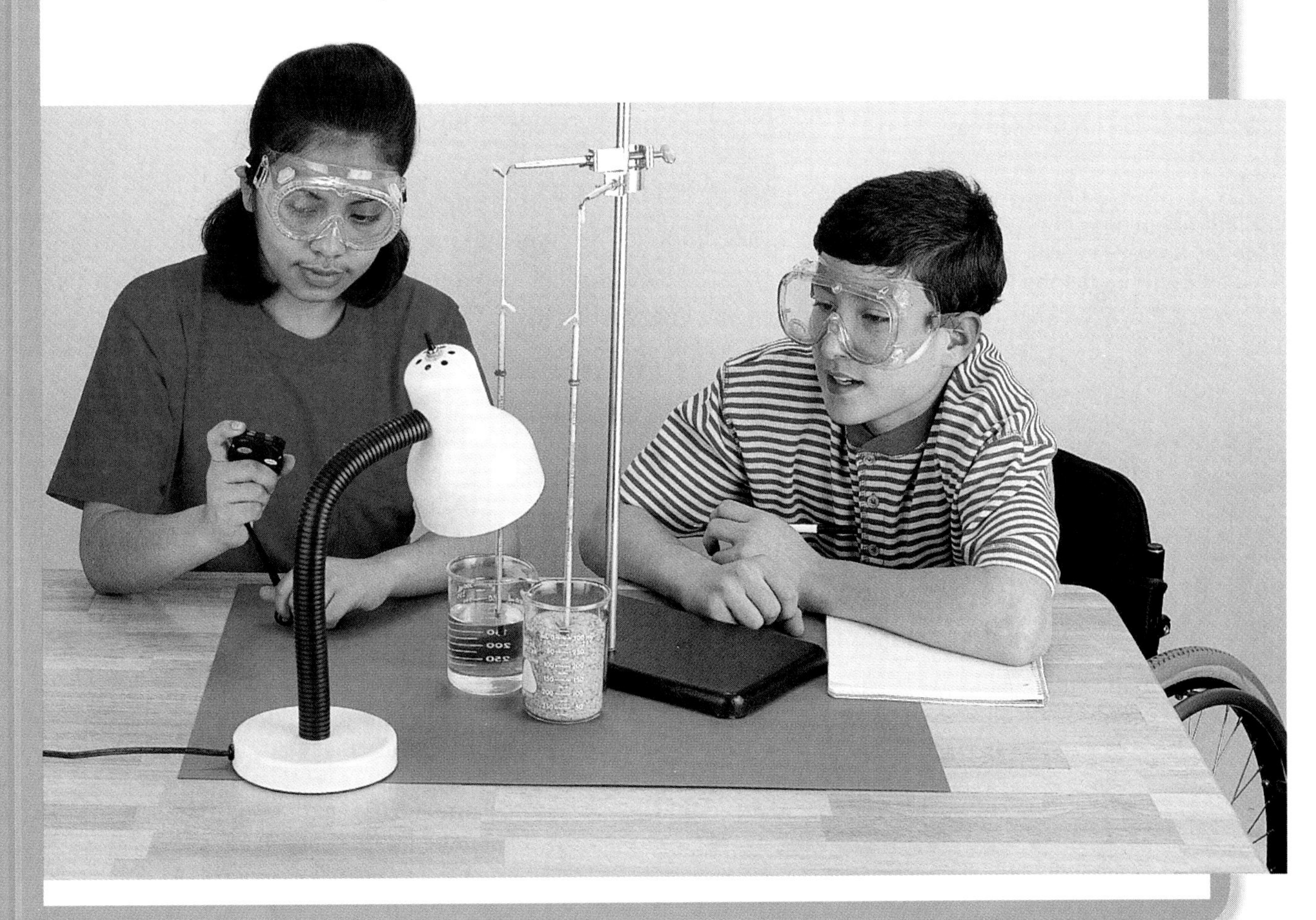

SECCIÓN 2 Transferencia de calor

DESCUBRE ACTIVIDAD

¿Qué sucede cuando se calienta el aire?

1. Con tijeras gruesas, corta la parte plana de un plato de aluminio para pastel. Usa la punta de las tijeras para hacer un pequeño agujero en medio de la parte plana.
2. Corta la parte en forma espiral, como se muestra en la foto. Ata un hilo de 30 cm a la parte media de la espiral.
3. Sostén la espiral sobre una fuente de calor, como una vela, un plato caliente o una bombilla de luz incandescente.

Reflexiona sobre

Inferir ¿Qué le ocurrió a la espiral? ¿Por qué sucedió eso?

GUÍA DE LECTURA

- **¿Cómo se mide la temperatura?**
- **¿Cuáles son las tres formas en que se transfiere el calor?**

Sugerencia de lectura **A medida que leas, haz una lista de los tipos de transferencia de calor. Escribe una oración sobre**

Sabes que la superficie terrestre absorbe la energía solar. Parte de esa energía se transfiere en forma de calor de la superficie a la atmósfera. El calor, entonces, circula de un lugar a otro dentro de la atmósfera. Pero ¿cómo se mueve en la atmósfera?

Energía y temperatura

Los gases se componen de pequeñas partículas, llamadas moléculas, que están en constante movimiento. Cuanto más rápidamente se mueven las moléculas, más energía tienen. La Figura 3 muestra cómo se relaciona el

Figura 3 La limonada está fría, sus moléculas se mueven lentamente. El té está caliente, sus moléculas se mueven más rápido que las de la limonada.
Inferir *¿Cuál líquido tiene la temperatura más alta?*

movimiento de las moléculas con la cantidad de energía que contienen. A la energía total del movimiento en las moléculas de una sustancia se le llama **energía térmica.** Por otra parte, la **temperatura** es la cantidad *promedio* de energía del movimiento de cada molécula de una sustancia. Esto significa que la temperatura es una medida de qué tan caliente o fría está una sustancia.

Medición de la temperatura

Pregúntale a alguien cómo está el tiempo. La respuesta probablemente incluirá la temperatura. La temperatura es uno de los elementos más importantes del tiempo. **La temperatura del aire suele medirse con un termómetro.** El **termómetro** es un tubo de cristal con un bulbo en un extremo que contiene un líquido, por lo general mercurio o alcohol coloreado.

Los termómetros funcionan porque los líquidos se dilatan cuando se calientan y se contraen cuando se enfrían. Cuando la temperatura del aire asciende, el líquido del bulbo se dilata y sube por la columna. ¿Qué sucede cuando la temperatura disminuye? El líquido se contrae y desciende por el tubo.

La temperatura se mide en unidades llamadas grados. Las dos escalas más comunes se muestran en la Figura 4. Los científicos usan la escala Celsius. En la escala Celsius, el punto de congelación del agua pura es 0°C (se lee "cero grados Celsius"). El punto de ebullición del agua pura es de 100°C. Los informes del tiempo en Estados Unidos usan la escala Fahrenheit. En ella, el punto de congelación del agua es de 32°F y el de ebullición es de 212°F.

☑ *Punto clave* *¿Cuántos grados Celsius hay entre el punto de congelación y de ebullición del agua?*

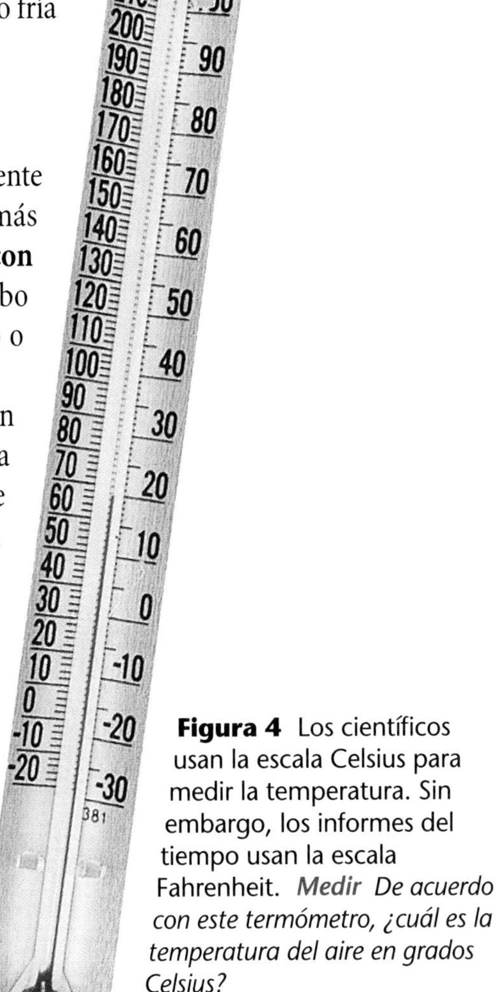

Figura 4 Los científicos usan la escala Celsius para medir la temperatura. Sin embargo, los informes del tiempo usan la escala Fahrenheit. ***Medir*** *De acuerdo con este termómetro, ¿cuál es la temperatura del aire en grados Celsius?*

Cómo se transfiere el calor

A la energía transferida de un objeto más caliente a uno más frío se le llama **calor.** Los tipos de transferencia de calor se muestran en la Figura 5, en la siguiente página. **El calor se transfiere en tres formas: radiación, conducción y convección.**

Radiación ¿Has sentido alguna vez el calor de los rayos solares en tu rostro? Sientes la energía que llega directamente del Sol como radiación. Recuerda que la radiación es la transferencia directa de la energía por ondas electromagnéticas. El calor que sientes del Sol o de una fogata viaja directamente a ti como radiación infrarroja. No la ves, pero la sientes como calor.

Conducción ¿Has caminado descalzo por la arena caliente? Tus pies sintieron el calor porque pasó directamente de la arena a ellos. Cuando una molécula de movimiento rápido se topa con otra de movimiento más lento, le transfiere parte de su energía. La transferencia directa de calor de una sustancia a otra que está en contacto se llama **conducción.** Las moléculas que ganan energía pueden a su vez pasarla a otras moléculas cercanas. Cuando caminas sobre la arena caliente, las moléculas de movimiento rápido de la arena transfieren el calor a las moléculas de movimiento más lento de tus pies.

Cuanto más cerca estén entre sí las moléculas en una sustancia, conducen el calor con más efectividad. La conducción funciona bien en algunos sólidos, como los metales, pero no tan bien en los líquidos y los gases. El aire y el agua no conducen el calor muy bien.

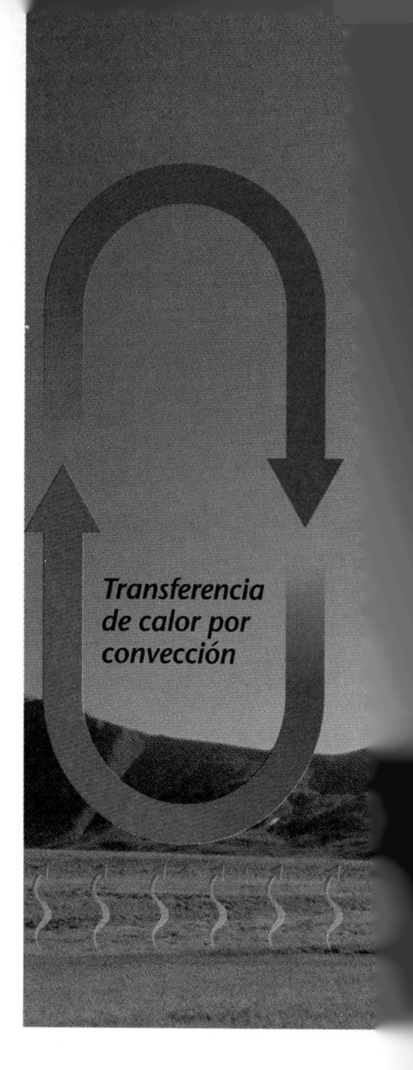

Convección ¿Cómo puedes secar tus botas sobre una ventila de aire caliente cuando la caldera está en otro cuarto? El aire de la caldera lleva el calor a tus botas. En los fluidos (líquidos y gases), las moléculas pueden moverse de un lugar a otro. Al moverse las moléculas llevan su calor consigo. La transferencia de calor por el movimiento de un fluido se llama **convección.**

✓ ***Punto clave*** *Da por lo menos un ejemplo de radiación, conducción y convección en tu vida diaria.*

Transferencia de calor en la troposfera

La radiación, la conducción y la convección actúan juntas para calentar la troposfera. Cuando la superficie de la Tierra absorbe energía solar durante el día, el suelo se calienta más que el aire. El aire cercano a la superficie se calienta por radiación y conducción del calor de la superficie al aire. Sin embargo, el calor no se conduce fácilmente de una molécula de aire a otra. Sólo los primeros metros de la troposfera se calientan por conducción. Así, pues, el aire cercano a la tierra está por lo común más caliente que el aire de unos cuantos metros más arriba.

La convección causa la mayor parte del calentamiento de la troposfera. Cuando el aire cercano a tierra se calienta, las moléculas tienen más energía. Como tienen más energía, las moléculas se mueven más rápido. Al moverse más rápido en el aire caliente, las moléculas chocan unas contra

INTÉNTALO

Temperatura a dos alturas

ACTIVIDAD

¿Qué diferencia crees que haya entre la temperatura del aire cerca del suelo y a mayor altura? Da razones de tu predicción.

1. Toma todas tus medidas en un lugar que esté soleado todo el día.
2. Temprano por la mañana, toma la temperatura del aire a 1 cm y a 1.25 m sobre el suelo. Anota la hora del día y la temperatura para ambas alturas. Repite tus mediciones por la tarde, después de mediodía.
3. Anota estas mediciones por la mañana y por la tarde durante dos días más.
4. Grafica tus datos para cada altura y su temperatura en el eje vertical, y la hora en el eje horizontal. Dibuja ambas líneas en la misma hoja de papel, usando los mismos ejes. Rotula ambas líneas.

Interpretar datos ¿A qué altura varió más la temperatura? ¿Cómo puedes explicar la diferencia?

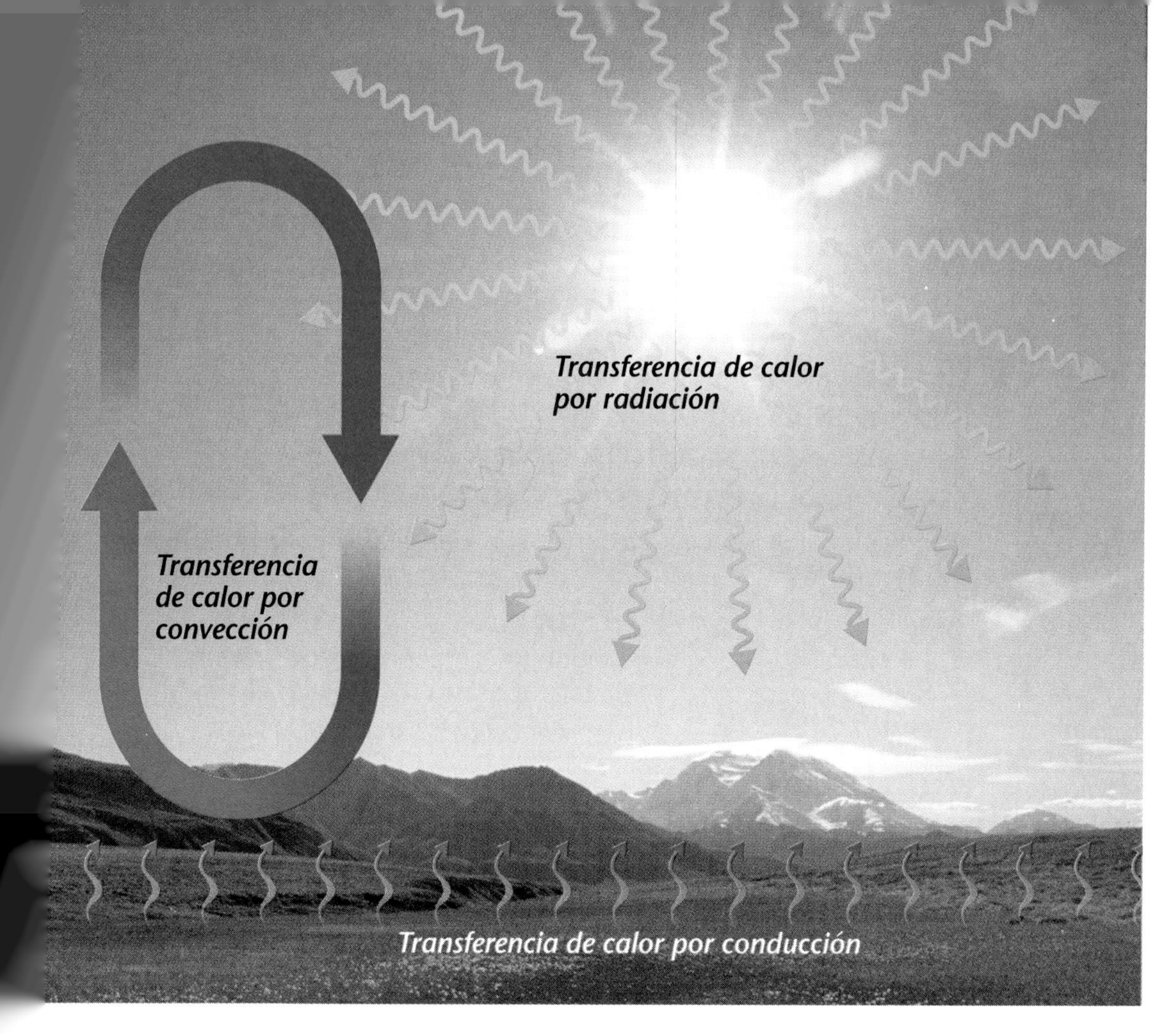

otras y se alejan. El aire se vuelve menos denso. El aire más frío y más denso desciende, lo que fuerza al aire más cálido y menos denso a ascender.

El movimiento ascendente del aire caliente y el descendente del aire frío forman corrientes de convección. Las corrientes de convección hacen que el calor se mueva a través de la troposfera.

Figura 5 Los tres tipos de la transferencia de calor (conducción, radiación y convección) tienen lugar cerca de la superficie de la Tierra.

Repaso de la sección 2

1. ¿Qué es la temperatura?
2. Describe cómo funciona un termómetro.
3. Menciona tres formas en que puede transferirse el calor. Explica brevemente cómo actúan juntas las tres formas para calentar la troposfera.
4. **Razonamiento crítico Aplicar los conceptos** Cuando enciendes el fuego en una chimenea, el aire caliente se eleva por convección y sube por el tiro de la chimenea. ¿Cómo, entonces, la chimenea calienta una habitación? ¿Por qué sólo quienes están directamente frente a la chimenea sienten el calor del fuego?

PROYECTO DEL CAPÍTULO 2

Comprueba tu aprendizaje

Reúne los instrumentos que necesitarás para medir los factores del tiempo. (*Sugerencia:* Asegúrate de que sabes tomar medidas precisas.) Planea cuándo y dónde vas a medir los factores del tiempo. Asegúrate de que haces tus mediciones en el mismo lugar y a la misma hora del día.

SECCIÓN 3

Vientos

DESCUBRE

ACTIVIDAD

¿Hacia dónde va el viento?

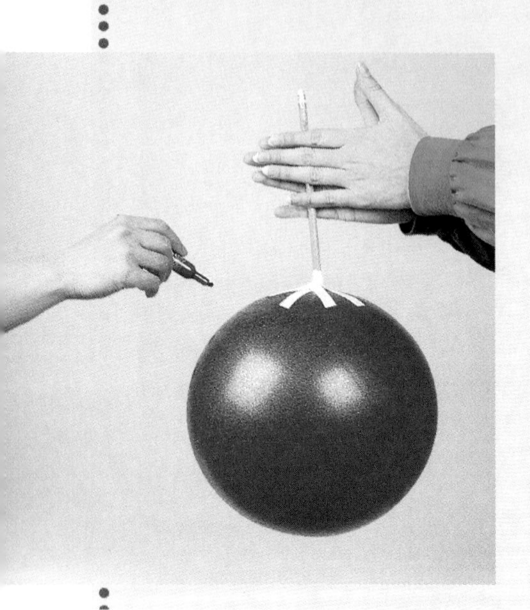

Lleva a cabo esta actividad con un compañero. Piensa en la pelota como un modelo de la Tierra y que el marcador representa el viento.

1. Con cinta adhesiva, fija un lápiz a una pelota lisa grande, de modo que puedas hacer girar la pelota sin tocarla.
2. Un compañero debe sostener el lápiz. Haz girar lentamente la pelota en sentido contrario a las manecillas del reloj visto desde arriba.
3. Mientras la pelota gira, el segundo compañero debe usar un marcador para tratar de dibujar una línea recta desde el "polo norte" al "ecuador" de la pelota. ¿Qué forma toma la línea?

Reflexiona sobre

Hacer modelos Si un aire frío se estuviera moviendo hacia el sur de Canadá a Estados Unidos, ¿cómo se vería afectado su movimiento por la rotación de la tierra?

GUÍA DE LECTURA

- **¿Qué causa los vientos?**
- **¿Qué son los vientos locales y los vientos globales?**
- **¿Dónde se localizan los principales cinturones de vientos globales?**

Sugerencia de lectura **Antes de leer, observa las ilustraciones y lee los pies de figura. Escribe abajo todas las preguntas que tengas sobre los vientos. A medida que leas, busca las respuestas a tus preguntas.**

El punto más alto en el noreste de Estados Unidos, a 1,917 metros sobre el nivel del mar, es Monte Washington, en New Hampshire. ¡A veces, los vientos en lo alto de esta montaña son tan fuertes que los escaladores no pueden llegar de manera segura a la cima! La velocidad mayor del viento que se haya medido —370 kilómetros por hora— ocurrió el 12 de abril de 1934, en la cumbre del Monte Washington. ¿Qué causa esta increíble fuerza?

¿Qué causa los vientos?

Puesto que el aire es un fluido, puede moverse fácilmente de un lugar a otro. La fuerza que hace que el aire se mueva es causada por una diferencia de presión barométrica. Los fluidos tienden a moverse de las áreas de presión alta a las de presión baja. El **viento** es el movimiento horizontal del aire de un área de presión alta, a un área de presión baja. **Todos los vientos son causados por diferencias de presión barométrica.**

La mayoría de las diferencias de presión barométrica son por causa del calentamiento desigual de la atmósfera. Como aprendiste en la sección anterior, las corrientes de convección se forman cuando un área de la superficie de la Tierra es calentada por los rayos solares. El aire sobre la superficie caliente se expande y se vuelve menos denso. A medida que el aire se hace menos denso, su presión barométrica disminuye. Si un área cercana no se calienta tanto, el aire sobre esta área menos caliente se volverá más frío y más denso. El aire frío y denso tiene presión barométrica más alta, de modo que fluye por debajo del aire cálido menos denso. Este proceso fuerza al aire caliente a elevarse.

Medición del viento

Los vientos se describen indicando su dirección y velocidad. La dirección del viento se determina con una veleta. El viento la hace girar de modo que un extremo de ella apunta hacia el viento. El nombre de un viento te dice de dónde viene. Por ejemplo, un viento sur sopla de sur a norte. Un viento norte sopla hacia el sur.

La velocidad del viento se mide con un **anemómetro.** Un anemómetro tiene tres o cuatro copas montadas al extremo de radios que giran sobre un eje. La fuerza del viento contra las copas hace girar el eje. Un velocímetro conectado al eje muestra la velocidad del viento.

Una brisa fresca puede ser muy refrescante en un día cálido. Sin embargo, la misma brisa, durante el invierno, puede hacerte sentir un incómodo frío. El viento que sopla sobre tu piel se lleva el calor de tu cuerpo. Cuanto más fuerte el viento, más frío sientes. El aumento del frío que el viento puede causar se llama **factor de enfriamiento por viento.** Así, el reporte del tiempo puede decir: "La temperatura es de 20 grados Fahrenheit. Pero con vientos de 30 millas (48 kilómetros) por hora, el factor de enfriamiento por viento hace que se sienta como 18 grados bajo cero".

☑ ***Punto clave*** *¿En qué dirección sopla un viento del oeste?*

Figura 6 La veleta de la izquierda apunta hacia donde sopla el viento. El anemómetro de la derecha mide la velocidad del viento. Las copas atrapan el viento y giran más rápido cuando el viento sopla más fuerte.

INTÉNTALO

Construye una veleta

He aquí cómo construir tu propia veleta.

1. Usa tijeras para cortar un señalador y una aleta de cola ligeramente mayor, de papel albanene.
2. Haz un corte de 1 cm de profundidad en cada extremo de un popote.
3. Desliza el señalador y la aleta de cola en las ranuras sobre el popote; fíjalos con pedacitos de cinta adhesiva.

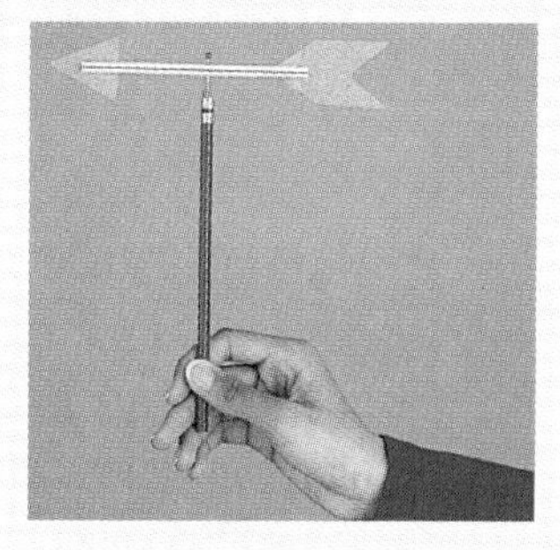

4. Sostén el popote en un dedo para encontrarle el punto de equilibrio.
5. Atraviesa cuidadosamente el punto de equilibrio con un alfiler y clávalo en la goma de un lápiz. Mueve la veleta hacia atrás y hacia adelante para asegurarte de que puede girar con libertad.

Observar ¿Cómo puedes usar tu veleta para indicar la dirección del viento?

Vientos locales

¿Has volado una cometa en la playa en un día caluroso de verano? Aunque no haya viento a tierra, puede haber una brisa fresca que sople del agua hacia la playa. Esta brisa es un ejemplo de un viento local. Los **vientos locales** son los que soplan en cortas distancias. **Los vientos locales son causados por calentamiento desigual de la superficie en un área pequeña.** Los vientos locales se forman sólo cuando no hay vientos que estén soplando de más lejos.

Laboratorio real

Tú y tu comunidad

¿DÓNDE ESTÁ EL VIENTO?

En tu ciudad se planea construir un nuevo centro para la comunidad. Tus compañeros de clase y tú quieren estar seguros de que las puertas no serán difíciles de abrir o cerrar en los días con viento. Necesitas saber qué lado del edificio estará resguardado del viento. Decides medir las velocidades del viento alrededor de un edificio similar.

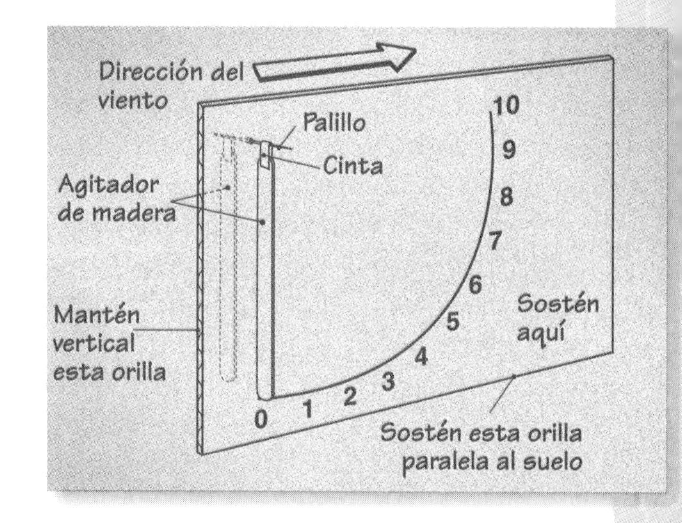

Problema

¿Cómo puedes determinar los patrones del viento alrededor de un edificio?

Enfoque en las destrezas

medir, interpretar datos, sacar conclusiones

Materiales

bolígrafo	palillo redondo
veleta	2 agitadores de madera
cinta métrica	cinta adhesiva angosta

hoja de cartón corrugado, de 15 cm × 20 cm

Procedimiento 

1. Empezarás por armar un anemómetro sencillo que use agitadores de madera para indicar la velocidad del viento. En tu pedazo de cartón, dibuja una escala curva como la que se muestra en el diagrama. Márcala del 0 al 10 en intervalos iguales.
2. Usa cuidadosamente el bolígrafo para hacer un pequeño agujero donde se insertará el palillo. Inserta el palillo.
3. Pega con la cinta adhesiva los agitadores al palillo, como se muestra en el diagrama, uno en cada lado del cartón.
4. Copia la tabla de datos en tu cuaderno.
5. Lleva tu anemómetro afuera de la escuela. Párate a unos 2 o 3 metros del edificio y apartado de cualquier esquina o planta grande.

Un calentamiento desigual suele producirse en la tierra próxima a un gran cuerpo de agua. Se requiere más energía para calentar un cuerpo de agua que para calentar igual área de tierra. Esto significa que cuando el Sol calienta la superficie del planeta durante el día, la tierra se calienta más rápido que el agua. El aire que está sobre la tierra se calienta más rápido que el aire sobre el agua. El aire caliente se expande y asciende, creando un área de baja presión. El aire frío sopla a tierra desde el agua y se cuela bajo el aire caliente. Al viento que sopla desde un océano o lago

TABLA DE DATOS

Localización	Dirección del viento	Velocidad

6. Usa la veleta para hallar la dirección en la que viene el viento. Sostén tu anemómetro de modo que la tarjeta esté recta, vertical y paralela a la dirección del viento. Ve a qué número se acerca el agitador de madera. Anota tus datos.
7. Repite tus mediciones en todos los demás lados del edificio. Anota tus datos.

Analizar y concluir

1. ¿Fue más fuerte el viento en un lado de la escuela que en los otros? ¿Cómo puedes explicar tu observación?
2. ¿Concuerdan los resultados de tus compañeros con los tuyos? ¿Qué podría explicar cualquier diferencia?
3. **Aplicar** Con base en tus datos, ¿qué lado de la escuela es mejor para la colocación de una puerta?

Explorar más

¿Qué efecto tienen las plantas en la velocidad del viento en un área? ¿Podrían plantarse árboles y arbustos para reducir la velocidad del viento cerca de las puertas? ¿Qué mediciones podrías hacer para investigar esto?

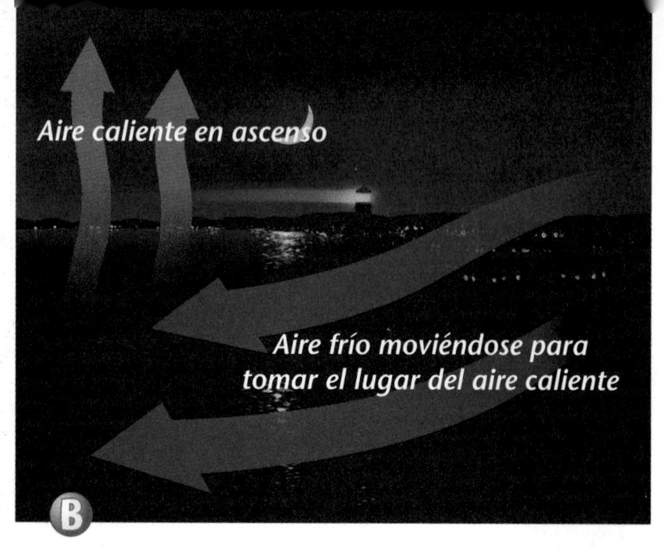

Figura 7 A. Durante el día, el aire frío se mueve del mar a la tierra, creando una brisa marina. **B.** De noche, el aire más frío se mueve de la tierra al mar. ***Formular definiciones operativas*** *¿Qué tipo de brisa se produce por la noche?*

hacia tierra se le conoce como **brisa marina** o brisa del lago. La Figura 7A muestra una brisa.

De noche la situación se invierte. La tierra se enfría más rápidamente que el agua, de modo que el aire sobre la tierra se enfría más que el aire sobre el agua. Cuando el aire más cálido que está sobre el agua se eleva, el aire más frío se desplaza desde tierra para tomar su lugar. El flujo de aire de la tierra a un cuerpo de agua se llama **brisa terrestre.**

Monzones

Un proceso similar al de las brisas terrestre y marina puede ocurrir sobre áreas más amplias. En verano, en el sur y sureste de Asia, la tierra se calienta más que el océano. Una gran "brisa marina" sopla constantemente a tierra desde el océano todo el verano, incluso de noche. En invierno, la tierra se enfría más que el océano. Una "brisa terrestre" sopla entonces constantemente de tierra al océano.

Las brisas marinas y terrestres sobre una gran región que cambian de dirección con las estaciones se llaman **monzones.** El monzón de verano en el sur y el sureste de Asia es muy importante para los cultivos. El aire que sopla del océano durante la estación lluviosa es muy cálido y húmedo. Conforme el aire húmedo se eleva sobre la tierra, se enfría y produce fuertes lluvias que proveen el agua necesaria para el arroz y otros plantíos.

Figura 8 Esta lluvia torrencial en Nepal es parte del monzón de verano, que sopla del océano a la tierra. En invierno, el monzón invierte la dirección y sopla de la tierra al océano.

Monzón de verano

Monzón de invierno

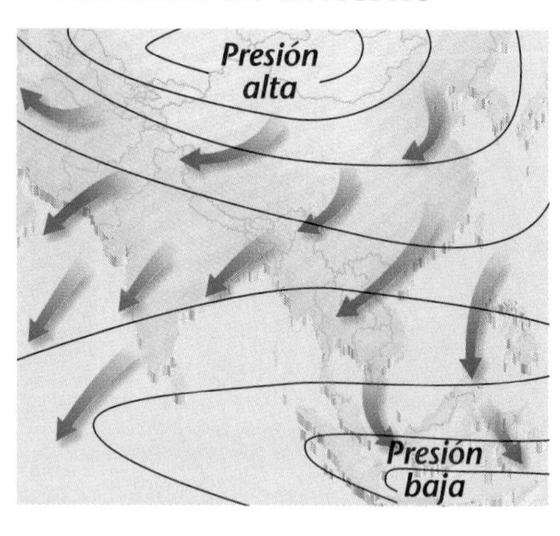

Vientos globales

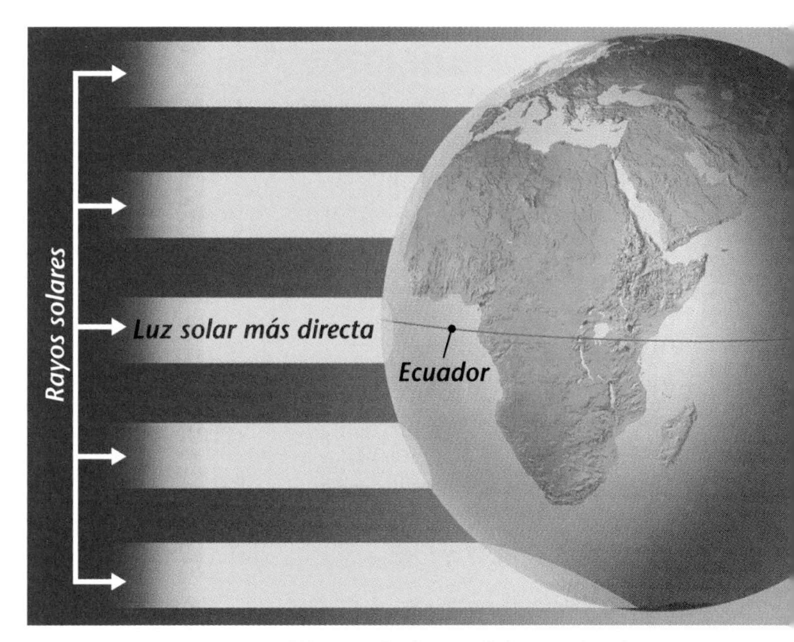

Figura 9 Cerca del ecuador, la energía solar cae sobre la Tierra casi directamente. Cerca de los polos, la misma cantidad de energía se dispersa sobre un área mayor.

Los vientos que soplan de manera constante desde direcciones específicas a través de largas distancias se llaman **vientos globales.** Al igual que los vientos locales, los vientos globales se crean por el calentamiento desigual de la superficie de la Tierra. Observa la Figura 9 para ver cómo la luz solar cae sobre la superficie terrestre. A mediodía, cerca del ecuador, el Sol está casi directamente arriba. Los rayos directos del Sol calientan intensamente la superficie de la Tierra. Cerca del polo norte o del polo sur, los rayos llegan a la superficie de la Tierra en un ángulo menor, aun a mediodía. La energía solar se esparce sobre un área mayor, de modo que calienta menos la superficie. Resultado de esto es que las temperaturas cerca de los polos son mucho más bajas que cerca del ecuador.

Corrientes de convección globales Las diferencias en temperaturas entre el ecuador y los polos producen gigantescas corrientes de convección en la atmósfera. El aire caliente se eleva en el ecuador y el aire frío baja en los polos. Por esto, la presión barométrica tiende a ser más baja en el ecuador y más alta cerca de los polos, causando que los vientos en la superficie de la Tierra soplen de los polos hacia el ecuador. Más arriba en la atmósfera, el aire fluye del ecuador hacia los polos. **El movimiento del aire entre el ecuador y los polos produce vientos globales.**

El efecto Coriolis Si la Tierra no girara, los vientos globales soplarían en línea recta de los polos hacia el ecuador. Debido a que la Tierra gira, los vientos globales no siguen una ruta recta. Mientras los vientos se mueven, la Tierra gira de oeste a este por debajo de ellos, haciendo que parezca como si los vientos dieran vuelta. A la forma en que la rotación de la Tierra hace que los vientos se curven se le llama **efecto Coriolis.** Recibió este nombre por el matemático francés que lo estudió y explicó en 1835.

En el hemisferio norte, todos los vientos globales se desplazan hacia la derecha. Como puedes verlo en la Figura 10, un viento que sople hacia el norte se vuelve gradualmente hacia el noreste. En otro orden, un viento del sur se transforma gradualmente en un viento del suroeste. En el hemisferio sur, los vientos se curvan hacia la izquierda. Un viento del sur se convierte en un viento del sureste, y un viento norte se vuelve un viento noroeste.

Figura 10 Al girar la Tierra, el efecto Coriolis hace que los vientos del hemisferio norte viren hacia la derecha. ***Interpretar diagramas*** *¿Hacia qué dirección se vuelven los vientos en el hemisferio sur?*

☑ ***Punto clave*** *¿Qué sucede con un viento que sopla hacia el sur en el hemisferio norte? ¿Cómo le llamarías a este viento?*

Estudios sociales CONEXIÓN

A finales del siglo XIX, los comerciantes estadounidenses intercambiaban leña, algodón, tabaco y pieles por productos manufacturados, como textiles, procedentes de Inglaterra. La travesía al este, a principios del siglo XIX, duraba cerca de tres semanas. Sin embargo, el viaje al oeste tomaba casi el doble de tiempo: de cinco a seis semanas.

En tu diario

Imagina que eres el capitán de navío que hace el viaje a Inglaterra y de regreso a Estados Unidos. Tu familia no comprende por qué tu viaje de regreso tarda casi el doble de tu viaje a Inglaterra. Escribe una carta a tu familia explicándoles por qué tienes que navegar más al sur para aprovechar los vientos dominantes en tu viaje de regreso.

Los cinturones de vientos globales

El efecto Coriolis y otros factores se combinan para producir un patrón de áreas calmadas y cinturones de vientos alrededor de la Tierra. Las áreas tranquilas incluyen las calmas ecuatoriales y las tropicales. **Los principales cinturones de vientos globales son los vientos alisios, los vientos dominantes del oeste y los vientos polares del este.** Al leer sobre cada área, localízala en *Explorar los vientos globales.*

Zona de calmas ecuatoriales Cerca del ecuador, el sol calienta intensamente la superficie. El aire cálido asciende de manera constante, creando un área de presión baja. El aire fresco entra en el área, pero se calienta rápidamente y asciende antes de que pueda ir muy lejos. Hay poco movimiento horizontal, así que los vientos del ecuador son muy débiles. A las regiones cerca del ecuador con poco o ningún viento se les llama calmas ecuatoriales.

Zona de calmas subtropicales El aire cálido que asciende en el ecuador se divide en flujos norte y sur. La **latitud** es la distancia desde el ecuador medida en grados. A unos 30° de las latitudes norte y sur, el aire deja de moverse hacia los polos y se hunde. En cada una de estas regiones se forma otro cinturón de aire en calma. Hace cientos de años, los marinos atrapados en estas aguas se quedaban sin alimentos y agua para sus caballos y tenían que arrojarlos por la borda. Es por esto que a las latitudes de los 30° norte y sur se les llama en lengua inglesa *horse latitudes* (latitudes de caballo) o zonas de calmas subtropicales.

Vientos alisios Cuando el aire frío que está sobre los trópicos desciende produce una zona de presión alta. Esta presión alta hace que los vientos de la superficie soplen hacia el ecuador o se aparten de éste. Los vientos que soplan hacia el ecuador se vuelven hacia el oeste por el efecto Coriolis. De esto resulta que los vientos en el hemisferio norte entre los 30° de latitud norte y el ecuador soplan generalmente del noreste. En el hemisferio sur, entre los 30° de latitud sur y el ecuador, los vientos soplan del sureste. A estos vientos constantes del este se les llama alisios. Por siglos, los marinos se valieron de ellos para llevar sus cargas de Europa a las Antillas y a Centro y Sudamérica.

Figura 11 El navío *Patriot*, construido en 1809, transportó productos a muchas partes del mundo. ***Aplicar los conceptos*** *¿Qué tanto efecto crees que tengan los vientos dominantes en la navegación marítima actual?*

EXPLORAR *los vientos globales*

Una serie de cinturones de vientos rodean la Tierra. Entre esos cinturones hay áreas de calmas donde el aire asciende o desciende.

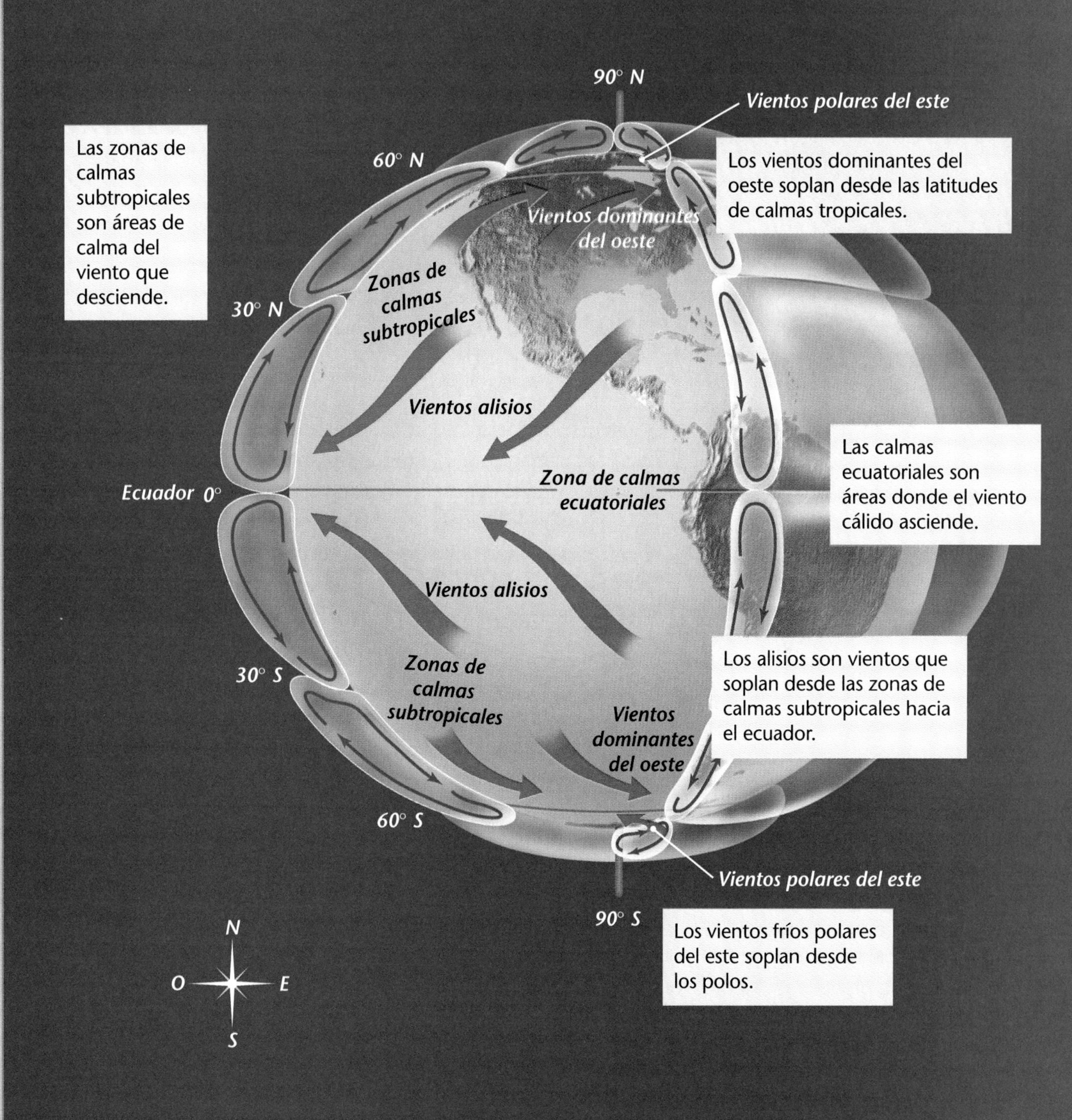

Figura 12 Viajando al este en una corriente de chorro, los pilotos pueden ahorrar tiempo y combustible. *Predecir ¿Qué sucedería si un avión volara al oeste en una corriente de chorro?*

Vientos dominantes del oeste En las latitudes medias, los vientos soplan hacia los polos y se curvan hacia el este por el efecto Coriolis. Debido a que soplan de oeste a este se les llama vientos dominantes del oeste. Generalmente soplan desde el suroeste, entre los 30° y los 60° de latitud norte, y desde el noroeste, entre las latitudes 30° y 60° sur. Los vientos dominantes del oeste son parte importante del tiempo en Estados Unidos.

Vientos polares del este El aire frío cercano a los polos desciende y fluye hacia latitudes más bajas. El efecto Coriolis cambia esos vientos hacia el oeste, produciendo los llamados vientos polares del este. Éstos se encuentran con los vientos dominantes del oeste cerca de los 60° en las latitudes norte y sur, a lo largo de la región llamada el frente polar. La mezcla de aire cálido con aire frío en el frente polar tiene su mayor efecto en los cambios de clima en Estados Unidos.

☑ *Punto clave* ***¿En qué región se encuentran los vientos polares del este con los vientos dominantes del oeste?***

Corrientes de chorro

A unos 10 kilómetros sobre la superficie hay bandas de vientos de alta velocidad llamadas **corrientes de chorro.** Estos vientos son de cientos de kilómetros de ancho, pero de sólo unos cuantos kilómetros de profundidad. Las corrientes de chorro soplan de oeste a este a velocidades de 200 a 400 kilómetros por hora. En su viaje alrededor de la Tierra, las corrientes de chorro vagan por norte y sur siguiendo una trayectoria ondulante.

Los aviones se sirven de las corrientes de chorro cuando viajan al este. Los pilotos pueden ahorrar combustible y tiempo volando al este en una corriente de chorro. Sin embargo, cuando los aviones viajan a altitudes de la corriente de chorro ven disminuida su velocidad al viajar al oeste contra los vientos de esta corriente.

Repaso de la sección 3

1. ¿Cómo produce vientos el calentamiento desigual de la superficie terrestre?
2. ¿En qué se parecen los vientos locales y los globales? ¿En qué son diferentes?
3. Menciona y dibuja los tres principales cinturones de vientos.
4. **Razonamiento crítico Aplicar los conceptos** Imagina que vuelas de Seattle a San Francisco, que está casi exactamente al sur de Seattle. ¿Debe el piloto poner rumbo directo al sur? Explica tu respuesta.

PROYECTO DEL CAPÍTULO 2

Comprueba tu aprendizaje

Comprueba con tu maestro para estar seguro de que usas correctamente los instrumentos meteorológicos. ¿Estás anotando las unidades en cada medición? Reúne y anota mediciones cada día.

SECCIÓN 4 Agua en la atmósfera

DESCUBRE — ACTIVIDAD

¿Cómo se forma la niebla?

1. Llena una botella de plástico de cuello estrecho con agua caliente de la llave. Vacía la mayor parte del agua, dejándole unos 3 cm en el fondo. **PRECAUCIÓN:** *Evita que se derrame agua caliente. No uses agua tan caliente que no puedas sostener la botella en forma segura.*
2. Pon un cubo de hielo sobre la boca de la botella. ¿Qué sucede?
3. Repite los pasos 1 y 2 usando agua fría en lugar de agua caliente. ¿Qué ocurre?

Reflexiona sobre

Desarrollar hipótesis ¿Cómo puedes explicar tus observaciones? ¿Por qué hay diferencia entre lo que sucede con el agua caliente y con el agua fría?

Durante un aguacero, el aire se siente húmedo. En un día despejado, sin nubes, el aire puede sentirse seco. Cuando el sol calienta la tierra y los océanos, la cantidad de agua en la atmósfera cambia. El agua se está moviendo siempre entre la atmósfera y la superficie de la Tierra.

Este movimiento del agua entre la atmósfera y la superficie de la Tierra, llamado ciclo del agua, se muestra en la Figura 13. El vapor de agua entra en el aire por la evaporación de los océanos y otros cuerpos de agua. La **evaporación** es el proceso por el cual las moléculas de agua en un líquido escapan al aire en forma de vapor de agua. Los seres vivos también agregan vapor de agua al aire. El agua entra en las raíces de las plantas, asciende hasta las hojas y es liberada como vapor de agua.

Como parte del ciclo del agua, una cantidad del vapor de agua de la atmósfera se condensa para formar nubes. La lluvia y otras formas de precipitación caen a la superficie. El agua escurre por la superficie o se mueve a través de la tierra, de regreso a océanos, lagos y corrientes.

GUÍA DE LECTURA

- **¿Cómo se mide la humedad relativa?**
- **¿Cómo se forman las nubes?**
- **¿Cuáles son los tres principales tipos de nubes?**

Sugerencia de lectura **Antes de leer, escribe una definición de "nube". Corrígela conforme leas acerca de las nubes.**

El ciclo del agua

Precipitación

Condensación

Evaporación de las plantas

Afluente de la superficie

Evaporación de océanos, lagos y arroyos

Figura 13 En el ciclo del agua, ésta se mueve de los lagos y océanos a la atmósfera y de regreso a la Tierra.

Humedad

La **humedad** es la cantidad de vapor de agua en el aire. Al porcentaje del vapor de agua comparado con la máxima cantidad que el aire podría retener, se le llama **humedad relativa.** Por ejemplo, a 10° C, 1 metro cúbico de aire puede retener un máximo de 8 gramos de vapor de agua. Si hubiera realmente 8 gramos de vapor de agua en el aire, entonces la humedad relativa del aire sería de 100 por ciento. Si el aire retuviera 4 gramos de vapor de agua, la humedad relativa sería la mitad, o 50 por ciento. La cantidad de vapor de agua que el aire puede retener depende de su temperatura. El aire cálido puede retener más vapor de agua que el aire frío.

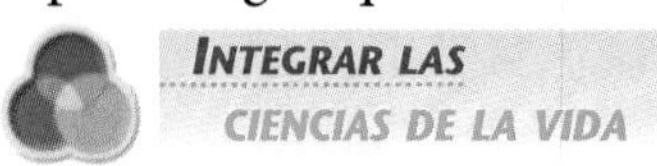

"No es el calor, es la humedad". ¿Qué significa esta expresión común? Aun en un día caluroso puedes sentirte cómodo si el aire está seco. La evaporación de la humedad de tu piel ahuyenta el calor y ayuda a mantener cómoda la temperatura de tu cuerpo. Te sientes menos cómodo en un día caluroso si la humedad relativa es alta. Cuando la humedad relativa es alta, la evaporación disminuye. La evaporación, pues, tiene menor efecto de enfriamiento sobre tu cuerpo.

Medición de la humedad relativa

La humedad relativa puede medirse con un sicrómetro. Un **sicrómetro** tiene dos termómetros: un termómetro de bulbo húmedo y un termómetro de bulbo seco. El bulbo del primero tiene una cubierta de tela que se humedece con agua. El aire sopla entonces sobre ambos termómetros. Como el termómetro de bulbo húmedo se enfría por la evaporación, su lectura es más baja que la del termómetro de bulbo seco.

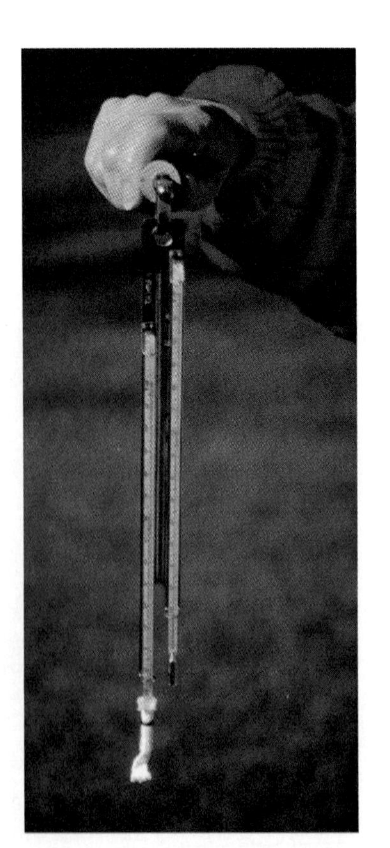

Humedad relativa

Lectura de bulbo seco (°C)	Diferencia entre lecturas de bulbo húmedo y bulbo seco (°C)				
	1	2	3	4	5
10	88	76	65	54	43
12	88	78	67	57	48
14	89	79	69	60	50
16	90	80	71	62	54
18	91	81	72	64	56
20	91	82	74	66	58
22	92	83	75	68	60
24	92	84	76	69	62
26	92	85	77	70	64
28	93	86	78	71	65
30	93	86	79	72	66

Figura 14 Para medir la humedad relativa se usa un sicrómetro de cabestrillo. Primero, ve las temperaturas del bulbo húmedo y del bulbo seco. Luego busca la temperatura del bulbo seco en la columna izquierda de la tabla. Encuentra la diferencia entre las temperaturas de los bulbos húmedo y seco siguiendo la parte superior de la tabla. El número de la tabla donde se cruzan estas dos lecturas indica la humedad relativa en porcentaje.

Si la humedad relativa es alta, el agua en el bulbo húmedo se evaporará lentamente y la temperatura de este bulbo no cambiará mucho. Si la humedad relativa es baja, el agua del bulbo húmedo se evaporará con rapidez y la temperatura del bulbo húmedo descenderá. La humedad relativa puede determinarse comparando las temperaturas de los termómetros de bulbo húmedo y seco en una tabla como la de la Figura 14.

☑ *Punto clave* *¿Cuál es la diferencia entre humedad y humedad relativa?*

Cómo se forman las nubes

¿Qué te recuerdan las nubes? Pueden parecer personas, animales, países y otras mil formas caprichosas. Desde luego, no todas las nubes son algodonosas y blancas. Las nubes de tormenta pueden ser oscuras y cubrir todo el cielo.

Las clases de nubes se forman cuando el vapor de agua en el aire se convierte en agua líquida o cristales de hielo. Al proceso por el que las moléculas de vapor de agua en el aire se convierten en agua líquida se le llama **condensación.** ¿Cómo se condensa el agua? Como sabes, el aire frío retiene menos vapor de agua que el aire cálido. Al enfriarse el aire, disminuye la cantidad de vapor de agua que puede retener. Parte del vapor de agua del aire se condensa para formar pequeñas gotas de agua líquida.

La temperatura a la cual se inicia la condensación se llama **punto de rocío.** Si el punto de rocío está por abajo del punto de congelación, el vapor de agua puede transformarse en cristales de hielo. Cuando ves una nube, estás viendo millones de diminutos cristales de hielo o gotitas de agua.

Para que se condense el vapor de agua, debe haber partículas para que el agua tenga una superficie donde condensarse. La mayor parte de estas partículas son cristales de sal, polvo y humo. A veces el vapor de agua se condensa en superficies sólidas, como las hojas de hierba, en lugar de las partículas. Al agua que se condensa del aire sobre una superficie fría se le llama rocío. La escarcha es hielo que se ha depositado directamente del aire sobre una superficie fría.

Las nubes se forman dondequiera que el aire se enfría a su punto de rocío y hay partículas presentes. Pero ¿qué hace que el aire se enfríe? Si el aire se calienta cerca de la tierra, se vuelve menos denso y se eleva en una corriente de convección. Cuando el aire ascendente se expande y se vuelve más frío, pueden formarse nubes.

Figura 15 El rocío se forma cuando el vapor de agua del aire se condensa sobre una superficie sólida, como esta flor.

Mejora tus destrezas

Interpretar datos

ACTIVIDAD

A la hora del almuerzo usas un sicrómetro y obtienes lecturas de 26°C en el termómetro de bulbo seco y de 21°C en el termómetro de bulbo húmedo. Usa la Figura 14 para encontrar la humedad relativa.

Más tarde en el día usas el sicrómetro de nuevo y esta vez obtienes lecturas de 20°C en el termómetro de bulbo seco y de 19°C en el de bulbo húmedo. Halla la nueva humedad relativa. ¿Aumentó o disminuyó?

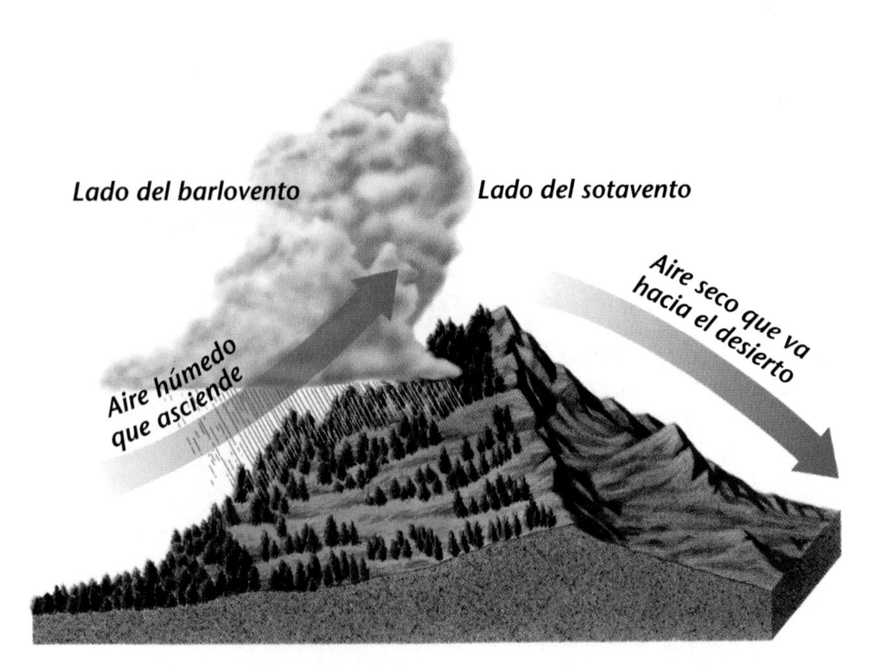

Figura 16 El aire húmedo se enfría al moverse hacia arriba por el costado de una montaña. ***Predecir*** *¿Qué ocurre cuando el vapor de agua se condensa en el aire?*

Cuando el viento choca con el costado de una colina o una montaña, es forzado a subir. Al ascender, el aire se enfría. La lluvia o la nieve caen por el barlovento, el lado de la montaña que recibe el viento.

Para cuando el aire llega al otro lado de la montaña ha perdido mucho de su vapor de agua. El aire está fresco y seco. La tierra del lado de sotavento de las montañas —en dirección del viento— está en un indicio de lluvia. Así como hay muy poca luz en un indicio de sol, hay poca lluvia en un indicio de lluvia. No sólo ha perdido el aire su vapor de agua al cruzar las montañas, sino que el aire se ha calentado al descender por el costado de la montaña. Este aire cálido y seco crea un desierto en el lado de sotavento de las montañas.

☑ *Punto clave* *¿Por qué casi siempre están cubiertas de nubes las cimas de algunas montañas?*

Tipos de nubes

Como sabes, hay nubes de diferentes formas. **Los meteorólogos clasifican las nubes en tres tipos principales: cúmulos, estratos y cirros.** Las nubes también se clasifican por su altitud. Cada tipo de nube se asocia con un tipo de tiempo.

Las nubes que parecen montones redondos de algodón, se llaman **cúmulos.** La palabra *cúmulo* significa "pila" o "masa". Los cúmulos se forman a menos de 2 kilómetros sobre tierra, pero pueden crecer en tamaño y altura y extenderse hasta 18 kilómetros. Los cúmulos suelen indicar buen tiempo. Las nubes enormes con extremos planos, llamadas cumulonimbos, a menudo producen tormentas eléctricas. El sufijo *-nimbo* viene de una palabra latina que significa "lluvia".

Las nubes que forman capas planas se llaman **estratos.** La palabra *estrato* significa "extender". Los estratos suelen cubrir todo o la mayor parte del cielo. A medida que los estratos se concentran pueden producir llovizna, lluvia o nieve. A menudo se los llama nimboestratos.

Las nubes tenues, parecidas a plumas, se llaman **cirros.** Los cirros se forman sólo a altos niveles, sobre unos 6 kilómetros, donde las temperaturas son muy bajas. Por esto las nubes cirros están hechas principalmente de cristales de hielo.

EXPLORAR *las nubes*

Los principales tipos de nubes son los cúmulos, estratos y cirros. El nombre de una nube tiene indicios sobre su altura y estructura.

Cirros
Los cirros, cirroestratos y cirrocúmulos están formados principalmente de cristales de hielo.

Cumulonimbos
Las tormentas eléctricas vienen de cumulonimbos. Por esta razón, a estas nubes se les llama también "fuente de trueno".

Nimboestratos
Los nimboestratos pueden producir lluvia o nieve.

Cúmulos
Los cúmulos son habitualmente señal de buen tiempo.

Cirros

Altocúmulos

Altoestratos

Cumulonimbos

Nimboestratos

Estratos

Cúmulos

Niebla

Figura 17 De noche suele formarse niebla sobre los lagos fríos. *Predecir ¿Qué ocurrirá cuando suba el sol y caliente el aire sobre el lago?*

A los cirros que tienen extremos "como ganchos" de textura plumosa se les llama a veces colas de yegua. Los cirrocúmulos, que se ven como hileras de bolas de algodón, indican que se aproxima una tormenta.

El nombre de una nube puede basarse en su altura. Los nombres de las nubes que se forman entre los 2 y los 6 kilómetros sobre la superficie de la Tierra tienen el prefijo *alto-*, que indica, desde luego, altitud. Los dos tipos principales de estas nubes son los altocúmulos y los altoestratos.

A las nubes que se forman en tierra o cerca de ella se les llama niebla. Ésta suele formarse cuando la tierra se enfría de noche después de un día cálido y húmedo. La tierra enfría a punto de rocío el aire que está sobre ella. Al día siguiente, el calor del sol de la mañana "quema" y hace desaparecer la niebla al evaporar las pequeñas gotas de agua.

Repaso de la sección 4

1. ¿Qué instrumento se usa para medir la humedad relativa? ¿Cómo funciona?
2. ¿Qué condiciones se necesitan para que se formen las nubes?
3. Describe cada uno de los tres principales tipos de nubes.
4. **Razonamiento crítico Clasificar** Clasifica cada uno de los siguientes grupos de nubes como de bajo, medio o alto nivel: altocúmulos, altoestratos, cirroestratos, cirros, cúmulos, niebla, nimboestratos y estratos.

Las ciencias en casa

Llena de agua fría la mitad de un vaso grande. Muéstrale a tu familia lo que ocurre cuando añades cubos de hielo al agua. Explícales que el agua que aparece afuera del vaso viene del vapor de agua de la atmósfera. Asimismo, explica por qué el agua del exterior del vaso sólo aparece cuando añades hielo al agua del vaso.

Sección 5 Precipitación

DESCUBRE — ACTIVIDAD

¿Cómo puedes hacer granizo?

1. Ponte tus gafas protectoras.
2. Pon 15 g de sal en un vaso de precipitados. Agrega 50 ml de agua. Agita la solución hasta que la sal se disuelva.
3. Pon 15 ml de agua fría en un tubo de ensayo limpio.
4. Pon el tubo de ensayo en el vaso de precipitados.
5. Llena el vaso de precipitados con cubos de hielo. Mueve la mezcla de hielo cada minuto durante seis minutos.

6. Retira el tubo de ensayo del vaso de precipitados y deja caer un trocito de hielo en el tubo de ensayo. ¿Qué sucede?

Reflexiona sobre

Inferir Basado en tus observaciones, ¿qué condiciones se necesitan para que se forme el granizo?

GUÍA DE LECTURA

- ¿Cuáles son los principales tipos de precipitación?
- ¿Cómo se mide la precipitación?

Sugerencia de lectura
A medida que leas, haz una lista de los tipos de precipitación. Escribe una oración que describa cómo se forma cada tipo.

En Arica, Chile, la precipitación pluvial promedio es de menos de 1 milímetro al año. Pasan muchos años sin que llueva. La caída de lluvia promedio en Monte Waialeale, en la isla de Kauai, en Hawai, es de unos 12 metros por año. ¡Eso es más que suficiente para cubrir una casa de tres niveles! Como puedes ver, la precipitación pluvial varía grandemente alrededor del mundo.

El agua se evapora en el aire de cada superficie de agua sobre la Tierra y de los seres vivos. Esta agua regresa a la superficie como precipitación. La **precipitación** es cualquier forma de agua que cae de las nubes y llega a la superficie de la Tierra.

La precipitación viene siempre de las nubes. Pero no todas las nubes la producen. Para que ocurra la precipitación, las gotitas o cristales de hielo de las nubes tienen que crecer lo suficiente para caer a través del aire. Una forma de que las gotitas de la nube crezcan es por el choque y la combinación con las gotitas de otra nube. Al crecer las pequeñas gotas, caen más rápidamente y acumulan más y más pequeñas gotas. Por último, las gotitas adquieren el peso suficiente para caer de la nube como gotas de lluvia.

Tipos de precipitación

En las partes cálidas del mundo, la precipitación es casi siempre lluvia o llovizna. En las regiones más frías, la precipitación puede caer como nieve

Figura 18 Hay gotitas de muchos tamaños. Créelo o no, una gota de lluvia tiene cerca de un millón de veces la cantidad de agua que tiene una gotita de nube.

C

Figura 19 A. Los copos de nieve se forman en nubes que están más frías que los 0°C. B. La ventisca cubre los objetos con una capa de hielo. C. Los granizos se forman dentro de las nubes durante las tormentas eléctricas.

o hielo. **Los tipos de precipitación comunes son la lluvia, la aguanieve, la ventisca, el granizo y la nieve.**

Lluvia El tipo de precipitación más común es la lluvia. A las gotas de agua se les llama lluvia si son de por lo menos 0.5 milímetros de diámetro. A la precipitación compuesta de gotas de agua más pequeñas se le llama neblina o llovizna. La neblina y la llovizna suelen caer de los estratos.

Aguanieve A veces las gotas de lluvia caen a través de una capa de aire por debajo de 0° C, punto de congelación del agua. Al caer, las gotas de lluvia se congelan en partículas sólidas de hielo. Las partículas de hielo menores de 5 milímetros de diámetro se llaman aguanieve.

La ventisca En otras ocasiones, las gotas de lluvia que caen a través del aire frío cerca de tierra no se congelan en el aire. En lugar de esto, se congelan cuando tocan una superficie fría. A esto se le llama ventisca. En una tormenta de nieve, se forma una capa de hielo espesa y lisa sobre toda superficie. La ventisca y la aguanieve pueden hacer resbaladizas y peligrosas las aceras y las carreteras.

Granizo A los trozos de hielo redondos mayores de 5 milímetros de diámetro se les llama granizos. El granizo se forma sólo en los cumulonimbos durante las tormentas eléctricas. Un granizo comienza como una bolita de hielo dentro de una región fría de una nube. Fuertes corrientes ascendentes en la nube llevan el granizo de arriba abajo muchas veces por la región fría. Cada vez que el granizo atraviesa la región fría se le forma una nueva capa de hielo alrededor. Finalmente, se vuelve lo bastante pesado para caer a tierra. Si cortas un granizo a la mitad, quizá veas capas de hielo, como las de una cebolla. Como los granizos pueden hacerse bastante grandes antes de caer a tierra, pueden causar enormes daños a cosechas, edificios y vehículos.

Nieve Con frecuencia, el vapor de agua de una nube se convierte en cristales de hielo llamados copos de nieve. Los copos de nieve tienen un número de formas infinito y diseños diferentes, todos con seis lados o ramas. Los copos de nieve suelen unirse a porciones mayores de nieve en las cuales se hace difícil ver los cristales de seis lados.

☑ *Punto clave* *¿Cómo se forman los granizos?*

Medición de la precipitación

Los meteorólogos miden la precipitación pluvial con un pluviómetro. Un **pluviómetro** es una lata o tubo de extremo abierto que recoge la lluvia. La cantidad de lluvia se mide metiendo una regla en el agua o leyendo una escala marcada. Para aumentar la seguridad en la medición, la cubierta del pluviómetro puede tener un embudo que colecta diez veces más lluvia de la que obtiene el tubo solo. El embudo colecta una cantidad de agua más profunda que es más fácil de medir. Pero para obtener la profundidad real de lluvia es necesario dividir la lectura entre 10.

La nieve se mide usando una regla o derritiendo la nieve recogida y midiendo la profundidad del agua que produce. En promedio, 10 cm de nieve contienen la misma cantidad de agua que 1 cm de lluvia. Desde luego, la nieve ligera y esponjosa contiene menos agua que la nieve pesada y húmeda.

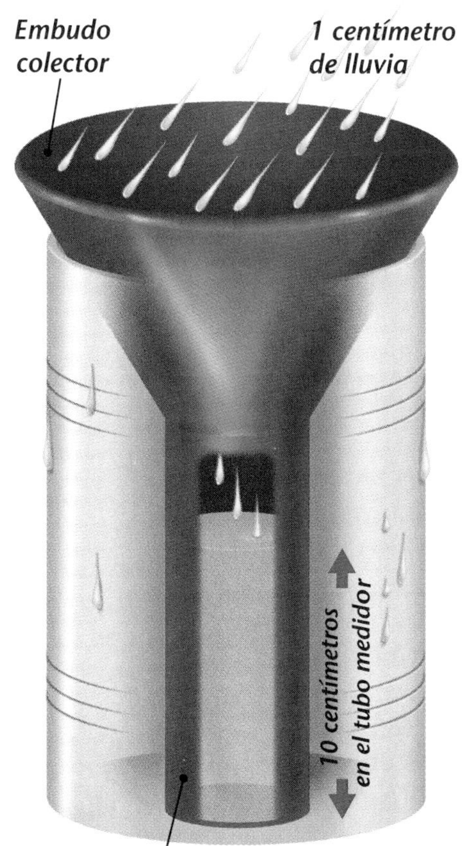

Figura 20 El pluviómetro mide la cantidad de lluvia que cae. *Observar* *¿Cuánta lluvia captó el tubo medidor de este pluviómetro?*

Mejora tus destrezas

Calcular

ACTIVIDAD

Haz tu propio pluviómetro poniendo un embudo adentro de una jarra de cristal de lados rectos. He aquí cómo calcular cuánta más lluvia colecta tu embudo que la jarra sola.

1. Primero mide el diámetro de la parte superior del embudo y multiplícalo al cuadrado.
   Ejemplo: $4 \times 4 = 16$
2. Luego mide el diámetro de la parte superior de la jarra y multiplícalo al cuadrado.
   Ejemplo: $2 \times 2 = 4$
3. Divide el primer cuadrado entre el segundo.
   Ejemplo: $\frac{16}{4} = 4$
4. Para hallar la profundidad real de lluvia que cayó, divide la profundidad del agua de la jarra entre la razón del Paso 3.
   Ejemplo: $\frac{8 \text{ cm}}{4} = 2 \text{ cm}$

Figura 21 El maíz de esta foto sufrió daños a causa de una larga sequía. *Aplicar los conceptos ¿Cómo puede usarse la siembra de las nubes para reducir el efecto de las sequías?*

Control de la precipitación

En algunas regiones puede haber periodos mucho más secos que lo habitual. A los periodos largos de precipitación anormalmente escasa se les llama **sequías.** Las sequías pueden causar gran penuria. En las regiones agrícolas del oeste medio, por ejemplo, las sequías pueden hacer que se pierdan cosechas enteras. Los granjeros sufren pérdida de ingresos, y los consumidores pagan altos precios por los alimentos. En algunos países menos desarrollados, las sequías pueden causar hambrunas.

INTEGRAR LA TECNOLOGÍA En años recientes, los científicos han tratado de producir lluvia. Al método más común se le llama siembra de nubes. En la siembra de nubes, se rocían diminutos cristales de hielo seco (dióxido de carbono sólido) y yoduro de plata dentro de las nubes desde aviones. Muchas nubes contienen gotitas de agua muy frías, que están por debajo de 0°C. Las gotitas no se congelan porque no hay suficientes partículas alrededor con las que se puedan formar cristales de hielo. El vapor de agua puede condensarse sobre las partículas de yoduro de plata, formando lluvia o nieve. El hielo seco enfría las gotitas aún más, hasta que se congelan sin que haya partículas presentes.

La siembra de nubes se ha usado con éxito relativo para despejar la niebla de los aeropuertos. Se rocía el hielo seco en la niebla, para que se formen cristales de hielo. Esto desvanece parte de la niebla, de modo que los pilotos pueden ver las pistas. Desafortunadamente, la siembra de nubes sólo despeja nieblas frías, así que su uso para este propósito es limitado.

Repaso de la sección 5

1. Nombra los cinco tipos comunes de precipitación.
2. ¿Qué aparato se usa para medir la precipitación?
3. ¿Qué debe suceder antes de que la precipitación pueda caer de una nube?
4. ¿Qué tipo de nubes producen granizo?
5. **Razonamiento crítico Aplicar los conceptos** Si se dejan afuera en la lluvia dos latas abiertas de diámetros diferentes, ¿cómo se compararían las cantidades de agua que captaran? ¿Cómo se compararía la profundidad del agua de las latas?

PROYECTO DEL CAPÍTULO 2

Comprueba tu aprendizaje

Ahora debes estar listo para empezar a graficar tus datos del tiempo. Busca patrones en tus gráficas. Usa tus datos para predecir cuál será el tiempo en los próximos días. Compara tus predicciones con lo que realmente ocurra al día siguiente. ¿Eres capaz de predecir el tiempo confiablemente?

GUÍA DE ESTUDIO

CAPÍTULO 2 REPASO

Energía en la atmósfera

Ideas clave

- La energía solar viaja a la Tierra en forma de ondas electromagnéticas, principalmente como luz visible, radiación infrarroja y radiación ultravioleta.
- Cuando se calienta la superficie terrestre, irradia parte de la energía a la atmósfera en forma de radiación de onda larga.

Términos clave

onda electromagnética
radiación
radiación infrarroja
radiación ultravioleta
dispersión
efecto invernadero

Transferencia de calor

INTEGRAR LA FÍSICA

Ideas clave

- A la energía del movimiento en las moléculas de una sustancia se le llama energía térmica.
- Las tres formas de transferencia de calor (radiación, conducción y convección) trabajan juntas para calentar la troposfera.

Términos clave

energía térmica
temperatura
termómetro
calor
conducción
convección

Vientos

Ideas clave

- Todos los vientos son causados por diferencias en la presión barométrica, que son resultado del calentamiento desigual de la superficie de la Tierra.
- Los vientos locales son causados por el calentamiento desigual de la superficie de la Tierra dentro de un área pequeña.
- El movimiento del aire entre el ecuador y los polos produce los vientos globales.

Términos clave

viento
anemómetro
factor de enfriamiento por viento
viento local
brisa marina
brisa terrestre
monzón
viento global
efecto Coriolis
latitud
corriente de chorro

Agua en la atmósfera

Ideas clave

- La humedad relativa es el porcentaje del vapor de agua en el aire comparado con la cantidad de vapor de agua que el aire puede contener. Puede medirse con un sicrómetro.
- Se forman nubes cuando el vapor de agua en el aire se vuelve agua líquida o hielo sólido.
- Los meteorólogos clasifican las nubes en tres tipos principales: cúmulos, estratos y cirros.

Términos clave

evaporación
humedad
humedad relativa
sicrómetro
condensación
punto de rocío
cúmulo
estratos
cirros

Precipitación

Ideas clave

- Los tipos comunes de precipitación incluyen la lluvia, la aguanieve, la ventisca, el granizo y la nieve.
- La lluvia se mide con un pluviómetro.
- Los científicos han usado la siembra de nubes para producir lluvia y despejar la niebla de los aeropuertos.

Términos clave

precipitación
pluviómetro
sequía

ACTIVIDAD

USAR LA INTERNET

www.science-explorer.phschool.com

Repaso del contenido

Para repasar los conceptos clave, consulta el Interactive Student Tutorial CD-ROM.

Opción múltiple

Elige la letra de la respuesta correcta.

1. La energía del Sol viaja a la Tierra por
- **a.** radiación.
- **b.** convección.
- **c.** evaporación.
- **d.** conducción.

2. El aire cálido ascendente transporta la energía del calor por
- **a.** conducción.
- **b.** convección.
- **c.** radiación.
- **d.** condensación.

3. El sicrómetro se usa para medir la
- **a.** precipitación pluvial.
- **b.** humedad relativa.
- **c.** temperatura.
- **d.** humedad.

4. Las nubes se forman porque el vapor en el aire
- **a.** se calienta.
- **b.** se conduce.
- **c.** se condensa.
- **d.** se evapora.

5. La lluvia, la aguanieve y el granizo son formas de
- **a.** la evaporación.
- **b.** la condensación.
- **c.** la precipitación.
- **d.** la convección.

Falso o verdadero

Si el enunciado es verdadero, escribe verdadero. Si es falso, cambia la palabra o palabras subrayadas para hacer verdadero el enunciado.

6. La radiación infrarroja y la radiación ultravioleta constituyen la mayor parte de la energía que la Tierra recibe del Sol.

7. Al proceso por el cual los gases retienen el calor de la atmósfera se llama factor de enfriamiento por viento.

8. Las moléculas de agua en el agua líquida escapan a la atmósfera como vapor de agua en el proceso de evaporación.

9. El instrumento que se usa para medir la velocidad del viento es un termómetro.

10. Las nubes que se forman cerca de tierra se llaman niebla.

Revisar los conceptos

11. ¿Qué causa el efecto invernadero? ¿Cómo afecta esto a la atmósfera de la Tierra?

12. ¿Qué forma de transferencia de calor es más importante para el calentamiento de la troposfera?

13. Describe cómo los movimientos de aire caliente del ecuador y aire frío en los polos producen patrones de vientos globales.

14. ¿Por qué las nubes suelen formarse en lo alto del aire, en lugar de hacerlo cerca de la superficie de la Tierra?

15. Describe el aguanieve, el granizo y la nieve en términos de cómo se forma cada uno.

16. Escribir para aprender Imagina que eres una gota de agua en el océano. Escribe un diario que describa tu viaje a través del ciclo del agua. ¿Cómo te conviertes en nube? ¿Qué tipo de condiciones hacen que caigas como precipitación? Usa palabras descriptivas para redactar tu viaje.

Razonamiento gráfico

17. Red de conceptos En una hoja de papel, copia la red de conceptos acerca de los vientos. Después complétala y ponle un título. (Para más información acerca de las redes de conceptos, consulta el Manual de destrezas.)

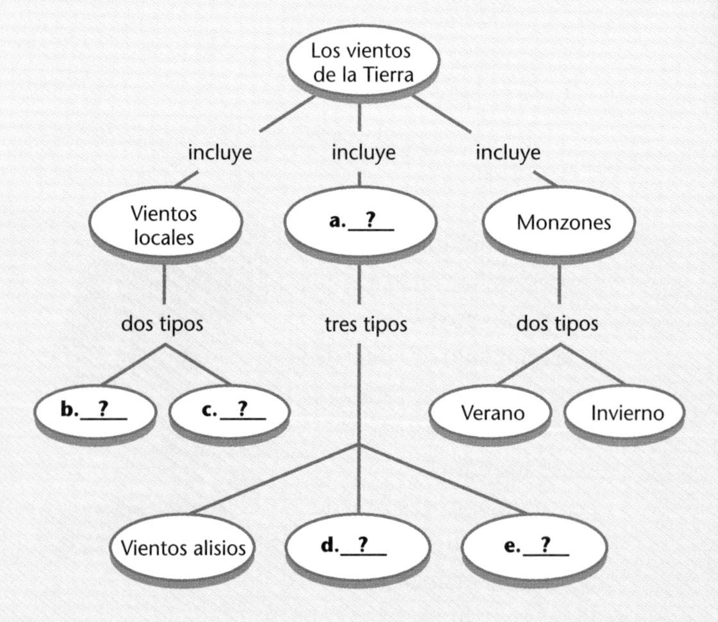

Aplicar las destrezas

Usa la siguiente tabla para responder las preguntas 18–21.

Precipitación mensual promedio

Mes	Precipitación	Mes	Precipitación
Enero	1 cm	Julio	49 cm
Febrero	1 cm	Agosto	57 cm
Marzo	1 cm	Septiembre	40 cm
Abril	2 cm	Octubre	20 cm
Mayo	25 cm	Noviembre	4 cm
Junio	52 cm	Diciembre	1 cm

18. **Graficar** Usa la información de la tabla para trazar una gráfica de barras que muestre la precipitación de lluvia de cada mes en este lugar.
19. **Calcular** ¿Cuál es la cantidad total de la precipitación de lluvia cada año en este lugar?
20. **Clasificar** ¿Qué meses del año clasificarías como "secos"? ¿Qué meses clasificarías como "húmedos"?
21. **Sacar conclusiones** El lugar representado por los datos de la precipitación de la lluvia está en el sureste de Asia. ¿Qué crees que explique la precipitación pluvial extremadamente intensa que ocurre durante algunos meses?

Razonamiento crítico

22. **Relacionar causa y efecto** ¿Qué circunstancias podrían causar una brisa de tierra nocturna en una ciudad cercana al océano?
23. **Resolver problemas** Si usas un sicrómetro y obtienes la misma lectura en ambos termómetros, ¿cuál es la humedad relativa?
24. **Comparar y contrastar** ¿En qué se parecen el granizo y la aguanieve? ¿En qué son diferentes?
25. **Clasificar** Clasifica los diferentes tipos de nubes por la clase de estado del tiempo asociado con cada tipo de nube.
26. **Relacionar causa y efecto** ¿Cuál es la fuente de energía que impulsa los vientos de la Tierra?

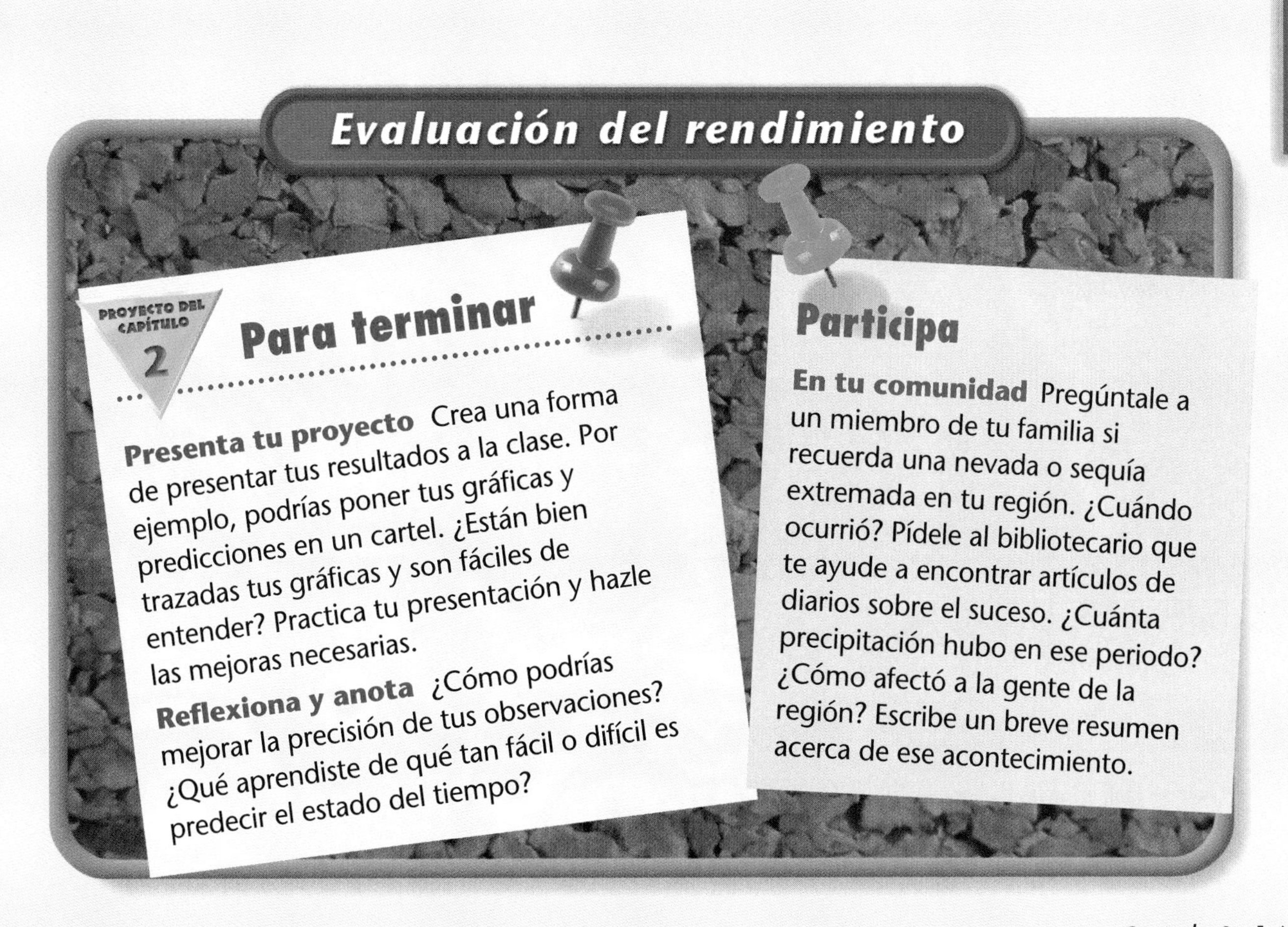

CAPÍTULO 3

Patrones meteorológicos

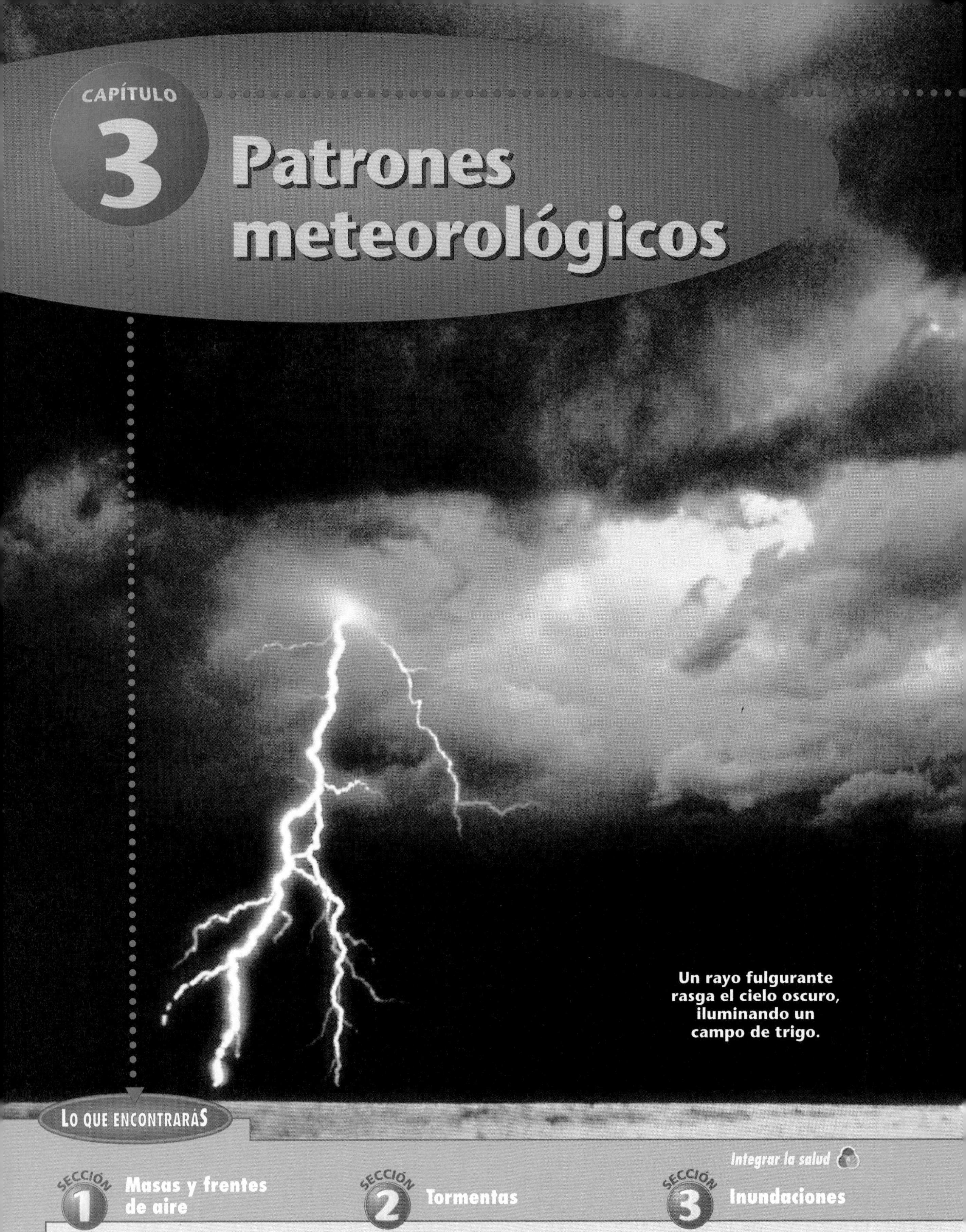

Un rayo fulgurante rasga el cielo oscuro, iluminando un campo de trigo.

Lo que encontrarás

Sección 1 Masas y frentes de aire

Descubre ¿Cómo se comportan los fluidos de densidades diferentes?
Mejora tus destrezas Clasificar

Sección 2 Tormentas

Descubre ¿Puedes hacer un tornado?
Inténtalo Distancias del relámpago
Laboratorio real Rastrear un huracán

Integrar la salud 

Sección 3 Inundaciones

Descubre ¿Qué causa las inundaciones?
Mejora tus destrezas Comunicar

PROYECTO 3

El tiempo para mañana

No es difícil pronosticar el tiempo cuando el cielo se pone oscuro y amenazador. Viene una tormenta. Pero, ¿no preferirías saber que se acerca una tormenta antes de que ésta llegue realmente?

En este capítulo aprenderás sobre los patrones meteorológicos, incluso las clases de patrones que causan tormentas como ésta. A medida que trabajes en este capítulo, tendrás oportunidad de hacer tus propios pronósticos del tiempo y de compararlos con los pronósticos de los profesionales. ¡Buena suerte!

Tu objetivo Pronosticar el tiempo de tu comunidad y de otros lugares de Estados Unidos.

Para completar este proyecto con éxito, tendrás que:

- comparar mapas meteorológicos de varios días
- buscar patrones repetitivos en el tiempo
- dibujar mapas para mostrar tus predicciones meteorológicas

Para empezar Da un vistazo a la Sección 4 para que conozcas los mapas y símbolos de meteorología. Forma una carpeta de proyecto con mapas meteorológicos nacionales que aparecen todos los días en los periódicos de tu localidad y la descripción de los símbolos usados en los mapas. Elige dos lugares de Estados Unidos que estén a por lo menos 1,000 kilómetros de distancia entre sí y de tu comunidad.

Comprueba tu aprendizaje Trabajarás en este proyecto mientras estudias el capítulo. Para mantener tu proyecto en marcha, revisa los cuadros de Comprueba tu aprendizaje en los puntos siguientes:

Repaso de la Sección 1, página 82: Recopila mapas meteorológicos y busca patrones.

Repaso de la Sección 3, página 98: Predice el tiempo para el día siguiente.

Repaso de la Sección 4, página 105: Compara tus predicciones con los pronósticos profesionales y con el tiempo real.

Para terminar: Al final del capítulo (página 109), presentarás tus mapas meteorológicos y analizarás qué tan bien pronosticaste el tiempo.

Predecir el tiempo

Descubre **¿Qué es el tiempo?**
Mejora tus destrezas **Interpretar datos**
Laboratorio de destrezas **Leer un mapa meteorológico**

Masas y frentes de aire

DESCUBRE ACTIVIDAD

¿Cómo se comportan los fluidos de densidades diferentes?

1. Ponte tu delantal. Pon una división de cartón en medio de una caja de zapatos de plástico.

2. En un litro de agua tibia pon unas gotas de colorante rojo para alimentos. Pon el líquido rojo, que representa aire caliente de densidad baja, en uno de los lados en que dividiste la caja de zapatos.
3. En un litro de agua fría pon 100 ml de sal de mesa y unas gotas de colorante azul para alimentos. Pon el líquido azul, que representa aire frío de densidad alta, en el otro lado de la caja de zapatos.
4. ¿Qué piensas que sucederá si quitas la división?
5. Ahora quita rápidamente la división. Observa con cuidado desde un lado. ¿Qué sucede?

Reflexiona sobre

Desarrollar hipótesis Con base en esta actividad, redacta una hipótesis en la que enuncies qué sucedería si una masa de aire frío entrara rápidamente en una masa de aire caliente.

GUÍA DE LECTURA

- **¿Cuáles son los principales tipos de masas de aire que afectan al tiempo en América del Norte?**
- **¿Cuáles son los principales tipos de frentes?**
- **¿Qué son los ciclones y los anticiclones?**

Sugerencia de lectura **Antes de leer, usa los encabezados para hacer un esquema sobre las masas y los frentes de aire. Deja espacio para agregar detalles conforme leas.**

Escucha las noticias de la tarde y podrás oír un pronóstico del tiempo como éste: "Se aproxima una gran masa de aire del Ártico, con temperaturas congelantes". El tiempo de hoy es influido por aire que ha recorrido miles de kilómetros, tal vez desde Canadá o el mar Caribe. Un gran cuerpo de aire con temperatura, humedad y presión barométrica similares en toda su extensión se llama **masa de aire.** Una sola masa de aire puede extenderse sobre un área de millones de kilómetros cuadrados y tener sólo 10 kilómetros de altura.

Tipos de masas de aire

Los científicos clasifican las masas de aire de acuerdo con dos características: temperatura y humedad. El que la temperatura de una masa de aire sea caliente o fría depende de la temperatura de la región donde se formó. Las masas de aire **tropical,** o caliente, se forman en los trópicos y tienen presión baja. Las masas de aire **polar,** o frío, se forman a partir de los 50° de latitudes norte y sur. Las masas de aire polar tienen presión barométrica alta.

Que una masa de aire sea húmeda o seca depende de si se forma sobre agua o tierra. Sobre los océanos se forman masas de aire **marítimo.** El agua de los océanos se evapora, así que el aire puede ser muy húmedo. Las masas de aire **continental** se forman sobre tierra, en medio del continente, y son secas.

Los cuatro tipos de masas de aire principales que influyen en el tiempo de América del Norte son: marítimo tropical, continental tropical, marítimo polar y continental polar. En *Explorar las masas de aire de América del Norte*, en la página siguiente, se muestra de dónde vienen estas masas de aire y a qué partes de América del Norte afectan.

Marítimo tropical Las masas de aire cálido y húmedo se forman sobre los océanos, cerca de los trópicos. Las masas de aire marítimo tropical que se forman sobre el Golfo de México y el océano Atlántico se mueven primero al norte y al noreste, donde influyen en el tiempo del centro y el este de Estados Unidos. En el oeste, las masas de aire marítimo tropical se forman sobre el océano Pacífico. Afectan principalmente el tiempo de la costa oeste. Al pasar por las cadenas montañosas costeras, las masas de aire del Pacífico pierden humedad. Llevan aire seco a las laderas orientales.

En verano, las masas de aire marítimo tropical suelen traer aire cálido y húmedo. La mayoría de los aguaceros y tormentas de verano en Estados Unidos surgen de masas de aire que se forman en el Golfo de México. En invierno, una masa de aire húmedo puede traer lluvias o nieve.

Marítimo polar Sobre los océanos congelados del Pacífico Norte y Atlántico Norte se forman masas de aire frío y húmedo. Las masas de aire marítimo polar afectan más a la costa oeste que a la costa este. Aun en verano, estas masas de aire frío y húmedo suelen traer niebla, lluvia y temperaturas bajas a la costa oeste.

Figura 1 Esta playa está en la costa del sur de Oregon. ***Aplicar los conceptos*** *¿Cómo afecta el aire marítimo polar al tiempo en este lugar?*

EXPLORAR las masas de aire de América del Norte

Las masas de aire pueden ser cálidas o frías, y húmedas o secas. Cuando una masa de aire entra en un área, cambia el tiempo de esa zona.

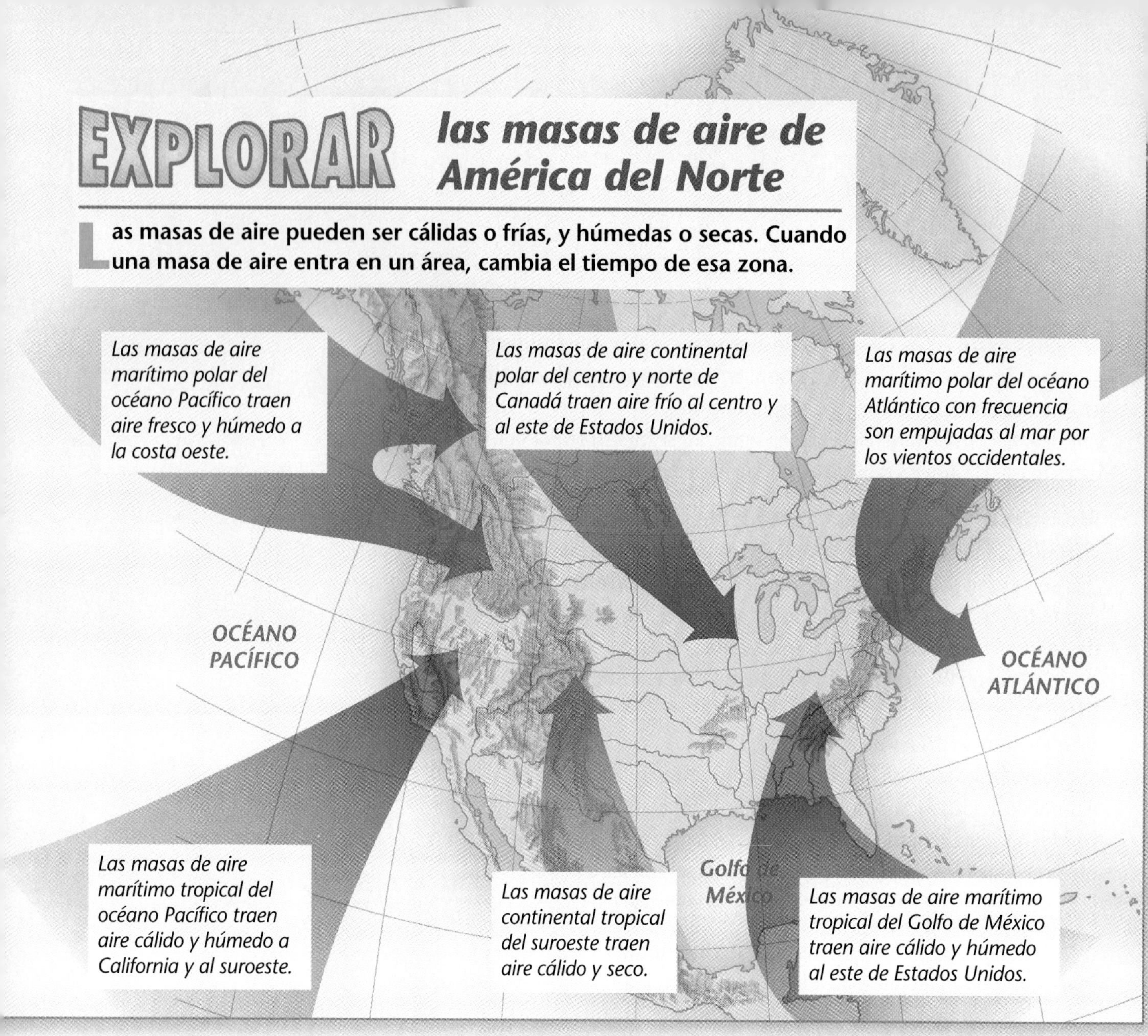

Las masas de aire marítimo polar del océano Pacífico traen aire fresco y húmedo a la costa oeste.

Las masas de aire continental polar del centro y norte de Canadá traen aire frío al centro y al este de Estados Unidos.

Las masas de aire marítimo polar del océano Atlántico con frecuencia son empujadas al mar por los vientos occidentales.

OCÉANO PACÍFICO

OCÉANO ATLÁNTICO

Golfo de México

Las masas de aire marítimo tropical del océano Pacífico traen aire cálido y húmedo a California y al suroeste.

Las masas de aire continental tropical del suroeste traen aire cálido y seco.

Las masas de aire marítimo tropical del Golfo de México traen aire cálido y húmedo al este de Estados Unidos.

Continental tropical Las masas de aire caliente y seco se forman sólo en verano sobre las áreas secas del suroeste de Estados Unidos y el norte de México. Las masas de aire continental tropical cubren un área menor que otras masas de aire. Ocasionalmente se mueven al noreste, trayendo tiempo cálido y seco a las Grandes Llanuras del sur.

Continental polar Las grandes masas de aire continental polar se forman sobre Alaska y el centro y norte de Canadá. Estas masas traen aire fresco o frío. En invierno, traen aire frío claro y seco a gran parte de América del Norte. Las masas de aire que se forman cerca del círculo polar ártico pueden traer un tiempo intensamente frío con muy baja humedad. En verano puede haber tormentas cuando las masas de aire continental polar se mueven hacia el sur y se encuentran con las masas de aire marítimo tropical que se desplazan al norte.

☑ *Punto clave* *¿De dónde vienen las masas de aire continental polar?*

Cómo se mueven las masas de aire

Recuerda que los vientos predominantes del oeste son los principales cinturones de viento en la parte continental de Estados Unidos. Los vientos predominantes del oeste empujan generalmente de oeste a este las masas de aire. Por ejemplo, las masas de aire marítimo polar del océano Pacífico son empujadas sobre la costa oeste, trayendo abundante lluvia o nieve. Las masas de aire continental polar del centro de Canadá entran a Estados Unidos entre las Montañas Rocosas y la región de los Grandes Lagos. Estas masas de aire frío y seco son empujadas luego al este, donde afectan al tiempo del centro y el este de Estados Unidos.

Frentes

A medida que las enormes masas de aire cruzan sobre la tierra y los océanos, chocan unas con otras, pero no se mezclan fácilmente. ¿Por qué? Piensa un poco en una botella de aderezo para ensaladas de aceite y vinagre. El aceite, que es menos denso, flota sobre el vinagre, que es más denso.

Algo semejante ocurre cuando dos masas de aire de diferentes temperaturas y densidades chocan. El área donde se encuentran y no se mezclan se convierte en un **frente.** El término *frente*, tomado del lenguaje militar, significa un área de batalla donde los ejércitos opuestos se encuentran para combatir. Cuando las masas de aire se encuentran en un frente, el choque a menudo causa tormentas y tiempo variable. Un frente puede tener de 15 a 200 kilómetros de ancho y extenderse hasta 10 kilómetros a lo alto en la atmósfera.

Hay cuatro tipos de frentes: fríos, cálidos, estacionarios y ocluidos. El tipo de frente que se desarrolla depende de las características de las masas de aire y de cómo se mueven. ¿Cómo afecta cada tipo de frente a tu tiempo local?

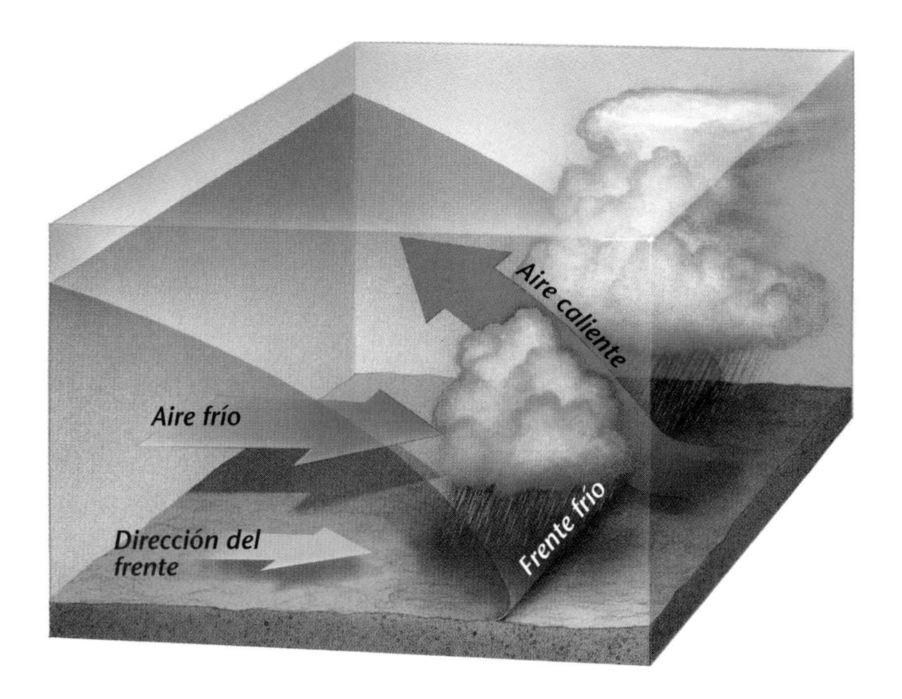

Figura 2 Un frente frío se forma cuando el aire frío se introduce bajo el aire caliente, forzando al aire caliente a elevarse.

Frentes fríos Como sabes, el aire frío es denso y tiende a descender. El aire cálido es menos denso y tiende a ascender. Cuando una masa de aire frío que se mueve rápidamente choca con una masa de aire caliente de movimiento lento, el aire frío, que es más denso, se desliza bajo el aire caliente, que es más ligero. El aire cálido es empujado hacia arriba, como se muestra en la Figura 2. Al frente que se forma se le llama frente frío.

El aire caliente se enfría al ascender. Recuerda que el aire caliente puede retener más vapor de agua que el aire frío. El aire ascendente llega pronto al punto de rocío, temperatura a la cual el vapor de agua del aire se condensa en gotitas de agua. Se forman nubes. Si hay demasiado vapor de agua en el aire caliente, empieza a caer lluvia abundante o nieve. ¿Qué sucederá si el aire caliente contiene sólo una pequeña cantidad de vapor de agua? En este caso, el frente frío puede ir acompañado sólo de cielos nublados.

Los frentes fríos se desplazan rápidamente, de modo que pueden causar cambios de tiempo repentinos, incluso fuertes tormentas. Después del paso de un frente frío por un área, entra el aire fresco y seco, trayendo a menudo cielos despejados y temperaturas más frescas.

Frentes cálidos Nubes, tormentas y lluvia acompañan también a los frentes cálidos. En un frente cálido, una masa de aire caliente en movimiento choca con una masa de aire frío que se mueve lentamente. Como el aire frío es más denso que el caliente, este último avanza sobre el aire frío, como se muestra en la Figura 3. Si el aire caliente es húmedo, caen aguaceros y lluvias ligeras a lo largo del frente. Si el aire caliente es seco, se forman nubes dispersas. Como los frentes cálidos se mueven más lentamente que los fríos, el tiempo puede ser lluvioso o con neblina durante varios días. Después del paso de un frente cálido por un área, es probable que el tiempo sea cálido y húmedo. En invierno, los frentes cálidos traen la nieve.

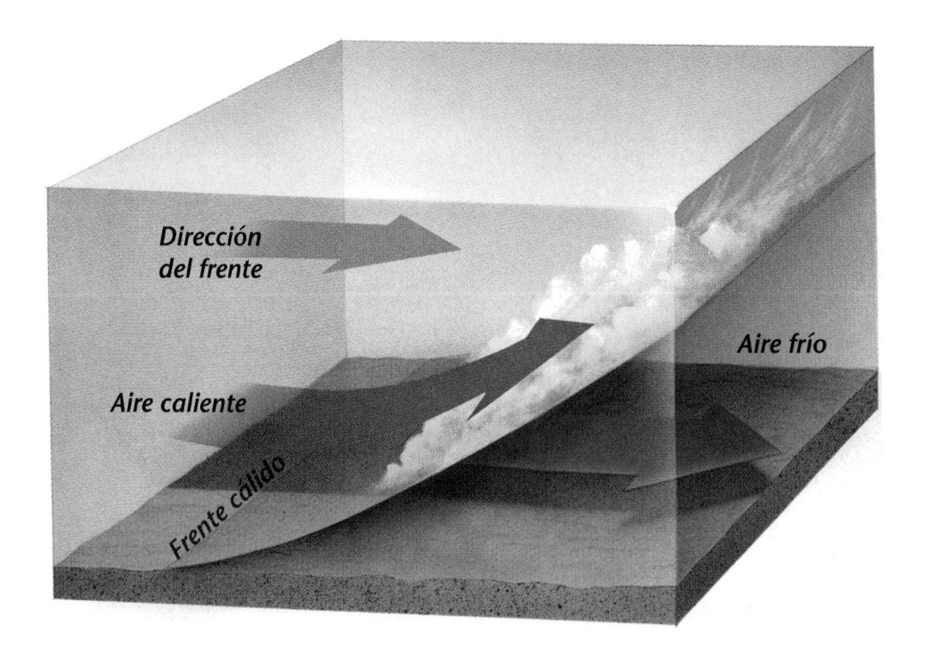

Figura 3 Un frente cálido se forma cuando el aire caliente se mueve sobre el aire frío. ***Interpretar diagramas*** *¿Qué clase de tiempo se forma en un frente cálido?*

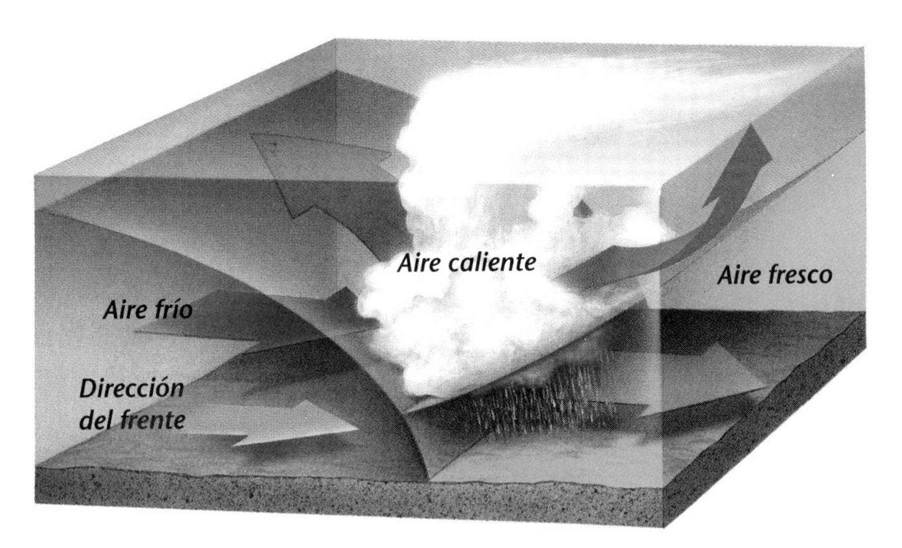

Figura 4 Cuando se juntan una masa de aire frío y una de aire fresco, el aire caliente atrapado entre ambas es forzado a ascender. El resultado es un frente ocluido.

Frentes estacionarios A veces se encuentran masas de aire frío y caliente, pero ninguna tiene la fuerza suficiente para desplazar a la otra. Las dos se quedan una frente a otra. En este caso, el frente se llama estacionario. Donde el aire caliente y el frío se enfrentan, el vapor de agua del aire caliente se condensa en lluvia, nieve, niebla o nubes. Si un frente estacionario se queda estancado en un área, puede traer varios días nublados y de precipitación.

Frentes ocluidos La situación meteorológica más compleja se produce en un frente ocluido, como se muestra en la Figura 4. En un frente ocluido, una masa de aire caliente queda atrapada entre dos masas de aire más frescas. Las masas de aire fresco más densas se introducen bajo la masa de aire cálido menos densa y la empujan hacia arriba. Las masas de aire fresco se enfrentan en medio y pueden mezclarse. La temperatura cerca de la tierra se vuelve más fresca. La masa de aire cálido queda separada del suelo, u **ocluida.** A medida que el aire cálido se enfría y su vapor de agua se condensa, el tiempo puede ponerse nublado y lluvioso o puede nevar.

☑ *Punto clave ¿Qué tipo de frente se forma cuando dos masas de aire se encuentran y ninguna de las dos puede moverse?*

Ciclones y anticiclones

Si miras un mapa meteorológico en inglés, verás áreas marcadas con una L. L es la abreviatura de "low" ("baja"), e indica un área de presión barométrica relativamente baja. Un centro arremolinado de presión barométrica relativamente baja se le llama **ciclón**, que significa "círculo".

Cuando el aire caliente del centro de un ciclón asciende, la presión barométrica disminuye. El aire más fresco sopla hacia esta área de presión baja desde áreas cercanas donde la presión barométrica es más alta. Los vientos se mueven en espiral hacia el centro del sistema. Recuerda que en el hemisferio norte el efecto Coriolis desvía los vientos a la derecha.

Clasificar ACTIVIDAD

Ve por televisión el pronóstico del tiempo. Anota cada vez que el reportero meteorológico mencione un frente. Clasifica los frentes mencionados o mostrados como fríos, cálidos, estacionarios u ocluidos. Asimismo, anota qué tipo de tiempo se predice para cuando llegue el frente. ¿Se asocia siempre cada tipo de frente con el mismo tipo de tiempo?

Figura 5 Los ciclones son áreas de presión baja que giran en dirección contraria a las manecillas del reloj en el hemisferio norte. *Interpretar mapas ¿En qué dirección giran los vientos en los anticiclones?*

Por eso, los vientos de un ciclón giran en dirección contraria a las manecillas del reloj, como se ve en la Figura 5.

Los ciclones tienen una función importante en el tiempo de Estados Unidos. El aire, al subir en un ciclón, se enfría y forma nubes y precipitación. **Los ciclones y la presión barométrica decreciente se asocian con tormentas y precipitación.**

Un anticiclón es lo opuesto de un ciclón en la mayoría de los aspectos. Los **anticiclones** son centros de alta presión de aire seco. Se les llama también "highs" ("altos") —H, en un mapa en inglés—. Los vientos del anticiclón se mueven en espiral, del centro hacia afuera, desplazándose hacia áreas de baja presión. Por el efecto Coriolis, giran en la misma dirección de las manecillas del reloj en el hemisferio norte. Como el aire se mueve del centro del anticiclón hacia afuera, el aire fresco desciende de lo alto de la troposfera. Al descender el aire fresco, se calienta, por que su humedad relativa baja. El aire descendente en un anticiclón causa tiempo seco y despejado.

Repaso de la sección 1

1. ¿Cuáles son las dos características principales que se usan para clasificar las masas de aire?
2. ¿Qué es un frente? Nombra y describe cuatro tipos de frentes.
3. ¿Qué es un ciclón? ¿Qué tipo de tiempo trae?
4. ¿Por qué las masas de aire marítimo polar tienen más efecto en la costa oeste que en la costa este?
5. **Razonamiento crítico Clasificar** Clasifica los cuatro tipos principales de masas de aire según sean secos o húmedos.

PROYECTO DEL CAPÍTULO 3

Comprueba tu aprendizaje

Colecciona los mapas meteorológicos del periódico de una semana y ordénalos. Observa cómo los símbolos se han movido de un día al siguiente. ¿Qué patrones diarios ves en los diferentes factores meteorológicos? ¿Qué diferencia hay entre el tiempo de tu comunidad y el de los otros dos lugares que elegiste?

SECCIÓN 2

Tormentas

DESCUBRE — ACTIVIDAD

¿Puedes hacer un tornado?

1. Llena con agua tres cuartas partes de un frasco de plástico grande con tapa. Pon en el agua una gota de detergente líquido para platos y una moneda de un centavo o una canica.
2. Pon la tapa al frasco y ciérralo. Ahora mueve el frasco en círculos hasta que el agua del interior empiece a girar.

Reflexiona sobre

Observar ¿Qué ocurre con el agua del frasco? Describe el patrón que forma. ¿En qué se parece a un tornado? ¿En qué es diferente de éste?

GUÍA DE LECTURA

- ¿Cuáles son las principales clases de tormentas? ¿Cómo se forman?
- ¿Qué medidas de seguridad puedes tomar ante una tormenta?

Sugerencia de lectura Al leer, crea una tabla de comparación de tormentas eléctricas, tornados, huracanes y tormentas de nieve. Incluye temperatura, precipitación y reglas de seguridad.

A principios de 1998, una serie de poderosos tornados rugió sobre el centro de La Florida. Con vientos de hasta 210 millas por hora, los tornados levantaron autos, abollaron camiones y destruyeron edificios. Fueron los tornados más funestos que hayan azotado Florida. Esos tornados no fueron el único clima violento de ese año. En California el problema fue la lluvia. Lluvias sin precedente causaron inundaciones y aludes de lodo devastadores.

¿Por qué ocurrieron estos desastres? Los meteorólogos tienen una respuesta: El Niño. El Niño es un patrón meteorológico relacionado con la temperatura de las aguas tropicales del océano Pacífico. Cuando las temperaturas ascienden allí, desatan una serie de sucesos que pueden influir en el clima de la otra mitad del mundo.

¿Has presenciado alguna vez un tornado, un huracán u otra tormenta fuerte? Cuando la lluvia cae a torrentes, el trueno restalla o la nieve se acumula, puede ser difícil pensar en las acciones de la presión barométrica y las masas de aire. No obstante, éstas son las causas de las fuertes tormentas, así como del tiempo que experimentas a diario.

Una **tormenta** es una violenta alteración en la atmósfera. Las tormentas provocan cambios repentinos en la presión barométrica, los que a su vez causan movimientos de aire rápidos. Las condiciones que producen una clase de tormenta, a menudo causan otras clases de tormentas en la misma área. Por ejemplo, las condiciones que causan tormentas eléctricas también pueden producir tornados.

Figura 6 Los tornados causaron enormes daños en La Florida y en otras partes del sureste de Estados Unidos en 1998.

Figura 7 La forma de yunque de esta nube es característica de los cumulonimbos que producen las tormentas eléctricas. ***Aplicar los conceptos*** *¿Por qué los cumulonimbos se forman frecuentemente a lo largo de los frentes fríos?*

Tormentas eléctricas

¿Te causan temor las tormentas eléctricas? ¿Emoción? ¿Un poco de ambas cosas? Al ver los brillantes destellos del relámpago y escuchar los retumbos del trueno, probablemente te has preguntado por qué ocurren.

Cómo se forman las tormentas eléctricas Las tormentas eléctricas son lluvias fuertes acompañadas de rayos y truenos. **Las tormentas eléctricas se forman dentro de grandes cumulonimbos o fuentes de trueno.** La mayoría de los cumulonimbos y las tormentas eléctricas se forman cuando el aire caliente es forzado a ascender en un frente frío. Los cumulonimbos también se forman en las tardes calientes y húmedas de la primavera y el verano. En ambos casos, el aire cálido y húmedo asciende rápidamente. Al subir el aire, se enfría, formando densas fuentes de trueno. Cae entonces una fuerte lluvia, a veces acompañada de granizo.

Las tormentas eléctricas producen fuertes vientos ascendentes y descendentes —corrientes ascendentes y descendentes— dentro de las nubes. Cuando una corriente descendente toca el suelo, el aire se esparce en todas direcciones, produciendo rachas llamadas gradientes de viento. Las gradientes de viento han causado accidentes de aviación durante los despegues o aterrizajes.

Relámpago y trueno Durante una tormenta eléctrica, las áreas de cargas eléctricas positiva y negativa se acumulan en las nubes de tormenta. El **rayo** es una chispa repentina o descarga de energía que ocurre cuando estas cargas saltan entre partes de una nube o entre la nube y el suelo. El rayo es similar a las descargas que sientes a veces cuando tocas un objeto de metal en un día muy seco, pero a escala mucho mayor.

¿Qué causa el trueno? Los rayos pueden calentar el aire cercano hasta a unos 30,000° C, que es un calor mucho mayor que el de la superficie solar. El aire calentado con tal rapidez se expande de manera repentina y explosiva. El trueno es el ruido de esa explosión. Debido a que la luz viaja más rápido que el sonido, ves el relámpago antes de oír el trueno.

INTÉNTALO

Distancias del relámpago

ACTIVIDAD

Como la luz viaja más rápido que el sonido, ves el relámpago antes de oír el trueno. He aquí cómo calcular la distancia a la que está una tormenta eléctrica. **PRECAUCIÓN:** *Realiza esta actividad únicamente dentro de un edificio.*

1. Cuenta el número de segundos entre el momento en que ves el relámpago y el momento cuando oyes el trueno.
2. Divide el número de segundos que contaste entre tres para obtener la distancia en kilómetros. Ejemplo:

$$\frac{15 \text{ s}}{3 \text{ s/km}} = 5 \text{ km}$$

Calcular Espera otro destello de relámpago y calcula la distancia de nuevo. ¿Puedes decir si la tormenta se aleja o se acerca?

Precauciones en una tormenta eléctrica

INTEGRAR LA SALUD Cuando los rayos chocan contra el suelo, el aire caliente en expansión puede destruir árboles o iniciar incendios forestales. Si un rayo alcanza a personas o animales, actúa como poderosa descarga eléctrica. Ser alcanzado por un rayo puede causar la pérdida del conocimiento, quemaduras graves e incluso un paro cardiaco.

¿Qué debes hacer para tu seguridad cuando estás a la intemperie durante una tormenta eléctrica? **Durante las tormentas eléctricas, evita tocar objetos de metal, porque pueden conducir la electricidad del rayo a tu cuerpo.** Los rayos suelen alcanzar el objeto cercano más alto, como un árbol, una casa o un asta. Para proteger de los rayos un edificio, se coloca un pararrayos en el punto más alto del techo. Los pararrayos interceptan el rayo y conducen de manera segura la electricidad a tierra por medio de cables.

En espacios abiertos, como un campo de golf, las personas se exponen al peligro porque están en lo más alto del área. Es igualmente peligroso buscar refugio bajo un árbol, porque el rayo puede alcanzar éste y a ti al mismo tiempo. En lugar de esto, busca un área baja, apartada de árboles, vallas y postes. Ponte en cuclillas con la cabeza baja y las manos en las rodillas. Si estás nadando o vas en un bote, llega a la orilla y aléjate del agua.

Si estás dentro de una casa durante la tormenta eléctrica, evita tocar teléfonos, aparatos eléctricos o cualquier accesorio de la cañería, que puede conducir electricidad al interior de la casa. Suele ser seguro permanecer en un automóvil de capota dura durante una tormenta eléctrica, porque la electricidad recorrerá la cubierta metálica del auto y saltará a tierra. Sin embargo, no toques objeto metálico alguno dentro del auto.

☑ *Punto clave* *¿Por qué son peligrosos los rayos?*

Figura 8 Los rayos se producen cuando la electricidad salta entre nubes o entre una nube y el suelo.

Tornados

El tornado es un tipo de tormenta aterrador y destructivo. El **tornado** es una nube en forma de embudo que gira vertiginosamente y baja desde una nube de tormenta para tocar la superficie terrestre. Si ocurre sobre un lago o un océano se le conoce como tromba. Los tornados suelen ser breves, pero pueden ser mortíferos. Pueden tocar tierra durante 15 minutos o menos y tener sólo unos cientos de metros de ancho, pero la velocidad de sus vientos alcanza los 480 kilómetros por hora.

Cómo se forman los tornados **Los tornados surgen de nubes cumulonimbos bajas y pesadas, las mismas que producen las tormentas eléctricas.** Los tornados pueden producirse cuando hay condiciones semejantes para una tormenta eléctrica: en primavera y a principios del verano, por la tarde, cuando la tierra está caliente. Las Grandes Llanuras tienen el patrón meteorológico con posibilidades de crear tornados: una masa de aire caliente y húmedo se mueve del Golfo de México hacia el norte, adentrándose en las Grandes Llanuras bajas. Una masa de aire frío avanza hacia el sur, procedente de Canadá. Cuando ambas se encuentran, el aire frío se mete bajo el aire caliente, el cual se eleva. Es probable que haya una racha de tormentas eléctricas, de suroeste a noreste. Una sola racha puede causar 10 o más tornados.

Los tornados ocurren con más frecuencia en Estados Unidos que en cualquier otro país, cerca de 800 cada año. Los patrones meteorológicos de las Grandes Llanuras dan por resultado un "corredor de tornados",

Tiempo que cambió la historia

Las tormentas imprevistas han causado daños increíbles, han ocasionado innumerables muertes e incluso han cambiado el curso de la historia.

Japón 1281

En un intento de conquistar Japón, Kublai Khan, emperador mongol de China, envió una flota con un gran ejército. Un huracán del Pacífico causó fuertes vientos y altas olas que hundieron las naves. Los japoneses llamaron a la tormenta *kamikaze*, que significa "viento divino".

Massachusetts 1620

Los peregrinos ingleses izaron velas rumbo a las Américas en el *Mayflower*. Planearon desembarcar cerca de la desembocadura del río Hudson, pero lo hicieron al norte a causa de las tormentas. Cuando desembarcaron más al norte, decidieron quedarse y establecieron la Colonia Plymouth.

1300 1400 1500 1600

Inglaterra 1588

El rey Felipe II, de España, envió la Armada Española, una flota de 130 navíos, a invadir Inglaterra. Los fuertes vientos del Canal de la Mancha o Canal Inglés atraparon a la Armada cerca de la costa. Algunos barcos españoles escaparon, pero las tormentas hicieron naufragar a la mayoría.

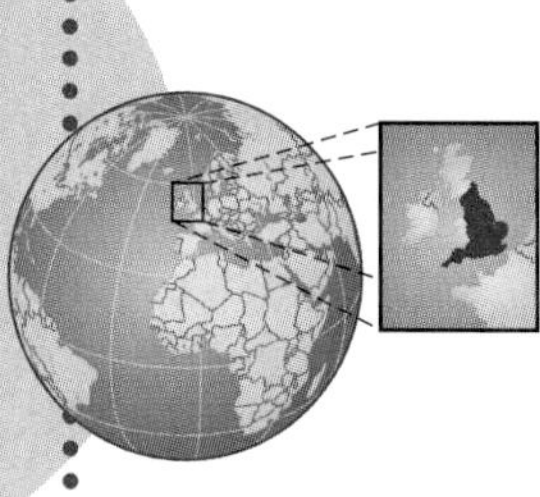

que se muestra en la Figura 9, el cual va del norte y centro de Texas, a través de Oklahoma central, a Kansas y Nebraska. Sin embargo, los tornados ocurren en casi cualquier parte de Estados Unidos.

☑ *Punto clave* *¿De dónde surgen los tornados?*

Precauciones con los tornados INTEGRAR LA SALUD Un tornado puede arrasar con las casas de un lado de la calle y dejar en pie las de la acera opuesta. Los daños que causa provienen tanto de los fuertes vientos como de los escombros que arrastra. La baja presión del interior del tornado succiona hacia arriba el polvo y un sinfín de objetos adentro del embudo. Los tornados pueden mover grandes objetos —cobertizos, camiones, automóviles— y esparcir restos a muchos kilómetros. ¡Un tornado arrancó el anuncio de un motel en Broken Bow, Oklahoma, y lo dejó caer a 30 millas de distancia, en Arkansas!

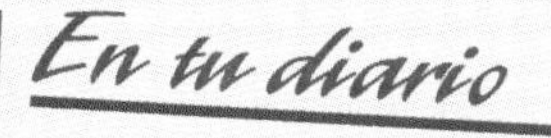

Algunos de estos hechos sucedieron antes de que los pronosticadores contaran con equipo para predecir el tiempo científicamente. Elige uno de los acontecimientos de la línea cronológica. Describe en un párrafo cómo pudo haber sido diferente la historia si esas personas hubieran contado con predicciones precisas del tiempo.

Grandes Lagos 1870

Al saber que más de 1,900 botes se habían hundido por las tormentas en los Grandes Lagos en 1869, el Congreso creó un servicio meteorológico nacional, la Corporación de Señales del Ejército. En 1891, la tarea de emitir alertas y pronósticos del tiempo pasó a una nueva agencia, la Oficina Meteorológica de Estados Unidos.

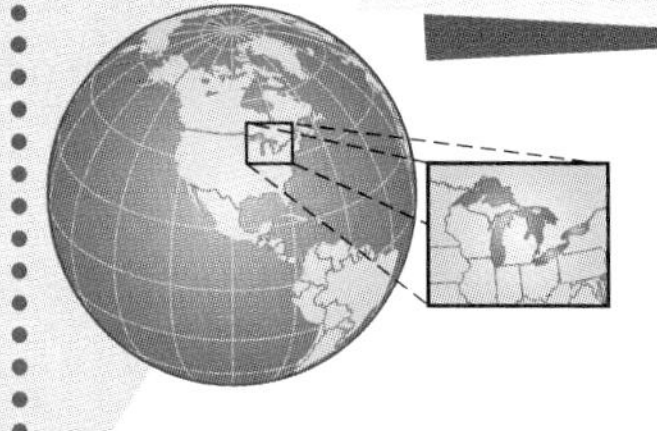

1700 | 1800 | 1900

Carolina del Norte 1837

Un huracán hundió el buque de vapor *Home* frente a Ocracoke, Carolina del Norte. Fue uno de los peores desastres por una tormenta en el mar; murieron 90 personas. En respuesta, el Congreso de Estados Unidos dictó una ley para que toda nave llevara un salvavidas por cada pasajero.

Texas 1915

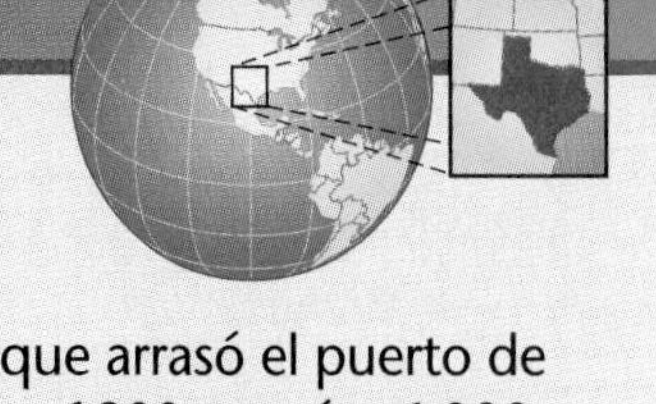

El huracán que arrasó el puerto de Galveston en 1900, mató a 6,000 personas y destruyó gran parte de la ciudad. Por ello se construyó un malecón de 5 m de altura y 16 km de largo. Cuando otro huracán azotó en 1915, el malecón redujo los daños.

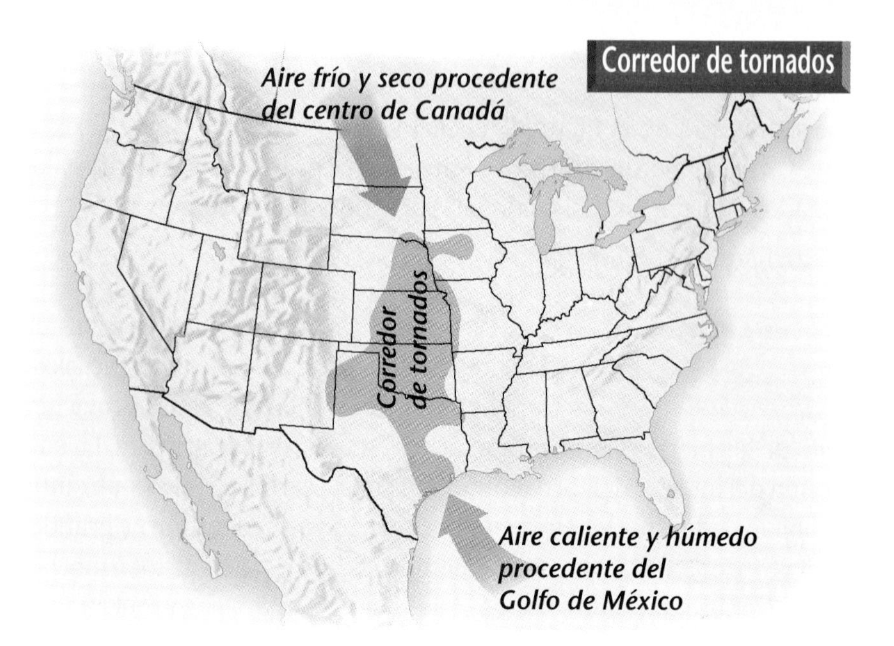

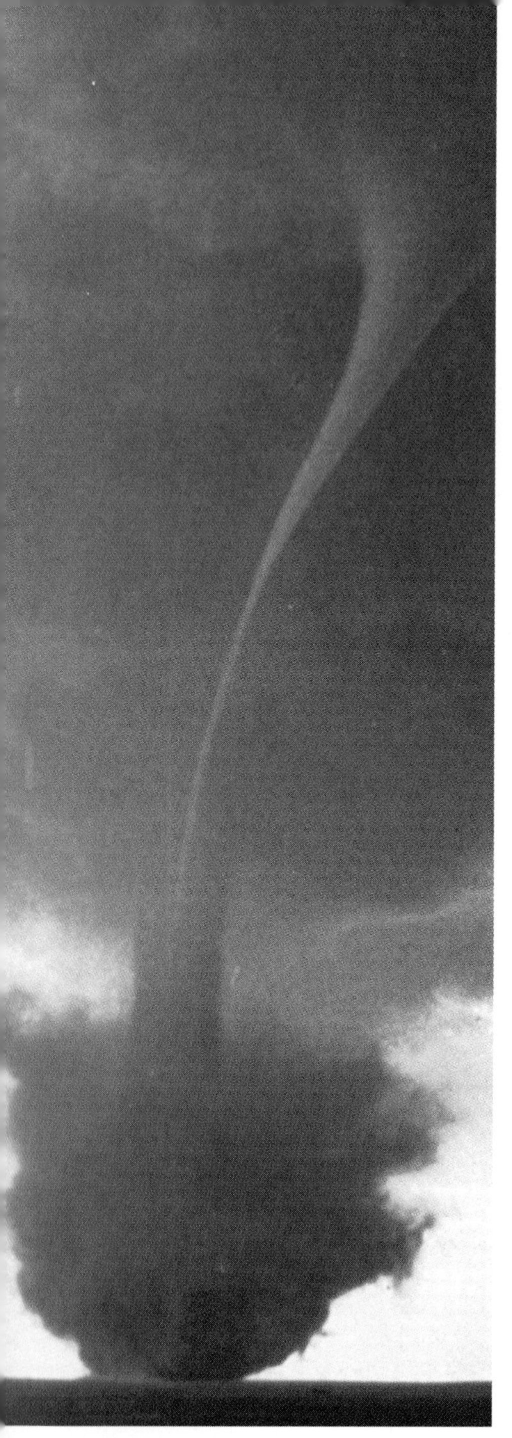

Figura 9 Un tornado puede causar muchos daños en breve tiempo. El mapa muestra dónde es más probable que ocurran tornados en Estados Unidos.
Interpretar mapas ¿Qué estados están parcialmente situados en el "corredor de tornados"?

¿Qué debes hacer si se predice un tornado en tu área? Una "alerta de tornados" es un aviso de posibles tornados en tu área. Observa las tormentas que se avecinan. Una "advertencia de tornado" es un aviso de que se ha visto un tornado en el cielo o en el radar meteorológico. Si oyes la advertencia, ve a un área segura en cuanto puedas. No esperes hasta ver realmente el tornado.

El lugar más seguro para estar durante un tornado es el sótano de un edificio bien construido. Si el edificio donde estás no tiene sótano, ve a la parte central de la planta baja. Aléjate de ventanas y puertas que pudieran romperse y volar por el aire. Tiéndete en el suelo bajo un mueble resistente, como una mesa grande. Si estás a la intemperie o en una casa rodante, ve a un edificio o tiéndete de espaldas en una zanja.

☑ *Punto clave ¿Cuál es la diferencia entre una alerta de tornado y una advertencia de tornado?*

Huracanes

Entre junio y noviembre, las personas que viven en el este de Estados Unidos oyen reportes del tiempo muy parecidos a éste: "Se ha dado una alerta de huracán para la costa del Atlántico, de Florida a Carolina del Norte. El huracán Michael tiene vientos de más de 160 kilómetros por hora y se mueve hacia el norte a 65 kilómetros por hora." Un **huracán** es una tormenta tropical con vientos de 119 kilómetros por hora o más. Por lo general, un huracán tiene unos 600 kilómetros de ancho.

Los huracanes también se forman en los océanos Pacífico e Índico. En el océano Pacífico occidental, se les llama tifones. Aunque los huracanes pueden ser destructivos, llevan lluvia muy necesaria al sur y el sureste de Asia.

Cómo se forman los huracanes El huracán típico que azota Estados Unidos se forma en el océano Atlántico, al norte del ecuador, en agosto, septiembre u octubre. **Los huracanes comienzan en aguas cálidas como un área de baja presión, o depresión tropical.** Si la depresión tropical crece en tamaño y fuerza, se convierte en tormenta tropical, la que a su vez puede convertirse en un huracán.

Los huracanes obtienen su energía del aire cálido y húmedo de la superficie del océano. Al ascender este aire y formar nubes, más aire es atraído al sistema. Como en otros sistemas de tormenta, el viento se mueve en espiral hacia áreas de baja presión. Dentro de la tormenta hay rachas de vientos y lluvias muy fuertes. La presión más baja y las temperaturas más cálidas están en el centro del huracán. Cuanto más baja es la presión barométrica en el centro de una tormenta, con mayor rapidez soplan los vientos hacia el centro. Los vientos del huracán pueden tener una fuerza de hasta 320 kilómetros por hora.

El ojo del huracán El centro del huracán es un anillo de nubes que rodea un "ojo" quieto, como se muestra en la Figura 10. Si estuvieras en la ruta de un huracán, notarías que el viento se hace más fuerte conforme el ojo se acerca. Cuando el ojo llega, el tiempo cambia de repente. Los vientos se calman y puede ser que se despeje el cielo. Una vez que el ojo pasa, se reanuda la tormenta, pero el viento viene de la dirección opuesta.

Cómo se mueven los huracanes Los huracanes duran más que otras tormentas, por lo común una semana o más. Los huracanes que se forman en el océano Atlántico son llevados por los vientos alisios hacia las islas del Caribe y el sureste de Estados Unidos. Después del paso de un huracán por tierra, ya no hay aire cálido y húmedo del cual obtener energía. Gradualmente se hace más lento y pierde fuerza, aunque las intensas lluvias pueden continuar durante varios días.

Figura 10 En un huracán, el aire se mueve rápidamente alrededor de un área de presión baja llamada el ojo. *Observar ¿Dónde está el ojo del huracán en la fotografía?*

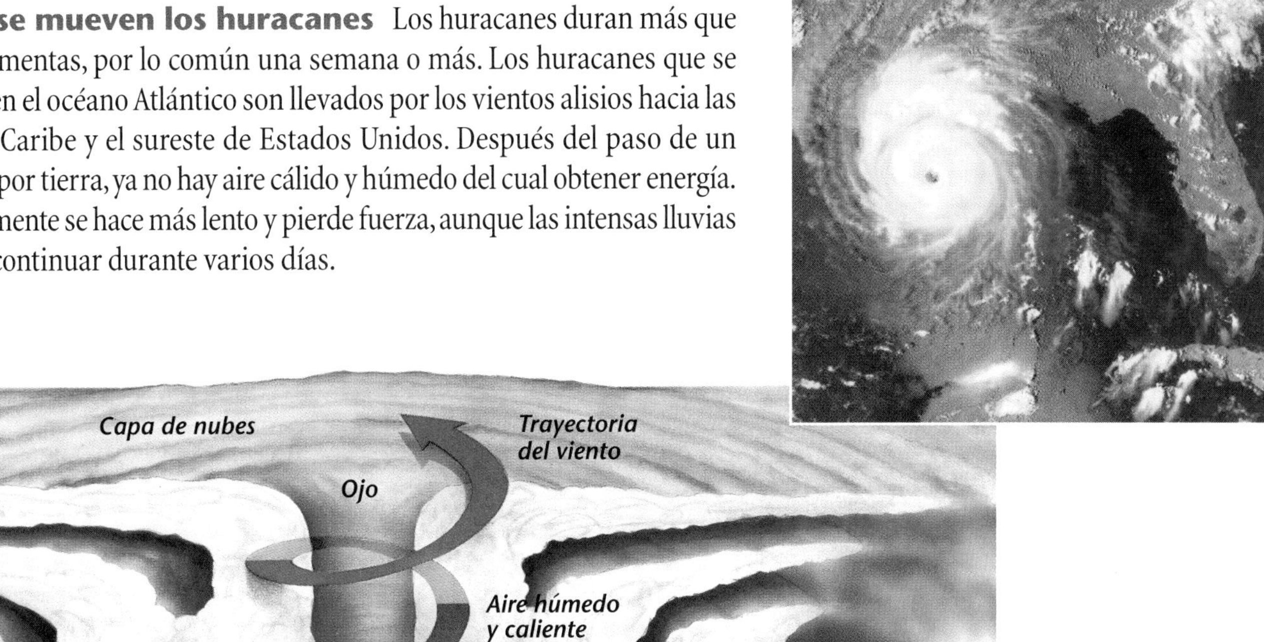

Artes visuales CONEXIÓN

Las condiciones meteorológicas y las tormentas son temas favoritos de los artistas. "Tormenta de nieve" es una pintura al óleo del artista inglés J.M.W. Turner (1775–1851). Para transmitir un ambiente o sensación, los artistas eligen ciertos colores y texturas. ¿Cómo realza la elección de colores de Turner el ambiente de la pintura? ¿Qué textura ves en el mar y el cielo? ¿Cómo apoya la textura la sensación de la pintura?

En tu diario

Escribe un párrafo o dos sobre el ambiente de este cuadro. Describe cómo te sentirías estando expuesto al viento y las olas. Antes de empezar a escribir, apunta palabras que describan lo que veas, oigas, toques, gustes o huelas. Intercambia tu descripción con un compañero, para obtener realimentación.

Daños por huracán Cuando el huracán toca tierra, causa altas olas y extensas inundaciones, además de los daños que causan los vientos. Los huracanes arrancan árboles de raíz, causan destrozos en edificios y destruyen cables de energía. Las lluvias torrenciales inundan las carreteras.

Una de las características más peligrosas del huracán es la marejada de tormenta. La baja presión y los vientos fortísimos sobre el océano elevan el nivel del agua hasta seis metros sobre el nivel normal. El resultado es una **marejada de tormenta**, un "domo" de agua que arrasa la costa donde el huracán toca tierra. Al momento en que el huracán llega a la orilla, el agua viene con él. Las marejadas pueden causar gran daño, arrasando las playas y destruyendo edificios a lo largo de la costa.

Precauciones con los huracanes Hasta la década de 1950, un huracán de rápido avance podía atacar casi sin advertencia. Desde entonces, los avances en las comunicaciones y el rastreo por satélites han hecho a los huracanes menos letales. La gente recibe ahora información bastante anticipada de la proximidad de un huracán.

INTEGRAR LA SALUD

Una "alerta de huracán" es un aviso de que son *posibles* las condiciones para un huracán en tu área dentro de las siguientes 36 horas. La gente debe estar preparada para **evacuar** la zona, esto es, salir de ella temporalmente.

Una "advertencia de huracán" significa que se *esperan* condiciones de huracán en las próximas 24 horas. **Si oyes una advertencia de huracán y que debes evacuar la zona, sal del área inmediatamente.** Si tienes que quedarte en una casa, ve al interior del edificio, lejos de las ventanas.

☑ *Punto clave* *¿Qué es una marejada de tormenta?*

Tormentas de invierno

En invierno, en el norte de Estados Unidos, mucha precipitación cae como nieve. **La nieve cae cuando el aire húmedo se enfría debajo de los 0°C.** Las copiosas nevadas pueden bloquear carreteras, atrapando a la gente en sus casas y dificultando el acceso de los vehículos de emergencia. El frío extremo puede dañar plantíos y hacer que las tuberías de agua se congelen y revienten.

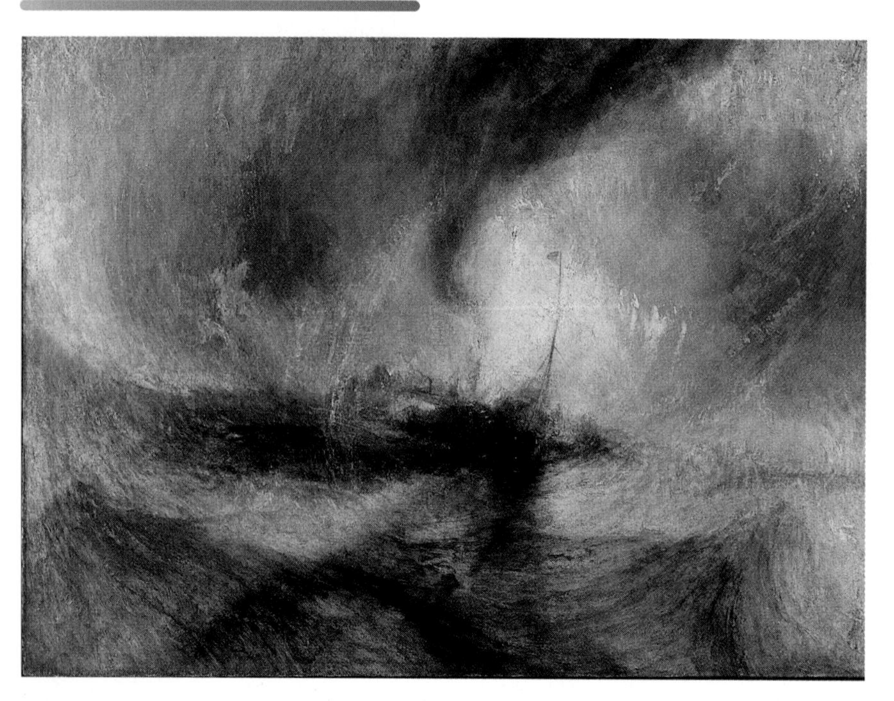

Figura 11 El artista británico J.M.W. Turner pintó "Tormenta de nieve" en 1842.

Nevada por el efecto lago Dos de las ciudades más nevosas en Estados Unidos son Buffalo y Rochester, en la parte alta del estado de Nueva York. En promedio, cada invierno caen cerca de tres metros de nieve en cada una de estas ciudades. ¿Por qué hay tanta nieve?

Estudia la Figura 12. Observa que Buffalo está situada al este del Lago Erie, y Rochester se encuentra al sur del Lago Ontario. En otoño e invierno, la tierra cercana a estos lagos se enfría más rápido que el agua. Aunque el agua de estos lagos es fría, es aún más cálida que la tierra y el aire de los alrededores. Cuando una masa de aire frío y seco se mueve del centro de Canadá al sureste, a través de uno de los Grandes Lagos, recoge vapor de agua y calor del lago. Tan pronto la masa de aire llega al otro lado del lago, el aire asciende y se enfría de nuevo. El vapor de agua se condensa y cae como nieve, por lo común a no más de 40 kilómetros del lago.

Figura 12 El aire frío y seco, al pasar sobre aguas más cálidas, recoge vapor de agua. Cuando este aire llega a tierra y se enfría, nieva por el efecto lago. ***Interpretar mapas*** *¿Cuáles son las dos ciudades donde caen grandes cantidades de nieve?*

Precauciones en una ventisca Imagina que estás a la intemperie en una tormenta de nieve, cuando de pronto el viento aumenta. Los vientos pueden llevarse a los lados la nieve que cae o recogerla del suelo y llevarla por el aire. Esta situación puede ser en extremo peligrosa porque con esta ventisca es fácil perderse. Asimismo, los vientos fuertes enfrían pronto el cuerpo de una persona. **Si te sorprende una ventisca, trata de encontrar refugio contra el viento.** Cubre las partes expuestas de tu cuerpo y trata de mantenerte seco. Si estás en un automóvil, el conductor debe mantener el motor en marcha sólo si el tubo de escape no está tapado por la nieve.

INTEGRAR LA SALUD

Repaso de la sección 2

1. ¿Qué condiciones meteorológicas son las causas más probables de tormentas eléctricas y tornados?
2. ¿Cuál es la ruta más común que siguen los huracanes que azotan Estados Unidos?
3. ¿Qué precauciones debes tomar si se pronostica un tornado en tu área? ¿Si se pronostica un huracán?
4. **Razonamiento crítico Aplicar los conceptos** En invierno, el aire fresco y húmedo del océano Pacífico sopla por las tierras frías del sur de Alaska. ¿Qué clase de tormenta crees que cause esto?

Las ciencias en casa

Entrevista a un miembro de tu familia u otro adulto sobre una tormenta muy fuerte que haya vivido. Antes de la entrevista, haz una lista de las preguntas que te gustaría hacerle. Por ejemplo, ¿qué edad tenía cuando ocurrió la tormenta? ¿Cuándo y dónde se produjo? Escribe tu entrevista con un formato de preguntas y respuestas, comenzando con una breve introducción.

Laboratorio real

Profesiones científicas

Rastrear un huracán

¡Alerta de huracán! Trabajas en el National Hurricane Center (Centro Nacional de Huracanes). Tu tarea es rastrear las rutas de los huracanes y tratar de predecir cuándo y dónde tocarán tierra. Luego tienes que decidir si debes advertir a la gente que evacúe el área.

Problema

¿Cómo puedes predecir cuándo y dónde tocará tierra un huracán?

Enfoque en las destrezas

interpretar datos, predecir

Materiales

regla
lápices de colores rojo, azul, verde y café
papel de calcar

Procedimiento

1. Busca en el mapa la ruta punteada del huracán. Cada punto representa la ubicación del ojo del huracán a intervalos de seis horas. El último punto muestra en dónde se encontraba el huracán del 30 de agosto a mediodía.
2. Predice la ruta que tomará el huracán. Pon papel de calcar sobre el mapa de abajo. Con un lápiz rojo, pon una X en tu papel de calcar donde creas que tocará tierra. Junto a la X, escribe la fecha y hora en que creas que el huracán llegará a la costa.

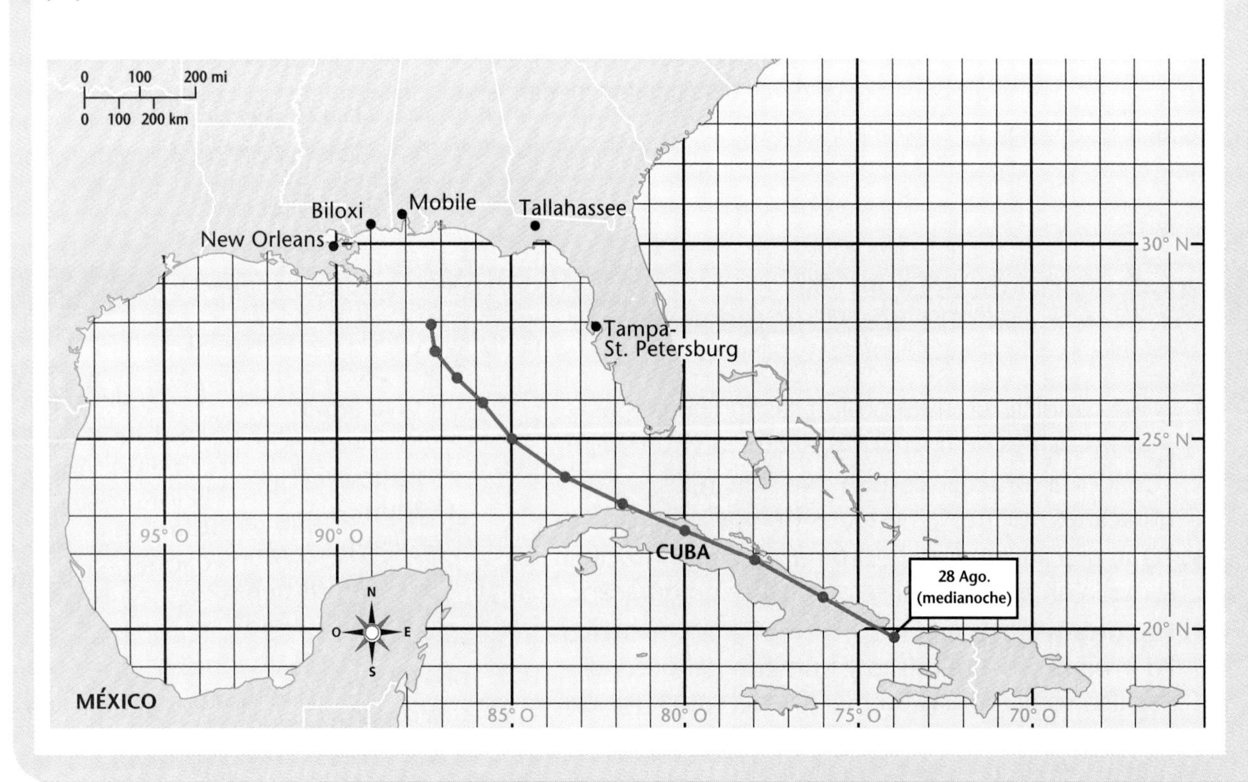

3. Se emiten advertencias de huracán para un área que probablemente experimente un huracán en no más de 24 horas. En tu papel, sombrea con rojo el área para la que transmitirías una advertencia de huracán.
4. Usando la siguiente tabla de datos, traza con lápiz azul los puntos de las cinco posiciones próximas de la tormenta. Usa tu regla para conectar los puntos que muestran la ruta del huracán.

Fecha y hora	Latitud	Longitud
30 de agosto, 6:00 p.m.	28.3° N	86.8° O
31 de agosto, medianoche	28.4° N	86.0° O
31 de agosto, 6:00 a.m.	28.6° N	85.3° O
31 de agosto, mediodía	28.8° N	84.4° O
31 de agosto, 6:00 p.m.	28.8° N	84.0° O

5. Con base en los nuevos datos, decide si necesitas cambiar tu predicción de dónde y cuándo llegará a la costa el huracán. Marca tus nuevas predicciones con lápiz azul sobre tu papel de calcar.
6. En el transcurso del 1 de septiembre obtienes cuatro posiciones más. (Traza estos puntos sólo después de haber terminado el Paso 5.) Con base en estos nuevos datos, marca con lápiz verde cuándo y dónde piensas ahora que el huracán tocará tierra.

Fecha y hora	Latitud	Longitud
1 de septiembre, medianoche	28.8° N	83.8° O
1 de septiembre, 6:00 a.m.	28.6° N	83.9° O
1 de septiembre, mediodía	28.6° N	84.2° O
1 de septiembre, 6:00 p.m.	28.9° N	84.8° O

7. Al día siguiente, 2 de septiembre, traza cuatro posiciones más con tu lápiz café. (Pon estos puntos sólo después de haber completado el Paso 6.)

Fecha y hora	Latitud	Longitud
2 de septiembre, medianoche	29.4° N	85.9° O
2 de septiembre, 6:00 a.m.	29.7° N	87.3° O
2 de septiembre, mediodía	30.2° N	88.8° O
2 de septiembre, 6:00 p.m.	31.0° N	90.4° O

Analizar y concluir

1. Describe en detalle la ruta completa del huracán que rastreaste. Incluye dónde tocó tierra e identifica cualesquiera ciudades que hubiera en las cercanías.
2. ¿Cómo se comparan tus predicciones en los Pasos 2, 5 y 6 con lo que realmente sucedió?
3. ¿Qué hubo fuera de lo habitual en la ruta de tu huracán?
4. ¿Cómo piensas que los huracanes con una ruta como la de éste afectan la transmisión de advertencias de huracán?
5. ¿Por qué debes ser muy cuidadoso cuando haces advertencias? ¿Qué problemas podrían causarse si transmitieras una advertencia de huracán innecesaria? ¿Qué podría suceder si una advertencia de huracán se transmitiera demasiado tarde?
6. **Piensa en esto** En esta actividad sólo tuviste datos de la posición del huracán. Si estuvieras rastreándolo y emitiendo advertencias, ¿qué otro tipo de información te ayudarían a tomar decisiones acerca de la ruta del huracán?

Explorar más

Con la ayuda de tu maestro, busca en la Internet más datos de rastreo de huracanes. Traza un mapa con los datos y trata de predecir dónde tocará tierra el huracán.

Ciencias y sociedad

Alerta de huracán: ¿Quedarse o no?

Cuando un huracán arrasador viene del océano, el Centro Nacional de Huracanes rastrea su ruta. Las estaciones de radio emiten advertencias. Las sirenas se dejan oír y las personas que están en la ruta de la tormenta toman medidas para proteger su hogar y a su familia.

Los gobiernos estatales y locales tratan de proteger a la gente cerrando las oficinas gubernamentales, montando refugios de emergencia y dando la alerta a la Guardia Nacional. Al aumentar el peligro, el gobernador del estado puede ordenar la evacuación de áreas peligrosas.

Pero no todos quieren irse, y los funcionarios no pueden forzarlos a obedecer una orden de evacuación. ¿Qué tanto puede —o debería— hacer el gobierno para proteger a la gente?

Temas de debate

¿Por qué jugar a la segura? Los huracanes pueden ser extremadamente peligrosos. Aun después de la tormenta, los funcionarios tal vez deban evitar que la gente regrese a sus casas a causa de la inundación del drenaje y la avería de cables de energía y tuberías de gas.

En años recientes, pronósticos más anticipados y más precisos han salvado vidas. La gente tiene tiempo de prepararse y salir de la ruta del huracán. Los funcionarios para emergencias exhortan a la gente —especialmente a los ancianos, enfermos o discapacitados— a salir a tiempo, mientras el clima es bueno aún. La mayoría de las pérdidas humanas se produce cuando la gente es tomada por sorpresa o ignora las advertencias. Los que deciden quedarse quizá tengan que ser rescatados después por botes o helicópteros. Estos rescates se añaden a los costos de la tormenta y pueden poner en peligro la vida de los rescatistas.

¿Por qué soportar la tormenta? Las personas tienen razones diferentes para no querer irse. Algunos quieren proteger su hogar o negocio. Otros, no desean abandonar a sus animales o no quieren ir a refugios públicos. Además, las advertencias pueden exagerar el peligro, exhortando a la gente a irse cuando podría en realidad hallarse segura. Puesto que salir puede resultar costoso y perturbador, los residentes deben evaluar cuidadosamente los riesgos.

¿Es cuestión de derechos? ¿Debe un gobierno obligar a la gente a evacuar? Algunos piensan que el gobierno no debe decirles lo que tienen que hacer mientras no dañen a otros. Creen que los individuos deben tener el derecho de decidir por sí mismos. Tú, ¿qué piensas?

Tú decide

1. Identifica el problema

En tus propias palabras, explica la controversia acerca de las evacuaciones a causa de huracanes.

2. Analiza las opciones

Revisa y haz una lista de los pros y los contras de obligar a la gente a evacuar. ¿Qué gente se beneficiaría? ¿Quiénes resultarían perjudicados? ¿Qué más debería hacer el gobierno? ¿Qué los ciudadanos?

3. Encuentra una solución

Imagina que la radio ha transmitido una advertencia de huracán. Escribe un diálogo en el que tú y tu familia analizan las opciones y deciden evacuar o no.

SECCIÓN 3 Inundaciones

DESCUBRE ACTIVIDAD

¿Qué causa las inundaciones?

1. Llena una taza con agua. Sostén un embudo sobre una palangana y vacía el agua muy lentamente.
2. Vuelve a llenar la taza con la misma cantidad de agua que en el Paso 1. Sostén el embudo sobre la vasija y esta vez échale el agua al embudo rápidamente. ¿Qué pasa?

Reflexiona sobre

Inferir ¿En qué se parece el embudo a la cuenca de un río? ¿Qué ocurriría si una gran cantidad de agua entrara en la cuenca del río en un tiempo muy breve?

GUÍA DE LECTURA

- ¿Qué causa las inundaciones?
- ¿Cómo pueden reducirse los peligros de las inundaciones?

Sugerencia de lectura **A medida que leas, dibuja un diagrama de flujo que muestre lo que puede ocurrir durante una inundación y cómo debe la gente responder a ella.**

El cañón Antílope, en el desierto del norte de Arizona, tiene apenas unos metros de ancho en algunas partes. El 12 de agosto de 1997, un grupo de 12 montañistas entró en el seco y angosto cañón. Esa tarde, una fuerte tormenta soltó una precipitación de varias pulgadas en la meseta Kaibeto, a 24 kilómetros de distancia. Los secos canales que desaguan en el cañón Antílope se llenaron pronto de agua de lluvia. El agua corrió por el cañón, creando un muro de agua de más de tres metros de alto. Los turistas en lo alto del cañón vieron con horror cómo el agua arrasaba con los excursionistas. Sólo uno de ellos sobrevivió.

¿Te sorprende que haya inundaciones en un desierto? En realidad, inundaciones como ésta son más comunes en el seco suroeste que en áreas con más lluvia.

Figura 13 Visto desde arriba, el cañón Antílope parece una angosta ranura en el suelo.

Figura 14 Cuando gran cantidad de lluvia cae en un valle angosto se producen inundaciones repentinas. Este dibujo muestra lo que sucedió en la inundación del cañón Antílope.

Inundaciones repentinas

Aunque el cine presenta los fuertes vientos de tornados y huracanes, las inundaciones son los acontecimientos más peligrosos relacionados con el tiempo en Estados Unidos. **Las inundaciones se producen cuando fluye tanta agua por un arroyo o río que se desborda y cubre la tierra a los lados del cauce.** La gente que vive a lo largo de ciertos ríos sabe que la nieve que se derrite y las lluvias de primavera crean la probabilidad de inundaciones.

Las inundaciones inesperadas son las más peligrosas. A las del tipo del cañón Antílope se les llama inundaciones repentinas, porque el agua sube muy rápidamente después de que empieza a llover intensamente. Una **inundación repentina** es una avenida de agua súbita y violenta que ocurre al cabo de pocas horas, minutos incluso, de una tormenta.

La mayoría de las inundaciones se debe a grandes cantidades de lluvia. Por ejemplo, una serie de tormentas puede producir lluvias intensas en un área durante varias horas o días. Los huracanes o las tormentas tropicales traen lluvias que llenan pronto los cauces de los arroyos. Una inundación repentina puede ser causada también por la rotura de una presa. Igualmente, si se rompe el hielo que ha formado represa temporal en un río, el fluir del agua puede causar una inundación repentina.

☑ *Punto clave* *¿Por qué son tan peligrosas las inundaciones repentinas?*

Medidas de seguridad en caso de inundación

Si nunca has estado en una inundación, es difícil que imagines el poder aterrador del agua que todo lo arrasa. ¿Qué puede hacer la gente para protegerse y proteger sus hogares?

Predecir las inundaciones Las advertencias anticipadas pueden ayudar a disminuir daños y pérdidas de vidas. Los satélites meteorológicos proporcionan información sobre las capas de nieve, de modo que los científicos pueden calcular cuánta agua fluirá en los ríos cuando la nieve se derrita. El radar puede rastrear y medir el tamaño de una tormenta que se acerca. Los científicos revisan indicadores en los ríos que miden los niveles de agua. Con esta información, se pueden predecir alturas de inundación en diferentes puntos de un río. Su objetivo es advertir con anticipación para ayudar a la gente a prepararse y evacuar si es necesario.

Mejora tus destrezas

Comunicar ACTIVIDAD

Escribe un guión radiofónico para un anuncio de servicio público de 30 segundos, donde hables de los peligros de las inundaciones. Incluye las medidas de seguridad que se recomienda en caso de una inundación.

El auto se atasca en el agua.

El agua en movimiento empuja el auto.

Al subir el agua, el auto empieza a flotar.

Sesenta centímetros de agua pueden arrastrar un auto.

Figura 15 Estos dibujos muestran lo que puede sucederle a un auto en una inundación. *Aplicar los conceptos ¿Por qué es tan peligroso permanecer dentro del auto en una inundación?*

Una "alerta de inundación" es un anuncio que indica el área donde puede ocurrir una inundación. Permanece alerta en espera de más noticias. Una "advertencia de inundación" es el anuncio de que ya se han reportado inundaciones o están a punto de ocurrir. ¡Es hora de actuar!

Precauciones para una emergencia ¿Qué *debes* hacer en caso de inundación? Cuando el peligro es demasiado o el agua sube mucho, se suele evacuar a la población. **Primera regla de seguridad en caso de inundación: Trasládate a lugares altos y manténte alejado de la inundación.** No trates de cruzar arroyos ni ríos que parezcan desbordados. Jugar en las aguas de la inundación puede parecer divertido, pero es peligroso. Unos pocos centímetros de agua moviéndose con rapidez pueden derribarte. Aun el desagüe de la tormenta por una calle de la ciudad puede arrastrarte.

Si tu familia está en un auto, el conductor no debe conducir por una carretera inundada. A veces, menos de 60 centímetros de aguas rápidas pueden arrastrar un auto, como se muestra en la Figura 15. Todos deben salir del auto y encaminarse a algún terreno más alto.

Figura 16 En la primavera de 1997, el río Rojo del Norte inundó regiones de Dakota del Norte y Minnesota. Gran parte del centro de Grand Forks ardió porque los camiones de los bomberos no pudieron llegar al lugar del fuego ni conectarse con las tomas de agua contra incendios.

Otros riesgos de las inundaciones Las aguas crecidas no son el único riesgo en las inundaciones. Éstas pueden derribar postes y cables eléctricos, interrumpiendo el suministro de corriente eléctrica. Las inundaciones también pueden saturar el suelo y causar deslizamientos de tierra o aludes de lodo. Si las carreteras quedan inundadas o destruidas, los vehículos de emergencia, como camiones de bomberos y ambulancias, tal vez no puedan pasar.

Las corrientes de agua pueden alcanzar pozos y plantas de tratamiento de agua, y contaminarlas. Por esta razón, ten cuidado con el alimento y el agua que hayan sido tocados por la inundación. Por seguridad, hierve el agua antes de beberla.

Repaso de la sección 3

1. ¿Cómo puede la precipitación causar inundaciones?
2. ¿Qué debes hacer para permanecer seguro durante una inundación?
3. ¿Cuál es la diferencia entre la alerta de inundación y la advertencia de inundación?
4. Menciona tres instrumentos que proporcionan datos usados para predecir inundaciones y dar información sobre éstas.
5. **Razonamiento crítico Predecir** Describe dos situaciones meteorológicas en las que esperarías que ocurrieran inundaciones.

PROYECTO DEL CAPÍTULO 3

Comprueba tu aprendizaje

Ya estás listo para predecir el tiempo. Mira el mapa meteorológico de hoy. Luego, pronostica el tiempo para mañana donde vives y en otros dos lugares que elijas. (*Sugerencia:* Consulta los patrones del tiempo que has estado observando.) Decide qué símbolos necesitarás usar. Después, en un mapa de Estados Unidos, dibuja símbolos que muestren cuál será el tiempo para mañana. Haz predicciones diariamente durante una semana.

Sección 4 Predecir el tiempo

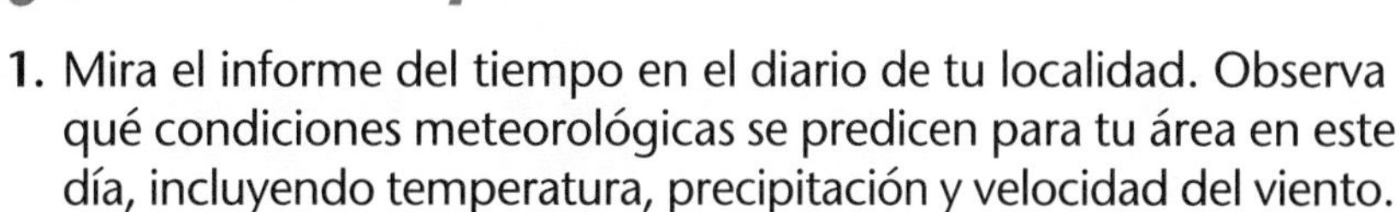

Descubre — Actividad

¿Qué es el tiempo?

1. Mira el informe del tiempo en el diario de tu localidad. Observa qué condiciones meteorológicas se predicen para tu área en este día, incluyendo temperatura, precipitación y velocidad del viento.
2. Mira por la ventana o piensa cómo estaba el tiempo la última vez que estuviste fuera. Anota las condiciones meteorológicas actuales del lugar donde estás.

Reflexiona sobre

Observar ¿Coincide el reporte del tiempo con lo que observas? ¿En qué se parece? ¿En qué es diferente?

Durante siglos, la gente ha tratado de predecir el tiempo. El folklor de toda nación incluye dichos sobre el tiempo. Muchos de estos dichos se basan en observaciones a largo plazo. Los marineros, pilotos, granjeros y otros que trabajan en exteriores suelen ser cuidadosos observadores de las nubes, los vientos y otros signos en los cambios del tiempo que se aproxima. He aquí dos ejemplos:

Anochecer rojo, mañana gris:
el viajero irá feliz;
anochecer gris, mañana roja:
de seguro la lluvia lo moja.

Si de mañana el cielo es rojo,
el marinero abra bien el ojo;
si el cielo es rojo al anochecer,
para el marino será un placer.

¿Por qué estos dos dichos sobre el tiempo concuerdan en que un cielo rojo por la mañana significa mal tiempo? Recuerda que en Estados Unidos las tormentas suelen ir de oeste a este. Las nubes en el oeste indican un área de baja presión que avanza, trayendo tiempo tempestuoso. Si hay nubes altas en el oeste por la mañana, el Sol que se levanta por el este las vuelve rojas. Cuando se pone el Sol es al revés. Las nubes en el este indican que la tormenta se aleja.

GUÍA DE LECTURA

- **¿Cómo ayuda la tecnología a los meteorólogos a predecir el tiempo?**
- **¿Qué tipos de información se muestran en los mapas meteorológicos?**

Sugerencia de lectura **Antes de leer, revisa la Figura 19 y *Explorar los mapas meteorológicos de los diarios.* Haz una lista con preguntas sobre los mapas meteorológicos.**

Pronóstico del tiempo

Puedes hacer muchas predicciones partiendo de tus propias observaciones. Por ejemplo, si un barómetro muestra que la presión está bajando, puedes esperar un cambio en el tiempo. La caída de la presión barométrica suele indicar la aproximación de un área de presión baja, que posiblemente cause lluvia o nieve.

También puedes leer las señales del tiempo en las nubes. Los cúmulos a menudo se forman en las tardes cálidas, cuando el aire caliente se eleva. Si ves que estas nubes crecen a lo largo, ancho y alto, puedes esperar que se conviertan en cumulonimbos, lo cual puede acarrear una tormenta eléctrica. Si ves delgados cirros en lo alto del cielo, puede estar cerca un área de presión baja.

Figura 17 Estos meteorólogos sueltan un globo meteorológico. La caja que lleva el globo contiene instrumentos que registrarán datos meteorológicos —como temperatura, presión barométrica y humedad— en lo alto de la atmósfera.

Los que observan el tiempo cuidadosamente a menudo se convierten en meteorólogos profesionales que dan información del tiempo por televisión. Puedes oír que a la persona que da el informe del tiempo por televisión le llaman meteoróloga. A pesar de su nombre, los meteorólogos no estudian los meteoritos. Los **meteorólogos** son científicos que estudian las causas del tiempo y tratan de predecirlo.

Los meteorólogos interpretan la información de una variedad de fuentes, que incluyen a los observadores del tiempo locales, instrumentos transportados por globos, satélites y estaciones meteorológicas alrededor del mundo. Usan mapas, gráficas y computadoras para analizar los datos y preparar los pronósticos del tiempo. También usan el radar para rastrear zonas de lluvia o nieve, de modo que puedan seguir la ruta de un sistema de tormentas.

¿En dónde obtienen su información los reporteros meteorológicos de televisión y radio? Mucha de la información del tiempo viene del Servicio Meteorológico Nacional. Sin embargo, los pronósticos del tiempo para el público en general pueden no tener los detalles suficientes que son útiles para granjeros y pilotos. También hay servicios privados de pronóstico del tiempo, muchos de los cuales usan equipo de alta tecnología. Los servicios de pronóstico privados son útiles para quien necesita respuestas a preguntas cómo: "¿Maltratará la helada las naranjas de mi huerta?" "¿Habrá niebla en el aeropuerto?" "¿Los camiones tendrán que esparcir arena hoy en las carreteras?"

☑ *Punto clave* *¿Dónde obtienen información los meteorólogos?*

Figura 18 Esta foto de satélite muestra una intensa tormenta sobre el océano Atlántico Norte.
Observar ¿Qué información relacionada con el tiempo puedes ver en la foto?

Tecnología meteorológica

Las técnicas para predecir el tiempo han cambiado mucho en años recientes. Los pronósticos a corto plazo —hasta para cinco días— son ahora bastante confiables. Los meteorólogos pueden hacer también predicciones a largo plazo que alguna vez fueron imposibles. **Ha habido cambios en la tecnología en dos áreas: la recopilación de datos meteorológicos y el uso de computadoras para hacer los pronósticos.**

Globos y satélites meteorológicos Como aprendiste en el Capítulo 1, los globos meteorológicos llevan instrumentos a lo alto de la troposfera y la estratosfera. Los instrumentos miden temperatura, presión barométrica y humedad.

El primer satélite meteorológico fue lanzado en 1960. Las cámaras de los satélites meteorológicos en la exosfera pueden fotografiar la superficie terrestre, las nubes, las tormentas y las capas de hielo y nieve. Estas imágenes se transmiten a los meteorólogos de la Tierra, quienes interpretan la información.

Pronósticos por computadora Las computadoras se usan para

INTEGRAR LA TECNOLOGÍA

ayudar a pronosticar el tiempo. Los instrumentos recopilan miles de datos sobre temperatura, presión barométrica, velocidad del viento y otros factores. Las computadoras procesan rápidamente grandes cantidades de información para ayudar a los meteorólogos a hacer predicciones. Para hacer un pronóstico, la computadora empieza con las condiciones meteorológicas reportadas por estaciones meteorológicas sobre un área grande. Las condiciones reportadas incluyen velocidad y dirección del viento, humedad, luz solar, temperatura y presión barométrica. Luego, la computadora efectúa miles de cálculos y hace pronósticos para 12 horas, 24 horas, 36 horas y así sucesivamente. Cada pronóstico se elabora sobre el anterior. Cuando ingresan nuevos datos meteorológicos, la computadora revisa sus pronósticos.

El Niño

Algunos patrones meteorológicos a largo plazo son causados por cambios en las corrientes oceánicas y los vientos globales. Periódicamente, un fenómeno de aguas cálidas conocido como **El Niño,** se produce en el Pacífico tropical. Durante El Niño, los vientos cambian y mueven el agua cálida de la superficie del mar hacia la costa oeste de América del Sur. El agua caliente desplaza al agua fría que habitualmente sube de las profundidades del océano cerca de la costa.

El Niño se presenta una vez en un lapso de dos a siete años. Pueden causar cambios drásticos en el clima en el Pacífico y otros lugares. En el invierno de 1997 al 1998, la fuerte corriente de El Niño causó sequías en Asia y Brasil, tormentas e inundaciones en California y Perú, y tornados en Florida y otras partes del sureste de Estados Unidos.

Los científicos buscan indicios y advertencias que les ayuden a predecir el retorno de El Niño. Una señal es la elevación en las temperaturas de la superficie en la parte tropical del océano Pacífico. Con los datos recopilados durante los pasados acontecimientos de El Niño, los científicos pronosticaron muchos de los resultados de El Niño durante 1997–1998.

☑ *Punto clave* *¿Qué evidencia usan los científicos para predecir un fenómeno como El Niño?*

Interpretar datos

ACTIVIDAD

Usa la simbología de la Figura 19 para responder las preguntas sobre estos datos de estación meteorológica.

1. ¿Cuál es la temperatura en esta estación?
2. ¿Cuál es la velocidad del viento?
3. ¿En qué dirección sopla el viento?
4. ¿Cuál es la presión barométrica?
5. ¿Qué porcentaje del cielo está cubierto de nubes?
6. ¿Qué tipo de precipitación, si la hay, se está presentando?

Interpretación de mapas meteorológicos

Un mapa meteorológico es una "instantánea" de las condiciones de un tiempo particular sobre una gran área. Hay muchos tipos de mapas meteorológicos. Los meteorólogos de la televisión suelen presentar mapas hechos por computadoras a partir de información del radar.

Mapas del servicio meteorológico Los datos de más de 300 estaciones meteorológicas locales en todo el país se reúnen en mapas meteorológicos en el Servicio Nacional Meteorológico. La información reunida por una estación informadora se resume en el mapa de la Figura 19. El mapa meteorológico, que se ha simplificado, incluye la mayoría de los datos de la estación meteorológica que se muestran en la clave.

En algunos mapas meteorológicos se ven líneas curvas. Estas líneas conectan lugares en los que ciertas condiciones —temperatura o presión barométrica— son iguales. Las **isobaras** son líneas que unen lugares en el mapa con la misma presión barométrica. (*Iso* significa "igual" y *bara* significa "presión".) Los números en las isobaras son las lecturas de la presión. Las lecturas de presión barométrica pueden darse en pulgadas de mercurio o en milibaras, o en ambas unidades. La Figura 19 tiene isobaras.

Las **isotermas** son líneas que unen lugares con la misma temperatura. La isoterma puede rotularse con la temperatura en grados Fahrenheit, grados Celsius o en ambos.

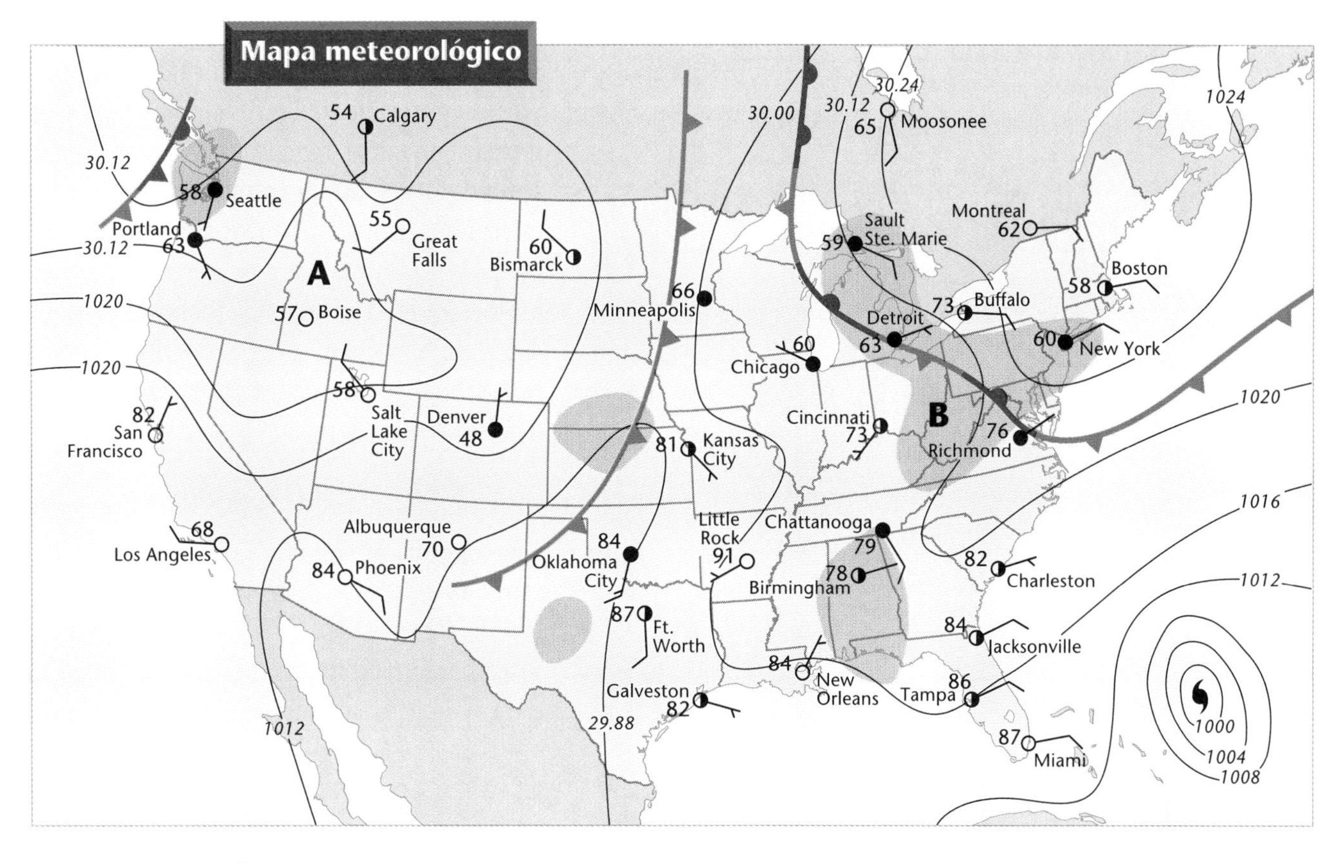

EXPLICACIÓN DE LOS FRENTES

Frente frío
Límite entre una masa de aire frío y otra de aire cálido. Causa tormentas breves y tiempo más fresco.

Frente cálido
Límite entre una masa de aire cálido y otra de aire frío. Por lo común va acompañada de precipitación.

Frente estacionario
Límite entre una masa de aire cálido y otra de aire frío cuando no se produce movimiento. Trae largos periodos de precipitación.

Frente ocluido
Límite en que un frente frío se coloca encima de un frente cálido. Causa precipitación.

Tiempo	Símbolo
Llovizna	
Niebla	≡
Granizo	△
Neblina	∞
Lluvia	•
Chubasco	▽
Aguanieve	
Humo	
Nieve	*
Tormenta	
Huracán	

Velocidad del viento (mph)	Símbolo
1–2	
3–8	
9–14	
15–20	
21–25	
26–31	
32–37	
38–43	
44–49	
50–54	
55–60	
61–66	
67–71	
72–77	

Nubosidad (90%)	Símbolo
0	○
10	
20–30	
40	
50	
60	
70–80	
90	
100	●

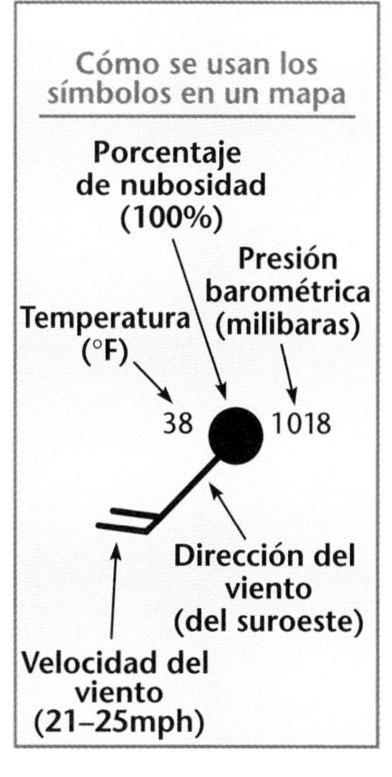

Figura 19 Este mapa meteorológico muestra datos reunidos de estaciones meteorológicas de todo el país. Abajo del mapa hay una explicación de lo que significan los símbolos en cada ciudad.

Mapas meteorológicos de los diarios Los mapas de los diarios son versiones simplificadas de los producidos por el Servicio Nacional Meteorológico. En *Explorar los mapas meteorológicos de los diarios* se muestra un mapa meteorológico típico. Con lo aprendido en este capítulo, quizá puedas interpretar la mayoría de los símbolos de este mapa. **Los símbolos en los mapas meteorológicos muestran frentes, áreas de presión alta y baja, tipos de precipitación y temperaturas.** Observa que las temperaturas altas y bajas se dan en grados Fahrenheit, en lugar de Celsius.

Los mapas en la Figura 20 muestran la ruta de una tormenta de invierno. Si los estudias, puedes rastrear esta tormenta y sus efectos. Con la práctica puedes usar la información de los mapas meteorológicos para ayudarte a predecir el tiempo en tu área.

DÍA 1

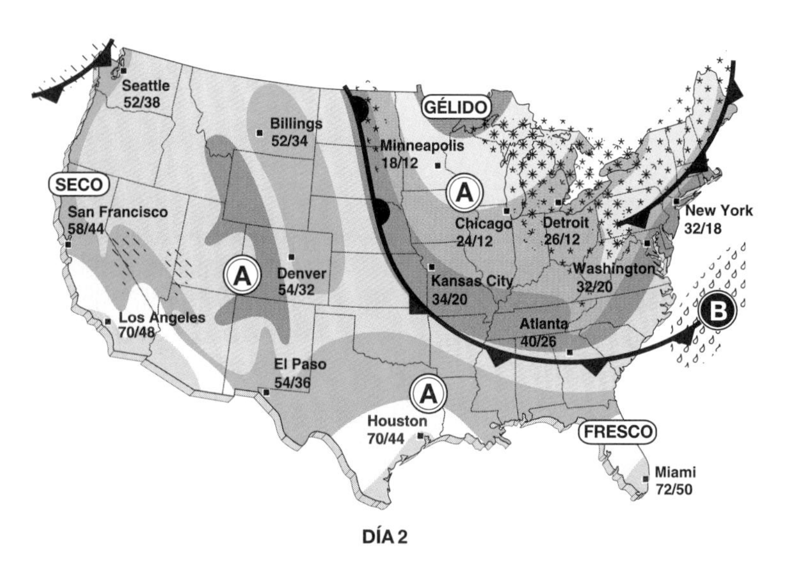

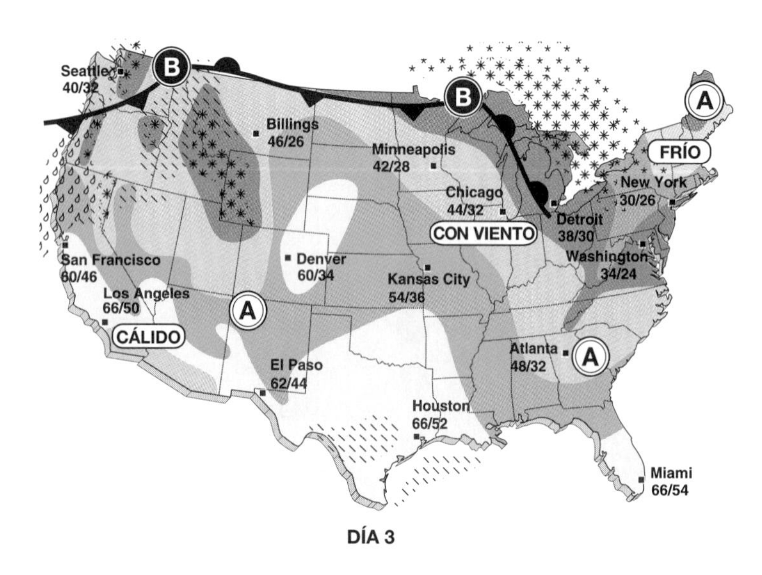

El efecto mariposa

Aun con la tecnología actual, la predicción del tiempo es engañosa. La razón principal es que los patrones meteorológicos no siguen un proceso ordenado, paso a paso.

Un pronóstico del tiempo a seis días se basa en pronósticos para todos los días entre el primero y el último. ¡Un pequeño cambio en el tiempo de hoy puede significar un gran cambio en el tiempo una semana después! Éste es el llamado "efecto mariposa". El nombre se refiere a la opinión de un científico de que incluso el aleteo de una mariposa causa una minúscula alteración en la atmósfera. Este diminuto acontecimiento podría causar una alteración mayor que, a la larga, podría transformarse en un huracán.

Figura 20 Estos mapas meteorológicos muestran una tormenta que se mueve de oeste a este en un periodo de tres días. ***Interpretar diagramas*** *¿Cuáles fueron las temperaturas alta y baja en Chicago el día 2? ¿Y el día 3?*

EXPLORAR los mapas meteorológicos de los diarios

Los mapas meteorológicos de los diarios usan símbolos para mostrar los frentes, las áreas de presión barométrica alta y baja, y la precipitación. Las franjas de color indican temperaturas diferentes.

Las áreas importantes de presión baja se muestran con una B. Las áreas de presión alta se muestran con una A.

Las áreas dentro de un mismo rango de temperaturas se muestran con el mismo color. Por ejemplo, las áreas en verde claro tienen altas temperaturas en los 40.

Los símbolos que se ven como gotas de lluvia o copos de nieve muestran precipitación.

Los triángulos muestran un punto de frente frío en la dirección en que el aire frío se está moviendo. Los semicírculos indicadores de un frente cálido muestran la dirección en que el aire cálido se está moviendo.

Repaso de la sección 4

1. ¿Qué clase de tecnología usan los meteorólogos como ayuda para predecir el tiempo?
2. Menciona por lo menos tres tipos de información que podrías obtener de un mapa meteorológico de tu área.
3. ¿Qué líneas de un mapa meteorológico unen los puntos que tienen la misma temperatura?
4. **Razonamiento crítico Predecir** Si observas que la presión barométrica asciende, ¿qué clase de tiempo viene?

PROYECTO DEL CAPÍTULO 3

Comprueba tu aprendizaje

Después de una semana de predecir el tiempo, estás listo para comparar tus predicciones con el tiempo real que hubo. Luego compara tus predicciones con las de los meteorólogos profesionales. ¿Qué tan precisas fueron las tuyas? ¿Qué tan exactas fueron las predicciones hechas por los meteorólogos profesionales?

Interpretar datos

Leer un mapa meteorológico

En este experimento, interpretarás los datos de un mapa meteorológico para describir las condiciones meteorológicas en varios lugares.

Problema

¿Cómo se interpreta un mapa meteorológico?

Procedimiento

1. Examina los símbolos del mapa meteorológico de abajo. Para más información sobre los símbolos usados en el mapa, ve la Figura 19 en la página 103, y *Explorar los mapas meteorológicos de los diarios*, en la página 105.
2. Observa los diferentes colores en el mapa meteorológico.
3. Busca los símbolos de nieve y lluvia.
4. Localiza los frentes cálidos y fríos.
5. Localiza los símbolos de presión barométrica alta y baja.

Analizar y concluir

1. ¿Qué color representa las temperaturas más altas? ¿Cuál representa las más bajas?
2. ¿Qué ciudad tiene la temperatura más alta? ¿Qué ciudad tiene la más baja?
3. ¿En qué parte del mapa hay lluvia? ¿En qué parte hay nieve?
4. ¿Cuántas clases distintas de frentes se muestran en el mapa?
5. ¿Cuántas áreas de presión baja se muestran en el mapa? ¿Cuántas de presión alta?
6. ¿Qué estación del año representa este mapa? ¿Cómo lo sabes?
7. **Piensa en esto** Los triángulos y semicírculos en las líneas del frente muestran en qué dirección se está moviendo. ¿Qué frente se mueve hacia Minneapolis? ¿Qué clase de tiempo piensas que llevará?

Explorar más

Compara este mapa meteorológico con el que aparece en el reporte de noticias de la televisión. ¿Qué símbolos en estos mapas son similares? ¿Cuáles son diferentes?

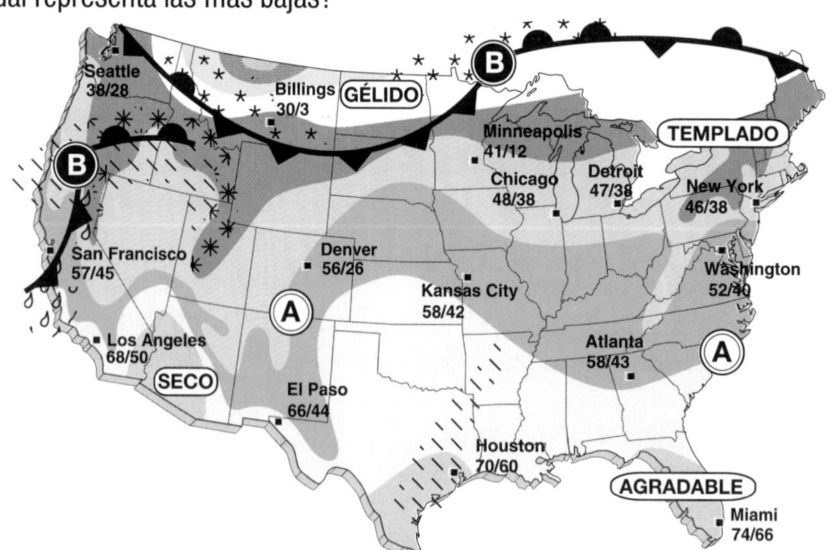

Masas y frentes de aire

Ideas clave

- Cuatro tipos principales de masas de aire influyen en el tiempo en América del Norte: marítimo tropical, continental tropical, marítimo polar y continental polar.
- Cuando las masas de aire chocan, forman cuatro tipos de frentes: fríos, cálidos, estacionarios y ocluidos.
- Los ciclones y el descenso en la presión barométrica se asocian con tormentas y precipitación. Los anticiclones traen alta presión y tiempo seco.

Términos clave

masa de aire, marítimo, ocluido, tropical, continental, ciclón, polar, frente, anticiclón

Tormentas

Ideas clave

- Las tormentas eléctricas y los tornados se forman dentro de los grandes cumulonimbos. Durante las tormentas eléctricas, evita tocar objetos de metal, porque pueden conducir el rayo a tu cuerpo.
- El lugar más seguro para estar durante un tornado es el sótano de un edificio bien construido.
- Un huracán comienza como un área de presión baja sobre aguas cálidas. Si oyes una advertencia de huracán y se te pide evacuar la zona, sal del área inmediatamente.
- La nieve cae cuando el aire húmedo se enfría por debajo de los 0°C. Si te ves atrapado en una tormenta de nieve, trata de encontrar refugio del viento.

Términos clave

tormenta, tornado, marejada de tormenta, rayo, huracán, evacuar

Inundaciones

INTEGRAR LA SALUD Y LA SEGURIDAD

Ideas clave

- Las inundaciones ocurren cuando el agua que de un arroyo o río se desborda y cubre la tierra a los lados del cauce.
- La primer regla de seguridad en caso de inundación: Irse a un terreno alto y mantenerse alejado de la inundación.

Término clave

inundación repentina

Predecir el tiempo

Ideas clave

- Los meteorólogos interpretan la información del tiempo de los observadores del tiempo locales, los instrumentos transportados por globos, los satélites y las estaciones meteorológicas alrededor del mundo.
- Los cambios en la tecnología meteorológica han ocurrido en dos áreas: la recopilación de datos meteorológicos y el uso de computadoras para hacer los pronósticos.
- Los símbolos estándar en los mapas meteorológicos muestran frentes, áreas de alta y baja presión barométrica, tipos de precipitación y temperaturas.

Términos clave

meteorólogo, isobara, El Niño, isoterma

www.science-explorer.phschool.com

CAPÍTULO 3 REPASO

Repaso del contenido

Para repasar los conceptos clave, consulta el Interactive Student Tutorial CD-ROM.

Opción múltiple

Elige la letra que complete mejor cada enunciado.

1. A una masa de aire que se forma sobre un océano se le llama
- **a.** tropical.
- **b.** continental.
- **c.** marítima.
- **d.** polar.

2. El tiempo fresco y despejado es causado habitualmente por un
- **a.** frente cálido.
- **b.** frente frío.
- **c.** frente estacionario.
- **d.** frente ocluido.

3. Los vientos que se mueven en espiral hacia un centro de baja presión forman
- **a.** un anticiclón.
- **b.** un frente.
- **c.** una isobara.
- **d.** un ciclón.

4. Las tormentas tropicales muy grandes con fuertes vientos se llaman
- **a.** huracanes.
- **b.** tornados.
- **c.** tormentas eléctricas.
- **d.** ventiscas.

5. La mayoría de las inundaciones repentinas son causadas por
- **a.** tormentas de granizo.
- **b.** fuerte lluvia.
- **c.** fuertes vientos.
- **d.** nieve que se derrite.

Falso o verdadero

Si el enunciado es verdadero, escribe verdadero. Si es falso, cambia la palabra o palabras subrayadas para hacer verdadero el enunciado.

6. Los veranos en el suroeste son calurosos y secos a causa de las masas de aire marítimo tropical.

7. Un frente frío sobre un área traerá muchos días de tiempo nublado.

8. El tiempo con niebla, lluvioso o húmedo suele seguir al paso de un frente cálido por un área.

9. Los cumulonimbos bajos pueden traer tormentas eléctricas y tornados.

10. En un mapa meteorológico, las isobaras unen los lugares que tienen la misma temperatura.

Revisar los conceptos

11. ¿Cuáles son las características básicas que se usan para describir las masas de aire?

12. Describe cómo afectan los patrones del viento al movimiento de las masas de aire en América del Norte.

13. ¿Cómo se forma un frente frío?

14. Describe tres riesgos asociados con las inundaciones.

15. ¿Cuáles son algunas de las fuentes de información que los meteorólogos usan para predecir el tiempo?

16. Escribir para aprender Imagina que eres un meteorólogo. Tu misión es investigar un huracán volando adentro de éste en un avión grande. Describe tus experiencias en una anotación en diario. Asegúrate de usar palabras descriptivas. ¿Cómo se veía? ¿Sonaba? ¿Se sentía?

Razonamiento gráfico

17. Tabla para comparar y contrastar En una hoja de papel, copia la tabla para comparar y contrastar acerca de huracanes y tornados. Después complétala y ponle un título. (Para más información acerca de las tablas para comparar y contrastar, consulta el Manual de destrezas.)

Tipo de tormenta	Huracán	Tornado
Dónde se forma la tormenta	Sobre aguas cálidas del océano	a. ?
Tamaño de la tormenta	b. ?	Varios cientos de metros
Cuánto tiempo dura la tormenta	Una semana o más	c. ?
Época del año	d. ?	Primavera, principios del verano
Normas de seguridad	Evacuar o ir al interior de un edificio bien construido	e. ?

Aplicar las destrezas

Usa el mapa para responder las Preguntas 18–21.

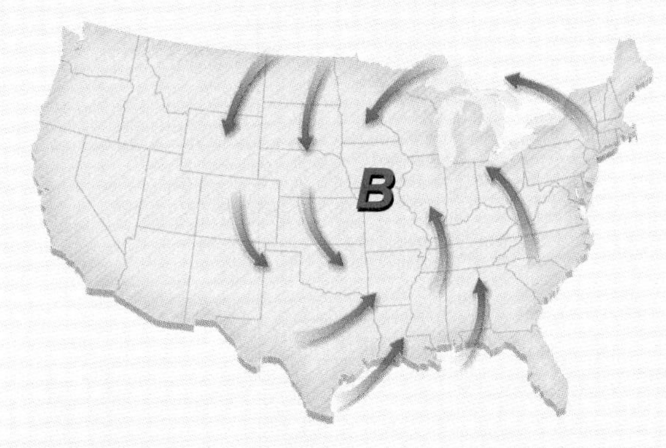

18. **Interpretar mapas** ¿Muestra el mapa un ciclón o un anticiclón? ¿Cómo puedes distinguirlo?
19. **Interpretar datos** ¿Qué muestran las flechas acerca del movimiento de los vientos en este centro de presión? ¿Qué más indica la dirección del viento?
20. **Hacer modelos** Usando este diagrama como ejemplo, dibuja un diagrama similar para ilustrar un área de alta presión barométrica. Indica la dirección del viento en tu diagrama.
21. **Plantear preguntas** Si ves un centro de presión como éste en un mapa meteorológico, ¿qué predicción podrías hacer sobre el tiempo? ¿Qué preguntas necesitarías hacer para lograr una mejor predicción?

Razonamiento crítico

22. **Clasificar** Clasifica de dos maneras los principales tipos de masas de aire que influyen en el tiempo en Estados Unidos: por su temperatura y por el lugar donde se forman.
23. **Aplicar los conceptos** ¿Esperarías que se formen huracanes frente a las costas noreste y noroeste de Estados Unidos? Explica.
24. **Relacionar causa y efecto** ¿Cómo influyen las diferencias en la densidad del aire en el movimiento de los frentes fríos y cálidos?
25. **Formular juicios** ¿Qué crees que sea lo más importante que debe hacer la gente para reducir los peligros de las tormentas?

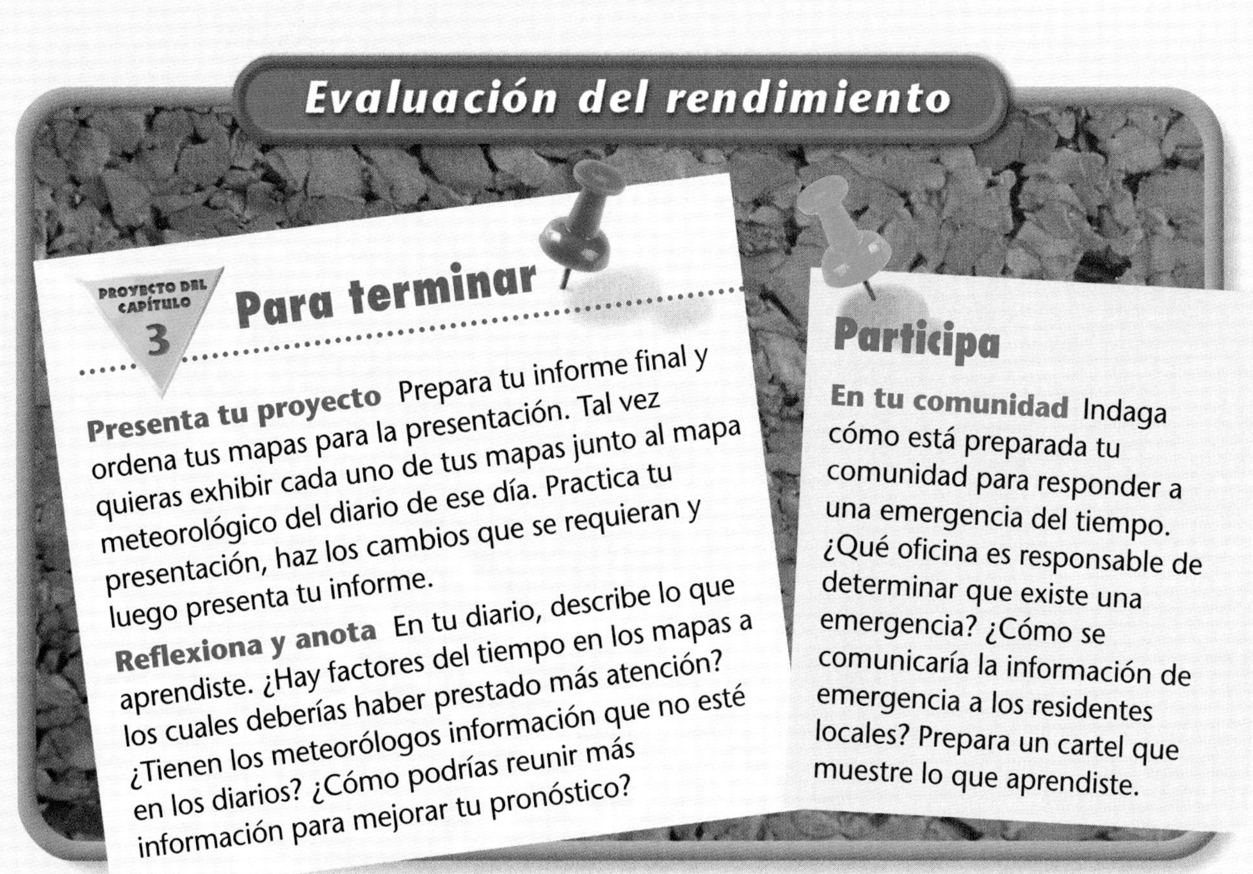

CAPÍTULO 4

Clima y cambio climático

LO QUE ENCONTRARÁS

SECCIÓN 1 ¿Cuáles son las causas del clima?

Descubre ¿Cómo afecta la forma de la Tierra las zonas climáticas?

Laboratorio de destrezas Rayos y ángulos solares

Mejora tus destrezas Inferir

SECCIÓN 2 Regiones climáticas

Descubre ¿Cuáles son los tipos de clima?

Inténtalo Modela un clima húmedo

Mejora tus destrezas Clasificar

Laboratorio real Gráficas de clima fresco

SECCIÓN 3 Cambios en el clima a largo plazo

Descubre ¿Qué dicen los anillos de los árboles?

PROYECTO 4

Investigar los microclimas

La mayor parte del desierto de Mojave es demasiado seca para los árboles. Sólo cactos, arbustos y otras plantas resistentes pueden sobrevivir en la tierra reseca. Aunque si ves palmeras, debe de haber agua en las cercanías.

En el desierto, las palmeras crecen sólo en un área reducida que tiene su propio clima: un microclima. A medida que avances en este capítulo, investigarás los microclimas de tu comunidad.

Tu objetivo Comparar las condiciones meteorológicas de por lo menos tres microclimas.

Para completar este proyecto con éxito, tendrás que:

- hacer una hipótesis de cuánto diferirán entre sí los microclimas de tres áreas diferentes
- recopilar datos en los mismos lugares y el mismo número de veces cada día
- relacionar cada microclima con sus plantas y animales
- seguir los lineamientos de seguridad del Apéndice A

Para empezar Haz una lista de los lugares cercanos que pueden tener diferentes microclimas. ¿En qué se distinguen esos lugares? Toma en cuenta factores como temperatura, precipitación y humedad, así como la dirección y la velocidad del viento. Considera áreas cubiertas de hierba, arenosas, soleadas o sombreadas. Piensa en qué instrumentos necesitarás para hacer tu investigación.

Comprueba tu aprendizaje Trabajarás en este proyecto mientras estudias el capítulo. Para mantener tu proyecto en marcha, revisa los cuadros de Comprueba tu aprendizaje en los puntos siguientes:

Repaso de la Sección 1, página 119: Mide y anota datos meteorológicos.

Repaso de la Sección 3, página 138: Grafica tus datos y busca patrones.

Para terminar Al final del capítulo (página 145), presentarás los datos que reuniste acerca de tus microclimas. Incluye los patrones que hayas observado.

Las palmeras pueden sobrevivir hasta en el desierto si reciben agua suficiente.

Integrar las ciencias del ambiente

Cambios globales en la atmósfera

Descubre **¿Qué es el efecto invernadero?**

Inténtalo **¡Es tu piel!**

¿Cuáles son las causas del clima?

DESCUBRE — ACTIVIDAD

¿Cómo afecta la forma de la Tierra las zonas climáticas?

1. Sobre un globo, pega una tira de papel para caja registradora, del ecuador al polo norte. Divide la tira en tres partes iguales. Rotula como *polos* la sección cercana al polo norte; *ecuador* a la sección cercana a éste, *latitudes medias* a la sección media.
2. Pega con cinta un extremo de un tubo vacío de papel sanitario al final de una linterna. Sostén la linterna a unos 30 cm del ecuador. Enciéndela para que represente el Sol. Pide a un compañero que dibuje sobre la tira de papel el contorno del área sobre la cual brilla la luz.
3. Mueve la linterna ligeramente para iluminar la sección del papel rotulada como "latitudes medias". Mantén horizontal la linterna y a la misma distancia del globo. Nuevamente, pide a un compañero que dibuje el contorno del área sobre la cual da la luz de la linterna.
4. Mueve otra vez la linterna para que ilumine la sección rotulada como "polos". Mantén horizontal la linterna y a la misma distancia del globo. Dibuja el contorno del área sobre la cual da luz.

Reflexiona sobre

Observar ¿Cómo cambia el contorno del área iluminada? ¿Piensas que los rayos solares iluminan uniformemente la Tierra?

GUÍA DE LECTURA

- **¿Qué factores influyen en la temperatura y la precipitación?**
- **¿Qué causa las estaciones?**

Sugerencia de lectura **A medida que leas, usa los encabezados para hacer un esquema de los factores que afectan el clima.**

Si llamas por teléfono a una amiga que vive en otro estado y le preguntas: "¿Cómo está el tiempo por allá hoy?", ella podría responder: "Está gris, fresco y lluvioso. Así suele ser en esta época del año". Tu amiga te habla tanto del tiempo como del clima.

El tiempo son los sucesos diarios. El tiempo puede estar nublado y lluvioso un día, y despejado y soleado al siguiente. El tiempo se refiere a la condición de la atmósfera en un lugar y momento particulares. El **clima**, por otra parte, se refiere al promedio de condiciones de temperatura, precipitación, vientos y nubes en un área año tras año. Así pues, ¿cómo describirías el clima de donde vives?

Dos factores principales —temperatura y precipitación— determinan el clima de una región. Una región climática es un área grande que tienen condiciones de clima similares en toda su extensión. Por ejemplo, el clima del sureste de Estados Unidos es húmedo, con temperaturas moderadas.

Estos osos polares, dos machos y su madre, viven tranquilos en la zona polar.

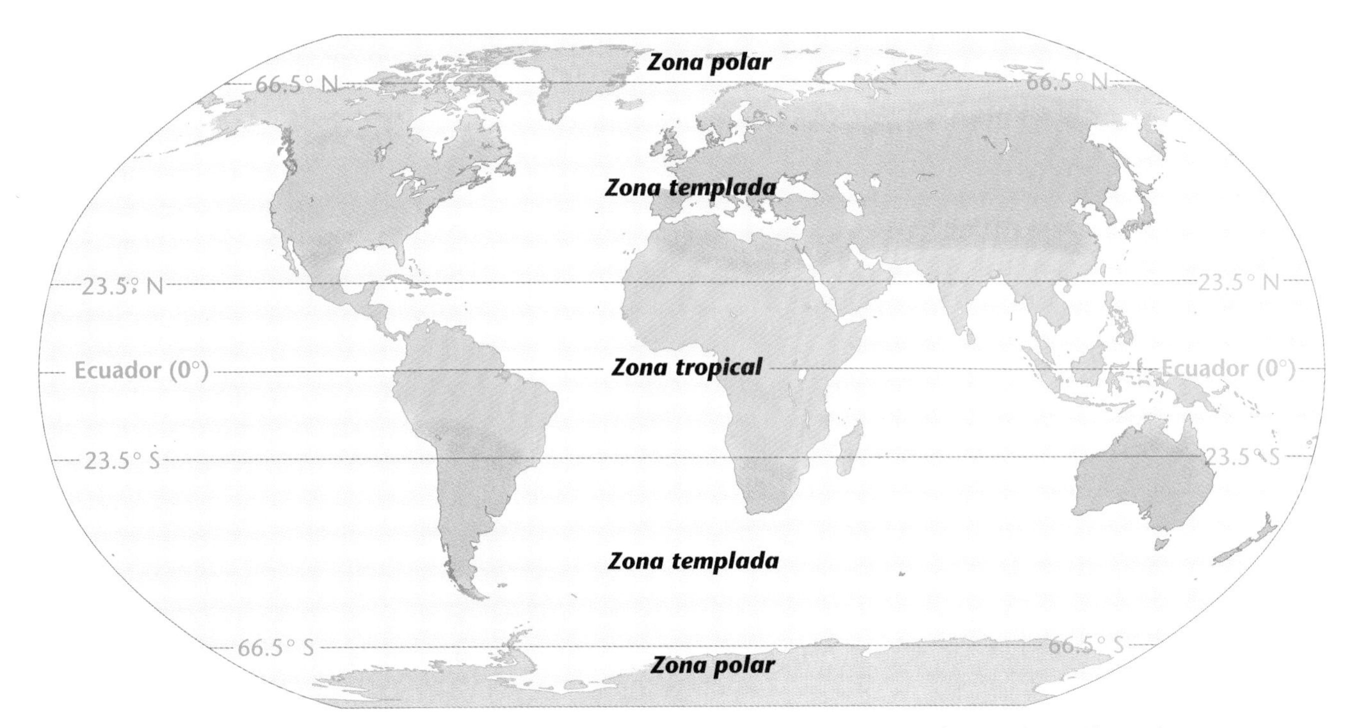

Figura 1 La Tierra tiene tres zonas de temperatura principales. *Interpretar mapas ¿En qué zona de temperatura está situada la mayor parte de Estados Unidos?*

Factores que afectan la temperatura

Los países tropicales, como Panamá, normalmente son calurosos. Los países del norte, como Finlandia, normalmente son fríos. ¿Por qué algunos lugares son cálidos y otros fríos? **Los factores principales que influyen en la temperatura son la latitud, la altitud, la distancia de grandes cuerpos de agua y las corrientes oceánicas.**

Latitud En general, los climas de los lugares más alejados del ecuador son más frescos que los de áreas cercanas a él. ¿Por qué es así? Como viste en la actividad Descubrir, los rayos solares caen de manera más directa en el ecuador. En los polos, la misma cantidad de radiación solar se extiende sobre una gran área, y por ello produce menos calor.

Recuerda que la latitud es la distancia que hay desde el ecuador, medida en grados. Con base en la latitud, la superficie terrestre se divide en las tres zonas de temperatura que se muestran en la Figura 1. La **zona tropical** es el área cercana al ecuador, entre los 23.5° de latitud norte y los 23.5° de latitud sur. La zona tropical recibe la luz solar directa o casi directa todo el año, lo que hace que sus climas sean cálidos.

En cambio, los rayos solares caen siempre en un ángulo menor cerca de los polos. El resultado es que las áreas cercanas a ambos polos tienen climas fríos. Estas **zonas polares** se extienden desde las latitudes 66.5° a 90° norte y 66.5° a 90° sur.

Las **zonas templadas** están entre las zonas tropical y polar —por las latitudes 23.5° a 66.5° norte y 23.5° a 66.5° sur—. En verano, los rayos solares caen más directo en las zonas templadas. En invierno, caen en ángulo menor. Como resultado, el tiempo en las zonas templadas va de tibio a caluroso en verano, y de fresco a frío en invierno.

Figura 2 El monte Kilimanjaro, en Tanzania, África, está cerca del ecuador. *Aplicar los conceptos ¿Por qué hay nieve en la cumbre de la montaña?*

Altitud La cima del monte Kilimanjaro se levanta a gran altura sobre las llanuras africanas. El Kilimanjaro, que se alza a casi seis kilómetros sobre el nivel del mar, está cubierto de nieve todo el año. No obstante, está situado cerca del ecuador, a 3° de latitud sur. ¿Por qué es tan frío el monte Kilimanjaro?

En el caso de las montañas elevadas, la altitud es un factor climático más importante que la latitud. Recuerda del Capítulo 1, que la temperatura de la troposfera disminuye unos 6.5 grados Celsius por cada kilómetro de aumento de altitud. La consecuencia es que las tierras altas en todas partes tienen clima fresco, sin importar cuál sea su latitud. A casi 6 kilómetros, el aire en la cumbre del monte Kilimanjaro está unos 39 grados Celsius más frío que al nivel del mar en la misma latitud.

Distancia de los grandes cuerpos de agua Los océanos y los lagos grandes también pueden afectar las temperaturas. Los océanos moderan, o hacen menos extremas, las temperaturas de la tierra cercana. El agua se calienta más lentamente que la tierra; de igual manera, se enfría más lentamente. Por esta razón, los vientos del océano evitan que las regiones costeras alcancen extremos de calor y de frío. Gran parte de las costas del oeste de América del Norte, América del Sur y Europa tienen **climas marítimos** moderados, con inviernos relativamente tibios y veranos relativamente frescos.

Los centros de América del Norte y Asia están demasiado tierra adentro para ser calentados o refrescados por los océanos. Canadá y Rusia, así como el centro de Estados Unidos, tienen en su mayor parte climas continentales. Los **climas continentales** tienen temperaturas más extremas que los climas marítimos. Los inviernos son fríos y los veranos calurosos.

Corrientes oceánicas Las corrientes oceánicas, flujos de agua dentro de los océanos que se mueven siguiendo patrones regulares, influyen en muchos climas marítimos. En general, las corrientes oceánicas cálidas llevan agua cálida de los trópicos hacia los polos. Las corrientes frías llevan hacia el ecuador agua fría de las zonas polares. La superficie del agua calienta o refresca el aire sobre ella. El aire, caliente o fresco, se mueve entonces sobre la tierra vecina. De este modo, una corriente cálida lleva aire cálido a la tierra que toca. Una corriente fría lleva aire fresco.

A medida que leas sobre las corrientes que se describen a continuación, traza sus rutas en el mapa de la Figura 3. La corriente de agua cálida más conocida es la corriente del Golfo. Se inicia en el Golfo de México, luego fluye al norte a lo largo de la costa este de Estados Unidos. Cuando cruza el Atlántico Norte se convierte en la deriva del Atlántico Norte. Esta corriente cálida provoca un clima moderado y húmedo en Irlanda y el sur de Inglaterra, a pesar de sus latitudes relativamente altas.

En contraste con esto, la corriente de California fluye desde Alaska hacia el sur por la costa oeste. La corriente de California hace que los climas de los lugares a lo largo de la costa oeste sean más frescos de lo que esperarías en esas latitudes.

☑ **Punto clave** *¿Qué efecto tienen los océanos en las temperaturas de las áreas de tierra cercanas?*

Inferir ACTIVIDAD

Mira las corrientes en los océanos Pacífico Sur, Atlántico Sur e Índico. ¿Qué patrones observas? Compara ahora las corrientes en el Atlántico Sur con las del Atlántico Norte. ¿Cuál podría ser la causa de las diferencias en los patrones de las corrientes?

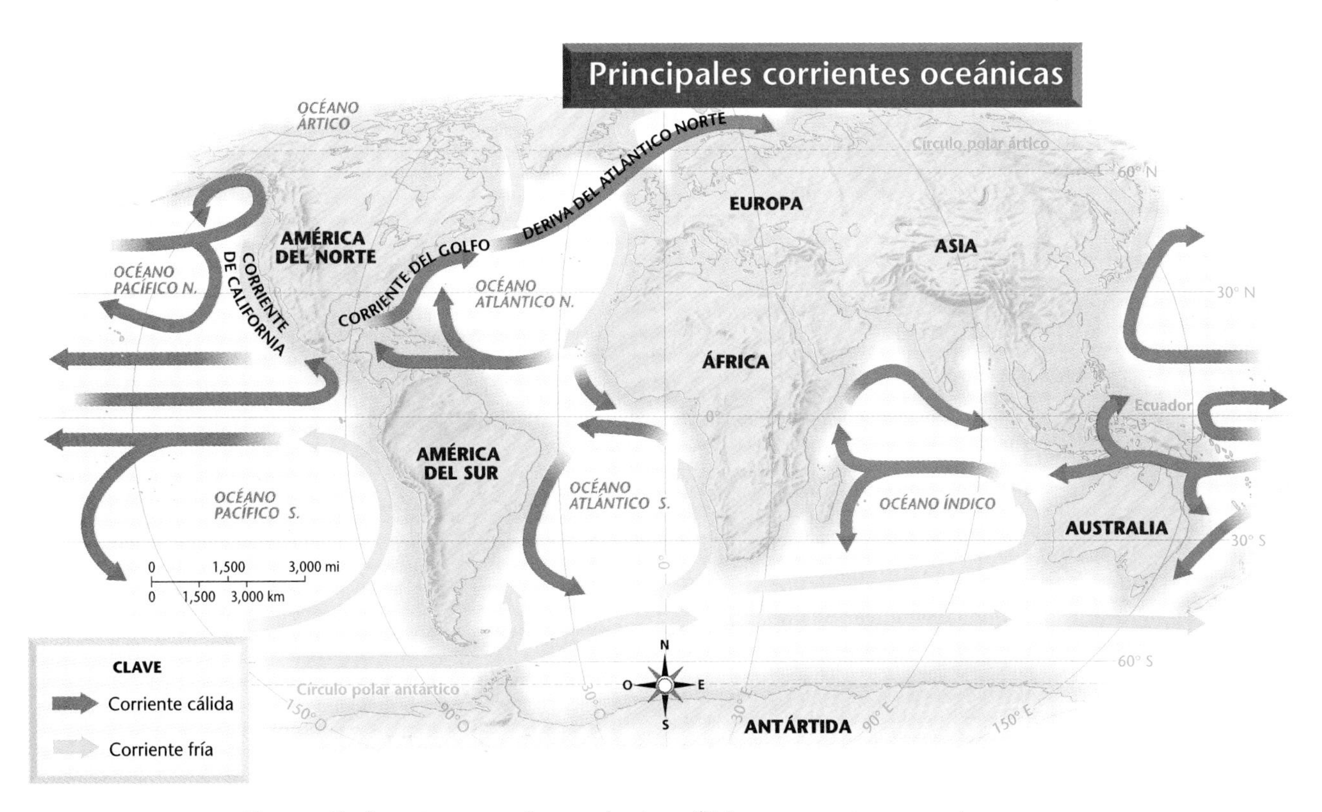

Figura 3 En este mapa, las corrientes cálidas se muestran en rojo y las frías en azul.

Factores que afectan la precipitación

La cantidad de lluvia y nieve que cae en un área cada año determina qué tan húmedo o seco es su clima. ¿Pero qué es lo que determina cuánta precipitación recibe un área? **Los factores que afectan la precipitación son los vientos predominantes y la presencia de montañas.**

Vientos predominantes Como sabes, los patrones meteorológicos dependen del movimiento de enormes masas de aire. Éstas se mueven de un lugar a otro por los vientos predominantes, vientos direccionales que soplan habitualmente en una región. Las masas de aire pueden ser calientes o frías, secas o húmedas. La cantidad de vapor de agua en la masa de aire influye en la cantidad de lluvia o nieve que caerá.

El aire caliente puede llevar más vapor de agua que el aire frío. Cuando el aire caliente se eleva y se enfría, el agua sale del aire como precipitación. Por ejemplo, el aire de la superficie cerca del ecuador es caliente y húmedo en general. Al subir y enfriarse, caen lluvias intensas, nutriendo a los espesos bosques tropicales. En cambio, el aire frío que desciende suele ser seco. Cuanto más cálido es el aire al descender, más vapor de agua puede retener. El vapor de agua se queda en el aire y cae muy poca o nada de lluvia. El resultado puede ser un desierto.

La cantidad de vapor de agua en los vientos predominantes depende también de dónde viene el viento. Los vientos que soplan tierra adentro procedentes de los océanos, acarrean más vapor de agua que los procedentes de tierra. Por ejemplo, el Sahara está cerca tanto del océano Atlántico como del mar Mediterráneo. Sin embargo, el Sahara es muy seco. Esto se debe a que muy pocos vientos soplan del océano hacia esta área. En lugar de esto, los vientos predominantes son los secos alisios del noreste. El origen de estos vientos es el aire frío que desciende del suroeste de Asia.

Figura 4 Los vientos predominantes que soplan a través del Sahara comienzan tierra adentro. Puesto que el aire es seco, el Sahara recibe muy poca lluvia.

Cadenas de montañas Una cadena de montañas en el curso de los vientos predominantes puede influir también en cuanto al lugar donde cae la precipitación. Como sabes, cuando los vientos húmedos soplan del océano hacia las montañas costeras, se ven forzados a ascender para pasar sobre esas alturas. El aire caliente se enfría y su vapor de agua se condensa, formando nubes. La lluvia o la nieve cae en la ladera de **barlovento** de las montañas, que es el lado donde da el viento.

Para cuando el aire llega al otro lado de las montañas, ha perdido mucho de su vapor de agua, así que está frío y seco. La tierra de la ladera de **sotavento** de las montañas, a favor del viento, está en zona de poca lluvia.

Owens Valley, en California, que se muestra en la Figura 5, está en la zona de poca lluvia de la Sierra Nevada, a unos 80 kilómetros al oeste de Death Valley. Los vientos húmedos soplan del océano Pacífico al este. En la fotografía, puedes ver que el aire húmedo ha dejado nieve en lo alto de las montañas. Luego el aire corrió por la ladera de sotavento de las montañas. Al bajar, el aire se hizo más cálido. El aire seco y caliente en la ladera este de la Sierra Nevada, formó el desierto en Owens Valley.

☑ *Punto clave* *¿Por qué la precipitación cae principalmente en las laderas de barlovento de las montañas?*

Figura 5 La Sierra Nevada corre a través del este de California, paralela a la costa del Pacífico. *Inferir Owens Valley ¿está en la ladera de barlovento o la de sotavento de las montañas?*

Microclimas

¿Has notado alguna vez que el aire es más fresco y húmedo en un bosquecillo que a campo abierto? ¿Los mismos factores que afectan a las grandes regiones climáticas afectan también a las más pequeñas? Un área pequeña con condiciones climáticas específicas puede tener su propio **microclima.** Las montañas, los lagos, los bosques y otras formaciones naturales tierra adentro pueden influir en el clima cercano, dando por resultado un microclima.

Puedes hallar un microclima en el área céntrica de una ciudad con altos edificios, o en una airosa península. Hasta un pequeño parque, si habitualmente es más soleado o le da más el viento que las áreas cercanas, puede tener su propio microclima. La hierba de un prado puede estar cubierta de rocío y producir condiciones como las de un bosque tropical, mientras que el pavimento del estacionamiento está seco, como un desierto. De manera similar, la ladera húmeda de barlovento y la seca de sotavento de una montaña pueden considerarse microclimas.

Herramientas MATEMÁTICAS

Ángulos

La luz solar cae en la superficie de la Tierra en diferentes ángulos. Un ángulo se forma por dos líneas que se encuentran en un punto. Los ángulos se miden en grados. Un círculo completo tiene 360 grados.

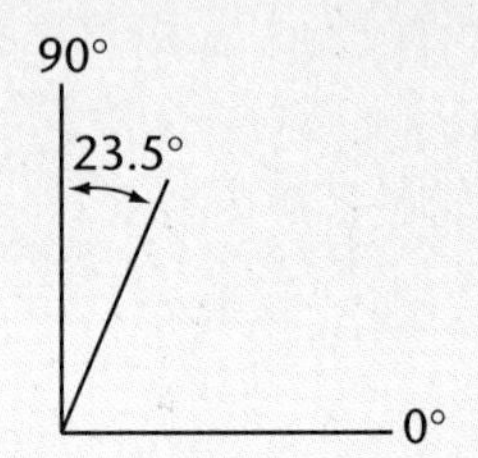

Cuando el Sol está directamente encima, cerca del ecuador, está en un ángulo de 90° con respecto a la superficie de la Tierra. Al ángulo de 90° se le llama ángulo recto. Es la cuarta parte de un círculo.

Cuando el Sol está cerca del horizonte, está en un ángulo cercano a los 0° respecto de la superficie de la Tierra.

El eje de la Tierra tiene una inclinación angular de 23.5°. ¿Aproximadamente qué fracción de un ángulo recto es esto?

Las estaciones

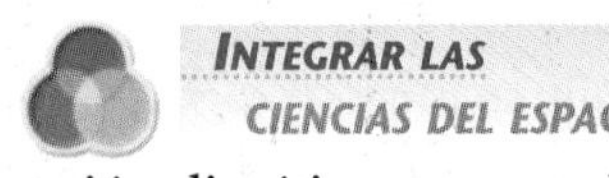

Aun cuando puedes describir las condiciones meteorológicas promedio de una región climática, estas condiciones no son constantes todo el año. De hecho, la mayoría de los lugares en la Tierra fuera de los trópicos tienen cuatro estaciones: invierno, primavera, verano y otoño.

Podrías pensar que la Tierra se acerca más al Sol durante el verano y se aleja durante el invierno. Si esto fuera así, todos los lugares de la Tierra tendrían el verano al mismo tiempo. En realidad, cuando es verano en el hemisferio norte es invierno en el hemisferio sur. Así que las estaciones *no* son resultado de cambios en la distancia entre la Tierra y el Sol.

Inclinación del eje En *Explorar las estaciones,* en la página 119, muestra qué tan inclinado está el eje terrestre en relación con el Sol. **La inclinación del eje de la Tierra en el viaje de ésta alrededor del Sol, es la causa de las estaciones.** El eje es una línea imaginaria que atraviesa la Tierra por ambos polos. La Tierra gira, o hace una rotación, alrededor de este eje una vez cada día. El eje de la Tierra no es una línea recta de arriba abajo, sino está inclinado en un ángulo de 23.5°. El eje siempre apunta en la misma dirección, hacia la estrella Polar. Al girar la Tierra alrededor del Sol, el extremo norte del eje apunta en dirección al Sol parte del año, y en dirección opuesta otra parte del año.

Invierno o verano Mira *Explorar las estaciones* en la página siguiente. ¿En qué dirección se inclina el extremo norte del eje terrestre en junio? Nota que el hemisferio norte recibe más directo los rayos del Sol. Asimismo, los días de junio en el hemisferio norte son más largos que las noches. La combinación de rayos más directos y días más largos hace más caliente la superficie de la Tierra en el hemisferio norte que en cualquier otra época del año. Es verano.

En junio, cuando el extremo norte del eje de la Tierra se inclina hacia el Sol, el extremo sur se inclina en dirección contraria. El hemisferio sur recibe menos directo los rayos del Sol. Los días son más cortos que las noches. Como resultado, es invierno en el hemisferio sur.

Mira ahora la situación en diciembre, seis meses después. ¿En qué dirección se inclina ahora el extremo norte del eje? El hemisferio norte recibe menos directo los rayos del Sol y tiene días más cortos. Es invierno en el hemisferio norte y verano en el hemisferio sur.

Dos veces al año, en marzo y septiembre, ningún extremo del eje de la Tierra se inclina hacia el Sol. En ambas temporadas, en un hemisferio es primavera mientras que en el otro es otoño.

EXPLORAR *las estaciones*

Las estaciones son resultado de la inclinación del eje de la Tierra. Las estaciones cambian, así como la cantidad de energía que cada hemisferio recibe de los rayos del Sol.

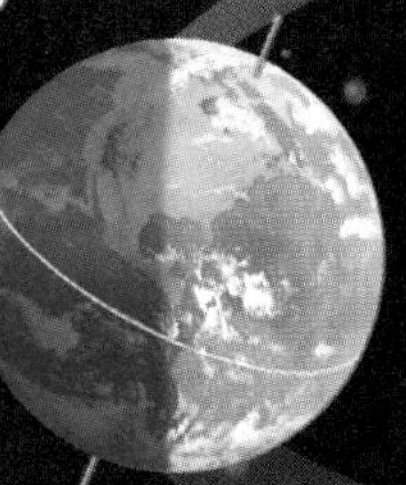

Diciembre
El extremo sur del eje de la Tierra está inclinado hacia el Sol. El hemisferio sur recibe más energía del Sol. Es verano en el hemisferio sur e invierno en el hemisferio norte.

Junio
A medida que el extremo norte del eje de la Tierra se inclina hacia el Sol, el hemisferio norte recibe más energía. Es verano en el hemisferio norte e invierno en el hemisferio sur.

Marzo y septiembre
Ninguno de los extremos del eje está inclinado hacia el Sol. Ambos hemisferios reciben la misma cantidad de energía.

Repaso de la sección 1

1. Menciona los cuatro factores principales que influyen en la temperatura de un área.
2. ¿En qué forma afectan los vientos dominantes la cantidad de precipitación que recibe un área?
3. ¿En qué ladera de las montañas, sotavento o barlovento, cae la precipitación?
4. ¿De qué manera la inclinación del eje de la Tierra causa las estaciones?
5. **Razonamiento crítico Desarrollar hipótesis** ¿Qué diferencia de climas habría en la Tierra si no estuviera inclinada sobre su eje?

PROYECTO DEL CAPÍTULO 4

Comprueba tu aprendizaje

¿Ya elegiste tus sitios de estudio de microclimas? Si tus sitios están en propiedad privada, pide permiso. Lleva un cuaderno para anotar tus datos. ¿Qué diferencias de condiciones crees que haya en estos sitios? Escribe tus hipótesis. Ahora ya estás preparado para medir las condiciones meteorológicas diarias de tus microclimas. (*Sugerencia*: Haz tus mediciones a la misma hora cada día.)

Laboratorio de destrezas

Controlar variables

Rayos y ángulos solares

En este experimento, investigarás cómo el ángulo de los rayos solares afecta la cantidad de energía absorbida por diferentes partes de la superficie de la Tierra.

Problema

¿Cómo afecta el ángulo de una fuente de luz la variación de temperatura de una superficie?

Materiales

libros
papel milimétrico
lápiz
tijeras
regla
cinta adhesiva transparente
reloj o cronómetro
3 termómetros
transportador
lámpara incandescente de 100 W
cartulina negra

Procedimiento 

1. Corta una tira de cartulina de 5 cm por 10 cm. Dóblala a la mitad y pega dos lados con cinta para formar una bolsita.
2. Repite el paso 1 para hacer otras dos bolsitas.
3. Coloca un bulbo de termómetro dentro de cada bolsita.
4. Pon las bolsas con los termómetros juntas, como se muestra en la foto. Pon un termómetro en posición vertical (ángulo de 90°), otro en ángulo de 45° y el tercero en posición horizontal (ángulo de 0°). Usa el transportador para medir los ángulos. Fija la posición de los termómetros con libros.
5. Coloca la lámpara de modo que esté a 30 cm de cada uno de los bulbos de los termómetros. Asegúrate de que la lámpara no se mueva durante la actividad.
6. Copia una tabla de datos como la de abajo en tu cuaderno de notas.
7. En tu tabla de datos, anota la temperatura en los tres termómetros. (Las tres temperaturas deben ser iguales.)
8. Enciende la lámpara. En tu tabla de datos, anota la temperatura de cada termómetro cada minuto durante 15 minutos. **PRECAUCIÓN:** *Procura no tocar la pantalla caliente de la lámpara.*
9. Después de 15 minutos, apaga la lámpara.

Analizar y concluir

1. En este experimento, ¿cuál fue la variable manipulada? ¿Cuál fue la variable de respuesta? ¿Cómo sabes cuál es cuál?
2. Grafica tus datos. Rotula el eje horizontal y el vertical de tu gráfica como se aprecia en la gráfica de muestra. Usa líneas continuas, de guiones y punteadas para mostrar los resultados de cada termómetro, como se indica en la clave.
3. Con base en tus datos, ¿en qué ángulo ascendió más la temperatura?
4. ¿En qué ángulo ascendió menos la temperatura?

TABLA DE DATOS

	Temperatura (°C)		
Tiempo (min.)	Ángulo de 0°	Ángulo de 45°	Ángulo de 90°
Comienzo			
1			
2			
3			
4			
5			

5. ¿Qué parte de la superficie de la Tierra representa cada termómetro?
6. ¿Por qué el aire en el polo norte está todavía muy frío en verano, aun cuando el hemisferio norte está inclinado hacia el sol?
7. **Piensa en esto** En este experimento, ¿qué variables se mantuvieron constantes?

Crear un experimento

Diseña un experimento para ver cómo cambiarían los resultados si la lámpara se colocara más lejos de los termómetros. Luego haz otro experimento para ver qué sucedería si la lámpara se pusiera más cerca de los termómetros.

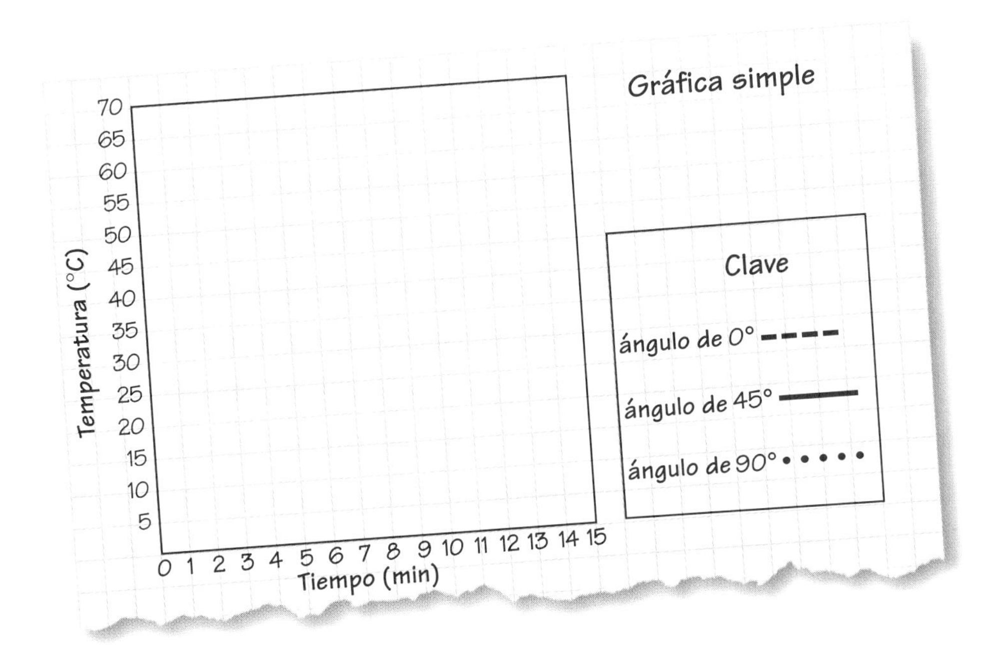

SECCIÓN 2 Regiones climáticas

DESCUBRE ACTIVIDAD

¿Cuáles son los tipos de clima?

1. Reúne fotos de revistas y diarios de diversas áreas de tierra en todo el mundo.
2. Ordena las fotos por categorías, de acuerdo con características meteorológicas comunes.

Reflexiona sobre

Formular definiciones operativas Elige varias palabras que describan el tiempo característico para cada una de tus categorías. ¿Qué palabras usarías para describir el tiempo característico del lugar donde vives?

GUÍA DE LECTURA

- ¿Qué factores se usan para definir los climas?
- ¿Cuáles son las cinco regiones climáticas principales?

Sugerencia de lectura Antes de leer, mira *Explorar las regiones climáticas.* Haz una lista de preguntas que tengas sobre regiones climáticas.

Cuando los colonizadores españoles llegaron a California en el siglo XVIII, trajeron con ellos plantas de su lugar de origen. Los padres, o sacerdotes, que establecieron las misiones plantaron viñedos y huertos. Descubrieron que las uvas, los higos y las aceitunas crecían tan bien en California como en España. ¿Qué tienen España y California en común? Tienen climas similares.

Clasificación de los climas

Los padres españoles hallaron un clima familiar. Supón que viajas de tu país a un sitio donde el tiempo, la luz del Sol y hasta las plantas y los árboles fueran muy diferentes de aquéllos a los que estás acostumbrado. ¿Sabrías la causa de esas diferencias?

Los científicos clasifican los climas de acuerdo con dos factores principales: temperatura y precipitación. Usan un sistema ideado alrededor del año 1900 por Wladimir Köppen. Este sistema identifica amplias regiones climáticas, cada una de las cuales tiene subdivisiones más pequeñas.

Hay cinco regiones climáticas principales: tropical lluviosa, seca, marítima templada, continental templada y polar. Observa que sólo hay una categoría de climas secos, ya sean calurosos o fríos. Estas regiones climáticas se muestran en *Explorar las regiones climáticas,* en las páginas 124–125.

◀ Olivos

En *Explorar las regiones climáticas* se presenta un sexto tipo de clima: el de tierras altas. Recuerda que las temperaturas son más frescas en las cimas de las montañas que en las áreas circundantes. Así que un clima de tierras altas tiene lugar en cualquiera de las otras zonas.

Los mapas muestran límites entre las regiones climáticas. En el mundo real, desde luego, no hay límites que indiquen dónde termina una región climática y dónde comienza otra. Cada región se mezcla gradualmente con la siguiente.

☑ *Punto clave* *¿Cuáles son las cinco regiones climáticas principales?*

Los climas tropicales lluviosos

Los trópicos tienen dos tipos de climas lluviosos: el tropical húmedo y el tropical húmedo y seco. Sigue con tu dedo el ecuador en *Explorar las regiones climáticas*. Los climas tropicales húmedos se presentan en las tierras bajas cercanas al ecuador. Si miras al norte y al sur de los climas tropicales húmedos en el mapa, puedes ver dos bandas de climas tropicales húmedos y secos.

Tropical húmedo En áreas con clima tropical húmedo, hay muchos días de lluvia, con tormentas eléctricas por la tarde. Con calor y lluvias abundantes todo el año, la vegetación crece exuberante y verde. En estos climas crecen densos bosques tropicales. Los **bosques tropicales** son aquellos con lluvia abundante todo el año. Los árboles altos, como la teca y la caoba, forman la capa superior o bóveda, mientras arbustos y enredaderas más pequeñas crecen cerca del suelo. También hay muchos animales, entre los que se incluyen los coloridos loros y tucanes, murciélagos, insectos, ranas y serpientes.

En Estados Unidos, sólo las laderas de barlovento de las islas hawaianas tienen clima tropical húmedo. La lluvia es muy abundante: más de 10 metros por año en la zona de barlovento de la isla hawaiana de Kauai. Los bosques tropicales de Hawai tienen gran variedad de plantas, entre las que se cuentan los helechos, las orquídeas y muchos tipos de enredaderas y árboles.

Figura 6 Exuberantes bosques tropicales crecen en el clima tropical húmedo. ***Relacionar causa y efecto*** *¿Qué factores climáticos favorecen este crecimiento?*

EXPLORAR *las regiones climáticas*

Las regiones climáticas se clasifican de acuerdo con una combinación de temperatura y precipitación. En las regiones de tierras altas, los climas cambian rápidamente, conforme cambia la altitud.

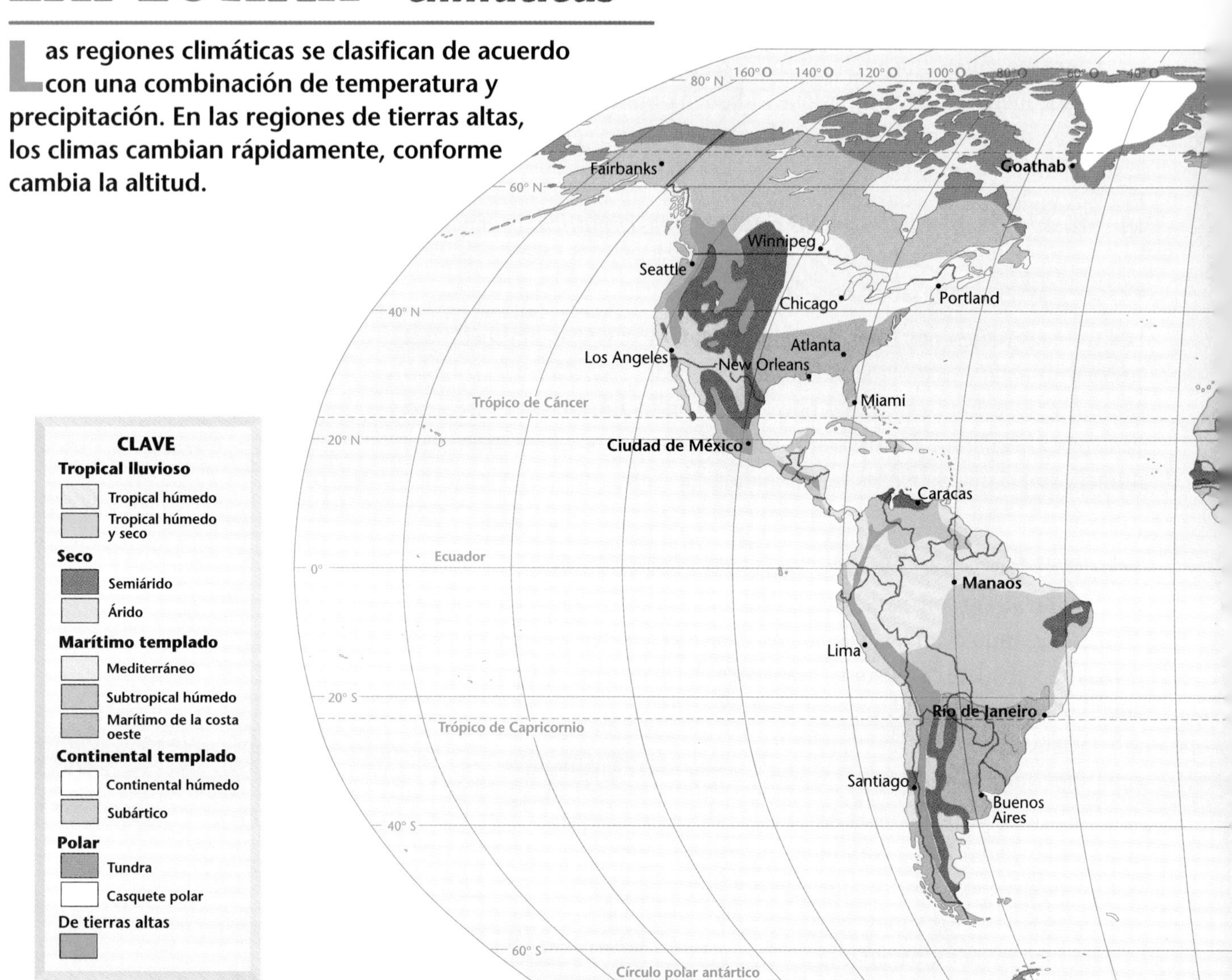

Tropical lluvioso
Temperatura siempre en los 18°C o superior.

Tropical húmedo *Siempre caluroso y húmedo, con abundante lluvia (por lo menos 6 centímetros al mes) todo el año.*

Tropical húmedo y seco *Siempre caluroso, con estaciones alternativamente húmedas y secas; lluvia abundante en la estación húmeda.*

Seco
Se produce siempre que la evaporación potencial es mayor que la precipitación. Puede ser caluroso o frío.

Árido *Desierto, con poca precipitación, por lo común con menos de 25 centímetros al año.*

Semiárido *Seco, pero recibe de 25 a 50 centímetros de precipitación al año.*

Marítimo templado
Temperatura promedio de 10°C o superior en el mes más cálido y de entre –3°C y 18°C en el mes más frío.

Mediterráneo *Veranos cálidos y secos e inviernos lluviosos.*

Subtropical húmedo *Veranos cálidos e inviernos fríos.*

Marítimo de la costa oeste *Inviernos moderados y veranos frescos, con precipitación moderada todo el año.*

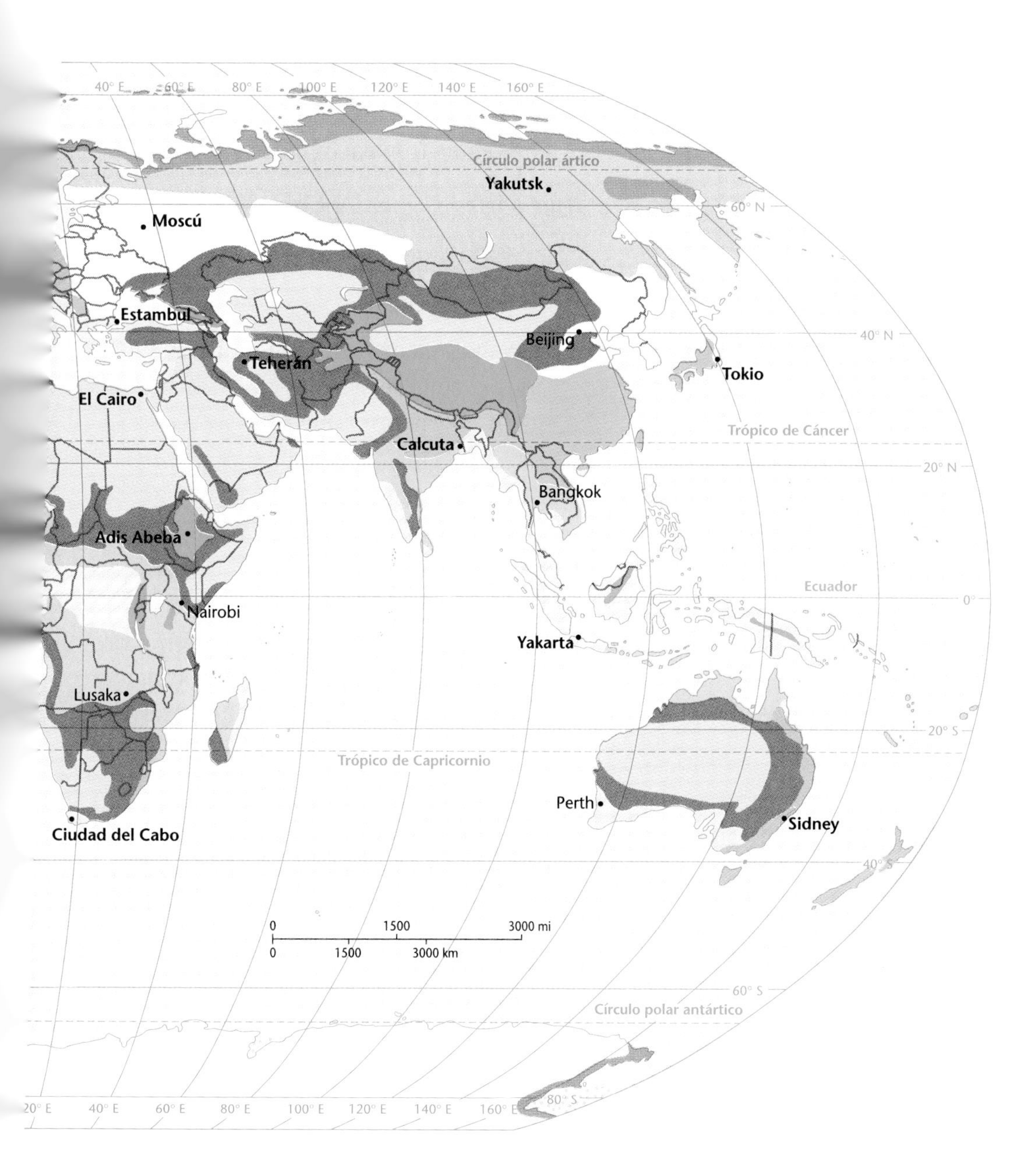

Continental templado
Temperatura promedio de 10°C o superior en el mes más cálido y de –3°C o inferior en el mes más frío.

Continental húmedo *Veranos calurosos y húmedos, e inviernos fríos, con precipitación moderada todo el año.*

Subártico *Veranos cortos y frescos e inviernos largos y fríos. Precipitación ligera, principalmente en verano.*

Polar
Temperatura promedio inferior a los 10°C en el mes más cálido.

Tundra *Siempre frío con un verano corto y fresco: la temperatura más cálida es alrededor de 10°C.*

Casquete polar *Siempre frío, con temperatura promedio de 0°C o inferior.*

De tierras altas
En general más fresco y húmedo que las tierras bajas cercanas; la temperatura disminuye con la altitud.

Figura 7 Una jirafa reticulada mira los pastizales y arbustos de la sabana africana. Las sabanas se encuentran en los climas tropicales húmedos y secos.

Tropical húmedo y seco Los climas tropicales húmedos y secos reciben un poco menos de lluvia que los tropicales y tienen diferenciadas sus estaciones de sequía y de lluvia. En lugar de bosques tropicales hay pastizales tropicales, llamados **sabanas.** Hay arboledas dispersas que pueden sobrevivir a la sequía entre toscos pastizales. Sólo una pequeña parte de Estados Unidos —la punta sur de Florida— tiene clima tropical húmedo y seco.

☑ ***Punto clave*** *¿Qué partes de Estados Unidos tienen clima tropical lluvioso?*

Climas secos

Un clima es "seco" si su precipitación es menor que la cantidad de agua que podría evaporar. Debido a que el agua se evapora más lentamente en tiempo fresco, un lugar fresco con poca lluvia puede no ser tan seco como un lugar más caliente que reciba la misma cantidad de lluvia.

Mira *Explorar las regiones climáticas*. ¿Qué parte de Estados Unidos es seca? ¿Por qué es tan escasa la precipitación en esta región? Dichas regiones suelen estar tierra adentro, lejos de los océanos que son el origen de las masas de aire húmedo. Además, gran parte de la región está en la zona de lluvia de la Sierra Nevada y las Montañas Rocosas, al oeste. Las masas de aire húmedo del océano Pacífico pierden gran parte de su agua al pasar por las montañas. Poca lluvia o nieve llega a las regiones secas.

Árido La palabra *desierto* puede hacerte pensar en el calor abrasador y en dunas de arena. Algunos desiertos son calientes y arenosos, pero otros son fríos y pedregosos. En promedio, las regiones áridas o **desiertos** reciben menos de 25 centímetros de lluvia por año. Algunos años puede no llover siquiera. Sólo plantas singulares, como el cacto y la yuca, sobreviven en la sequedad del desierto y en su calor y frío extremosos. En Estados Unidos, hay climas áridos en partes de California, la Gran Cuenca y el suroeste.

Semiárido Localiza las regiones semiáridas en *Explorar las regiones climáticas*. Como puedes ver, las grandes áreas semiáridas suelen localizarse en los bordes de los desiertos. Una estepa es seca, pero recibe

Figura 8 El cultivo de trigo de tierra seca es común en la región de estepas de las Grandes Llanuras. ***Comparar y contrastar*** *¿En qué se parecen las estepas a la sabana, como la que se muestra en la Figura 7? ¿En qué son diferentes?*

la lluvia suficiente para que crezcan pastos y arbustos. Por esta razón, a la **estepa** puede llamársele también pradera o pastizal.

Las Grandes Llanuras son la región esteparia de Estados Unidos. Muchas clases de pastizales y flores silvestres crecen en ella, junto con bosques dispersos. El ganado es parte importante de la economía de las Grandes Llanuras. Vacas, ovejas y cabras se alimentan en los pastos bajos de la región. Los cultivos de las granjas incluyen granos, como el trigo y la avena y el girasol.

Climas marítimos templados

Mira en *Explorar las regiones climáticas*, a lo largo de las costas de los continentes, en las zonas templadas. Encontrarás la tercera región climática principal. Hay tres clases de climas marítimos templados. Por la influencia moderadora de los océanos, las tres son húmedas y tienen inviernos moderados.

Marítimo de la costa oeste Los climas marítimos templados más frescos están en las costas oeste de los continentes, al norte de los 40° de latitud norte y al sur de los 40° de latitud sur. El aire húmedo del océano causa veranos frescos y lluviosos e inviernos moderados y lluviosos.

En América del Norte, el clima marítimo de la costa oeste se extiende del norte de California al sur de Alaska. Mientras que en la zona del Pacífico Noroeste de Estados Unidos, el aire húmedo del océano se eleva al chocar contra las laderas occidentales de las Cadenas Montañosas Costeras. Al enfriarse el aire, lluvias abundantes o nieve caen sobre las laderas occidentales.

Por la intensa precipitación, espesos bosques con especies altas crecen en esta región, entre las que se cuentan las coníferas, como el abeto de Sitka, el pino de Oregon, los cedros y el cedro rojo del oeste. Una de las principales industrias de esta región es la tala y procesamiento de la madera para la obtención de leña y papel, y para la fabricación de muebles.

INTÉNTALO

Modela un clima húmedo

ACTIVIDAD

Puedes crear humedad de la siguiente manera.

1. Pon la misma cantidad de agua en dos recipientes de plástico pequeños.
2. Coloca sobre cada recipiente un pedazo de papel de plástico transparente. Fija el papel con una liga.
3. Pon un recipiente en el alféizar asoleado de una ventana o cerca de un radiador. Pon el otro recipiente en un lugar fresco.
4. Espera un día y luego mira ambos recipientes. ¿Qué ves en la envoltura de plástico de cada recipiente?

Inferir ¿En qué clima esperarías encontrar más vapor de agua en el aire, en uno cálido o en uno fresco? ¿Por qué? Explica tus resultados en términos de energía solar.

Figura 9 Seattle, Washington, está en la región de clima marítimo de la costa oeste. Aquí los veranos son frescos y lluviosos, y los inviernos son húmedos y moderados.

Figura 10 **A.** Gran parte de Italia tiene un clima mediterráneo, con veranos cálidos y secos e inviernos frescos y lluviosos. **B.** El arroz es un cultivo de alimento importante en lugares de clima subtropical húmedo, como en partes de China. ***Comparar y contrastar*** *¿En qué se parecen el clima mediterráneo y el subtropical húmedo? ¿En qué son diferentes?*

Mediterráneo Un clima costero que es más seco y cálido que el marítimo de la costa oeste se conoce como mediterráneo. Busca los climas mediterráneos en *Explorar las regiones climáticas*. En Estados Unidos, la costa sur de California tiene clima mediterráneo. Este clima es moderado con dos estaciones. En invierno, las masas de aire marítimo traen tiempo fresco y lluvioso. Los veranos son algo más cálidos, con poca lluvia.

Los climas mediterráneos tienen dos tipos principales de vegetación. Uno se compone de árboles pequeños y espesos matorrales, llamados chaparrales. El otro tipo de vegetación comprende pastizales y algunos robles.

La agricultura es parte importante de la economía en la región de clima mediterráneo de California. Algunos cultivos, entre los que se cuentan las aceitunas y uvas, fueron introducidos originalmente por los colonizadores españoles. Con ayuda de la irrigación, los granjeros obtienen ahora muchos cultivos diferentes, que incluyen arroz, naranjas y muchas verduras, frutas y nueces.

Subtropical húmedo Los climas templados marítimos más cálidos están en los bordes de los trópicos. Los climas **subtropicales húmedos** son lluviosos y cálidos, pero no tan constantemente calientes como los trópicos. Localiza los climas subtropicales húmedos en *Explorar las regiones climáticas*.

El sureste de Estados Unidos tiene un clima subtropical húmedo. Los veranos son calurosos, con mucho más lluvia que en invierno. Las masas de aire marítimo tropical se mueven tierra adentro, trayendo condiciones meteorológicas tropicales, lo que incluye tormentas eléctricas y huracanes ocasionales, a ciudades sureñas como Houston, New Orleans y Atlanta. Los inviernos son de frescos a templados, con más lluvia que nieve. Sin embargo, las masas de aire polar que vienen del norte pueden traer temperaturas congelantes y fuertes heladas.

Bosques mixtos de robles, fresnos, nogales americanos y pinos crecen en la región subtropical húmeda de Estados Unidos. El algodón fue alguna vez el cultivo más importante de esta región. Otros cultivos, que incluyen naranjas, uvas, duraznos, cacahuates, caña de azúcar y arroz, son ahora más importantes para la economía.

☑ ***Punto clave*** *¿Cuál es la diferencia principal entre el clima subtropical húmedo y el tropical?*

Climas continentales templados

Los climas continentales templados se encuentran en los continentes del hemisferio norte. Como en ellos no influyen mucho los océanos, los climas continentales templados tienen temperaturas extremosas. ¿Por qué estos climas se producen sólo en el hemisferio norte? Porque las zonas más allá de los 40° de latitud sur no están lo bastante lejos de los océanos para que se formen masas de aire seco continental.

Continental húmedo El desplazamiento de masas de aire tropical y polar causa un tiempo de constante cambio en los climas continentales húmedos . En invierno, las masas de aire continental polar se mueven al sur, causando un tiempo muy frío. En verano, las masas de aire tropical se mueven al norte, llevando calor y alta humedad. Los climas continentales húmedos reciben cantidades moderadas de lluvia en verano. En invierno caen cantidades mínimas de lluvia o nieve.

¿Qué partes de Estados Unidos tiene clima continental húmedo? La parte oriental de la región —el noreste— tiene una serie de tipos de bosques, que va de los bosques mixtos en el sur a bosques de coníferas en el norte. Gran extensión de la parte oeste de esta región —el oeste medio— fue una vez de altos pastizales, pero ahora es de tierras de cultivo. Los granjeros del oeste medio cultivan trigo, maíz, soya y otros cereales. Estos cultivos se usan tanto para alimentación humana como de cerdos, aves de corral y ganado vacuno.

Subártico Los climas **subárticos** se encuentran al norte de los climas continentales húmedos. Las mayores regiones subárticas del mundo están en Rusia, Canadá y Alaska. Los veranos en el subártico son cortos y frescos. Los inviernos son largos y extremadamente fríos.

En América del Norte, las coníferas como el abeto forman un enorme bosque que se extiende desde Alaska hasta la costa este del Canadá. En el bosque viven muchos mamíferos grandes, entre los que se cuentan osos, lobos y alces. También hay mamíferos pequeños, como los castores, puercoespines y ardillas pardas, y aves como el urogallo y las lechuzas. Los productos de la madera del bosque del norte son parte importante de la economía.

Clasificar

ACTIVIDAD

La tabla muestra algunos datos de climas de tres ciudades

	Ciudad A	Ciudad B	Ciudad C
Temperatura promedio en enero (°C)	12.8	18.9	−5.6
Temperatura promedio en julio (°C)	21.1	27.2	20
Precipitación anual (cm)	33	152	109

Describe el clima que consideres que tiene cada ciudad. Identifica cuál es Miami, Los Angeles y Portland, Maine. Apóyate en *Explorar las regiones climáticas* de las páginas 124 y 125 para identificar el clima de cada ciudad.

Figura 11 Los climas subárticos tienen veranos frescos e inviernos fríos. A unas partes de esta región se les llama "cinturones del abeto y el alce".

Climas polares

El clima polar se presenta en la región climática más fría. Los climas del casquete polar y de la tundra se encuentran sólo en el norte y sur remotos, cerca de los polos.

Casquete polar Como puedes ver en *Explorar las regiones climáticas*, los climas del casquete polar se dan principalmente en Groenlandia y la Antártida. Con temperaturas promedio siempre en o por debajo del punto de congelación, la tierra en las regiones climáticas del casquete polar está cubierta de hielo y nieve. El intenso frío hace que el aire sea seco. Líquenes y unos cuantos vegetales inferiores crecen en las rocas.

Figura 12 El pingüino emperador vive en el casquete polar de la Antártida.

Tundra La región climática de la **tundra** se extiende a través del norte de Alaska, Canadá y Rusia. Veranos cortos y frescos siguen a los inviernos severos. Por el frío, algunas capas del suelo de la tundra están siempre congeladas. A este suelo de la tundra permanentemente congelado se le llama **permafrost.** A causa del permafrost, el agua no puede filtrarse, así que el suelo está húmedo y cenagoso en el verano.

Hace demasiado frío en la tundra para que crezcan árboles. A pesar del clima áspero, durante los cortos veranos la tundra se llena de vida. Mosquitos y otros insectos ponen huevos en los estanques y marismas sobre el permafrost. Musgos, hierbas, líquenes, flores silvestres y matas crecen rápidamente durante los cortos veranos. Manadas de caribúes y bisontes almizcleros se alimentan de la vegetación y sirven a su vez de alimento a los lobos. Algunas aves, como la perdiz de cola blanca, viven en la tundra todo el año. Otras, como la golondrina de mar ártica y muchas aves acuáticas, pasan aquí solo el verano.

☑ *Punto clave* ***¿Qué tipo de vegetación hay en la tundra?***

Figura 13 La tundra suele ser muy fría; no obstante, muchas plantas y animales viven allí. *Observar ¿Cómo se adapta este bisonte almizclero al clima frío?*

Tierras altas

¿Por qué son las tierras altas una región climática diferenciada? Recuerda que la temperatura desciende a medida que asciende la altitud, de manera que las regiones de tierras altas son más frías que los alrededores. La creciente altitud produce cambios de clima similares a los que esperarías del aumento de la latitud. En los trópicos, las tierras altas son como islas frías que dominan las tierras bajas.

El clima de las laderas de una cadena montañosa es como el de la campiña circundante. Las colinas de las Montañas Rocosas, por ejemplo, comparten el clima semiárido de las Grandes Llanuras. Pero a medida que asciendes a las montañas, la temperatura desciende. Subir 1,000 metros de altitud, es como viajar 1,200 kilómetros al norte. El clima en la montaña es como el del subártico: fresco con coníferas. Animales típicos de la zona subártica —como el alce y los puercoespines— viven en el bosque de montaña.

Por arriba de cierta elevación —límite de la vegetación arbórea— los árboles no pueden crecer. El clima allí es como la tundra. Sólo plantas inferiores, musgos y líquenes crecen allí.

Figura 14 La cima de esta montaña es demasiado fría y azotada por el viento para que crezcan árboles. *Clasificar ¿A qué zona climática se asemeja la cima de la montaña?*

Repaso de la sección 2

1. ¿Cuáles son los dos factores que se usan para clasificar los climas?
2. Describe cada uno de los cinco tipos de clima.
3. Da tres ejemplos de cómo el clima de una región afecta a las plantas y los animales que viven ahí.
4. **Razonamiento crítico Aplicar los conceptos** ¿Cuál de estos lugares tiene inviernos más severos: Rusia central o la costa oeste de Francia?
5. **Razonamiento crítico Clasificar** Clasifica las principales regiones climáticas según crezcan o no árboles en ellas.

Las ciencias en casa

Describe a tu familia las características de cada una de las regiones climáticas en Estados Unidos. ¿En qué región climática vives? ¿Qué plantas y animales viven en tu región climática? ¿Qué características tienen esas plantas y esos animales que les permiten adaptarse bien a la vida en tu región climática?

Profesiones científicas

Gráficas de clima fresco

Eres un especialista en usos del suelo contratado por una compañía que construye instalaciones recreativas. La empresa comprará terrenos en por lo menos una de cuatro ciudades, todas aproximadamente en la misma latitud. Tu trabajo es decidir en cuál construir un parque acuático y cuál sería el mejor sitio para crear un centro turístico para esquiar.

Problema

Con base en los datos climáticos, ¿qué ciudad es el mejor lugar para cada tipo de instalación?

Enfoque en las destrezas

graficar, interpretar datos, sacar conclusiones

Materiales

calculadora
regla
3 hojas de papel milimétrico
lápices de colores negro, azul, rojo y verde
mapa de climas de las páginas 124–125
mapa de Estados Unidos con nombres de ciudades y líneas de latitudes

Procedimiento

1. Trabaja en grupos de tres. Cada uno debe graficar los datos para una ciudad A, B o C.
2. En papel milimétrico, usa un lápiz negro para rotular los ejes como en la gráfica de climas que sigue. Titula tu gráfica de climas Ciudad A, Ciudad B o Ciudad C.
3. Usa tu lápiz verde para hacer una gráfica de barras de la cantidad promedio mensual de precipitación. Pon una estrella bajo el nombre de cada mes que tenga más que rastros de nieve.
4. Señala la temperatura máxima mensual promedio con lápiz rojo. Pon un punto para la temperatura en medio del espacio para cada mes. Luego de señalar los 12 meses, une los puntos con una curva continua.
5. Usa un lápiz azul para señalar la temperatura mínima mensual promedio para tu ciudad. Usa el mismo procedimiento del Paso 4.
6. Calcula la precipitación anual promedio total para esta ciudad e inclúyela en tus observaciones. Haz esto sumando la precipitación promedio de cada mes y dividiendo entre 12.

Clima promedio en Washington, D.C.

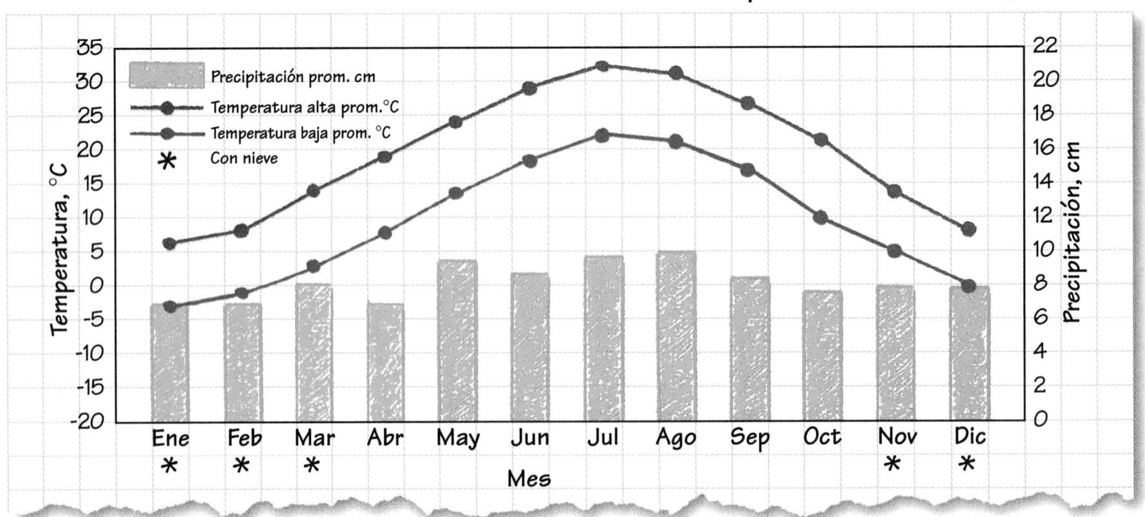

Datos climáticos

Washington, D.C.	Ene	Feb	Mar	Abr	May	Jun	Jul	Ago	Sep	Oct	Nov	Dic
Temp. alta promedio (°C)	6	8	14	19	24	29	32	31	27	21	14	8
Temp. baja promedio (°C)	-3	-2	3	8	14	19	22	21	17	10	5	0
Precipitación prom. (cm)	6.9	6.9	8.1	6.9	9.4	8.6	9.7	9.9	8.4	7.6	7.9	7.9
Meses con nieve	*	*	*	rastros	—	—	—	—	—	rastros	*	*
Ciudad A	**Ene**	**Feb**	**Mar**	**Abr**	**May**	**Jun**	**Jul**	**Ago**	**Sep**	**Oct**	**Nov**	**Dic**
Temp. alta promedio (°C)	13	16	16	17	17	18	18	19	21	21	17	13
Temp. baja promedio (°C)	8	9	9	10	11	12	12	13	13	13	11	8
Precipitación prom. (cm)	10.4	7.6	7.9	3.3	0.8	0.5	0.3	0.3	0.8	3.3	8.1	7.9
Meses con nieve	rastros	rastros	rastros	—	—	—	—	—	—	—	—	rastros
Ciudad B	**Ene**	**Feb**	**Mar**	**Abr**	**May**	**Jun**	**Jul**	**Ago**	**Sep**	**Oct**	**Nov**	**Dic**
Temp. alta promedio (°C)	5	7	10	16	21	26	29	27	23	18	11	6
Temp. baja promedio (°C)	–9	–7	–4	1	6	11	14	13	8	2	–4	–8
Precipitación prom. (cm)	0.8	1.0	2.3	3.0	5.6	5.8	7.4	7.6	3.3	2.0	1.3	1.3
Meses con nieve	*	*	*	*	*	—	—	—	rastros	*	*	*
Ciudad C	**Ene**	**Feb**	**Mar**	**Abr**	**May**	**Jun**	**Jul**	**Ago**	**Sep**	**Oct**	**Nov**	**Dic**
Temp. alta promedio (°C)	7	11	13	18	23	28	33	32	27	21	12	8
Temp. baja promedio (°C)	–6	–4	–2	1	4	8	11	10	5	1	–3	–7
Precipitación prom. (cm)	2.5	2.3	1.8	1.3	1.8	1	0.8	0.5	0.8	1	2	2.5
Meses con nieve	*	*	*	*	*	rastros	—	—	rastros	rastros	*	*

Analizar y concluir

Compara tus gráficas y observaciones de clima. Usa las tres gráficas del clima, más la gráfica de Washington, D.C. para responder estas preguntas.

1. ¿Cuál de las cuatro ciudades tiene el menor cambio en temperaturas promedio durante el año?
2. ¿En qué región climática está situada cada ciudad?
3. ¿Cuál de estas ciudades concuerda con cada gráfica climática?
   Colorado Springs, Colorado — latitud 39° N
   San Francisco, California — latitud 38° N
   Reno, Nevada — latitud 40° N
   Washington, D.C. — latitud 39° N
4. Aun cuando estas ciudades están aproximadamente a la misma latitud, ¿por qué son tan diferentes sus gráficas de clima?
5. **Aplicar** ¿Qué ciudad tiene la mejor ubicación para un parque acuático? ¿Y la mejor para un centro turístico de esquí a campo traviesa? ¿Qué otros factores debes considerar para decidir dónde construir cada tipo de instalación recreativa? Explica.

Explorar más

¿Qué tipo de clima tiene el área donde vives? Indaga qué instalaciones recreativas al aire libre tiene tu comunidad. ¿Cómo se adapta cada una particularmente al clima de *tu* área?

Cambios en el clima a largo plazo

DESCUBRE — ACTIVIDAD

¿Qué dicen los anillos de los árboles?

1. Mira la foto de los anillos del árbol en la página 135. Los anillos del árbol son las capas de nueva madera que se forman a medida que un árbol crece cada año.
2. Examina minuciosamente los anillos. Observa si son del mismo grosor.
3. ¿Qué condiciones del tiempo podrían hacer que un árbol forme anillos más gruesos o más delgados?

Reflexiona sobre

Inferir ¿Cómo podrías usar los anillos del árbol para que te hablen sobre el tiempo en el pasado?

GUÍA DE LECTURA

- **¿Qué principio siguen los científicos para estudiar los climas antiguos?**
- **¿Qué cambios ocurren en la superficie de la Tierra durante una glaciación?**
- **¿Qué teorías se han propuesto para explicar el cambio natural del clima?**

Sugerencia de lectura **Antes de leer, mira las ilustraciones y fotos y lee los pies de ilustración para predecir cómo ha cambiado el clima de la Tierra a través del tiempo.**

Una de las más grandes culturas nativas americanas en el suroeste de Estados Unidos fue la de los Pueblos. Esta población de agricultores hizo grandes construcciones de piedra y de barro secado al sol. Los Pueblos alcanzaron su auge alrededor del año 1000. Cultivaban maíz, frijol y una especie de calabaza, y comerciaban extensamente con otros grupos indígenas. Pero a finales del siglo XIII, el clima se hizo más seco, lo que redujo el tamaño de sus cosechas. Después de una larga sequía, los Pueblos emigraron a otras áreas.

Aunque el tiempo puede variar de un día para otro, los climas cambian más lentamente, pero lo hacen, tanto en pequeñas áreas como en todo el mundo. Si bien el cambio de clima suele ser lento, sus consecuencias son grandes. Los cambios de clima han afectado a muchas civilizaciones, incluidos los Pueblos.

Figura 15 Los Pueblos vivieron hace unos 1,000 años en estas construcciones, ahora Parque Nacional Mesa Verde, en el Suroeste de Colorado.

Estudiar los cambios climáticos

Para estudiar los climas del pasado, los científicos siguen un importante principio: Si las plantas o animales de hoy necesitan ciertas condiciones para vivir, plantas y animales semejantes en el pasado también necesitaron esas condiciones. Por ejemplo, la magnolia y las palmeras actuales crecen sólo en climas cálidos y húmedos. Los científicos suponen que los antepasados de estos árboles requerían condiciones similares. Así, fósiles de estos árboles con 80 millones de años de antigüedad encontrados en Groenlandia, son prueba de que el clima de esa región era cálido y húmedo hace 80 millones de años.

También los anillos de los árboles pueden usarse para conocer sobre los climas antiguos. Cada verano, un árbol añade una nueva capa de madera por dentro de su corteza. Estas capas forman los anillos que se ven en un corte transversal, como se muestra en la Figura 16. En los climas frescos, el grosor de un anillo depende de la duración de la temporada cálida de crecimiento. En los climas secos, el grosor de cada anillo depende de la cantidad de precipitación pluvial. Al ver los cortes o secciones transversales de los árboles, los científicos pueden contar hacia atrás desde el anillo externo para saber si los años anteriores fueron cálidos o frescos, húmedos o secos. Un anillo delgado indica que el año fue fresco o seco. Un anillo grueso indica que el año fue cálido o húmedo.

Una tercera fuente de información sobre los climas en el pasado son los registros del polen. Cada tipo de planta tiene un tipo particular de polen. Los fondos de algunos lagos están cubiertos de espesas capas de lodo y materia vegetal, que incluye polen, el cual cayó al lago a través de miles de años. Los científicos perforan estas capas y sacan los núcleos para examinarlos. Por el polen presente en cada capa, los científicos pueden determinar qué tipos de plantas vivían en el área. Los expertos pueden inferir entonces si el clima que existía cuando se depositó el polen era semejante al clima en que crecen las mismas plantas ahora.

Figura 16 Los científicos han aprendido sobre los climas del pasado estudiando los anillos de los árboles. Pueden aprender mucho de las secoyas gigantes, algunas de las cuales pueden tener de 3,000 a 4,000 años de edad.

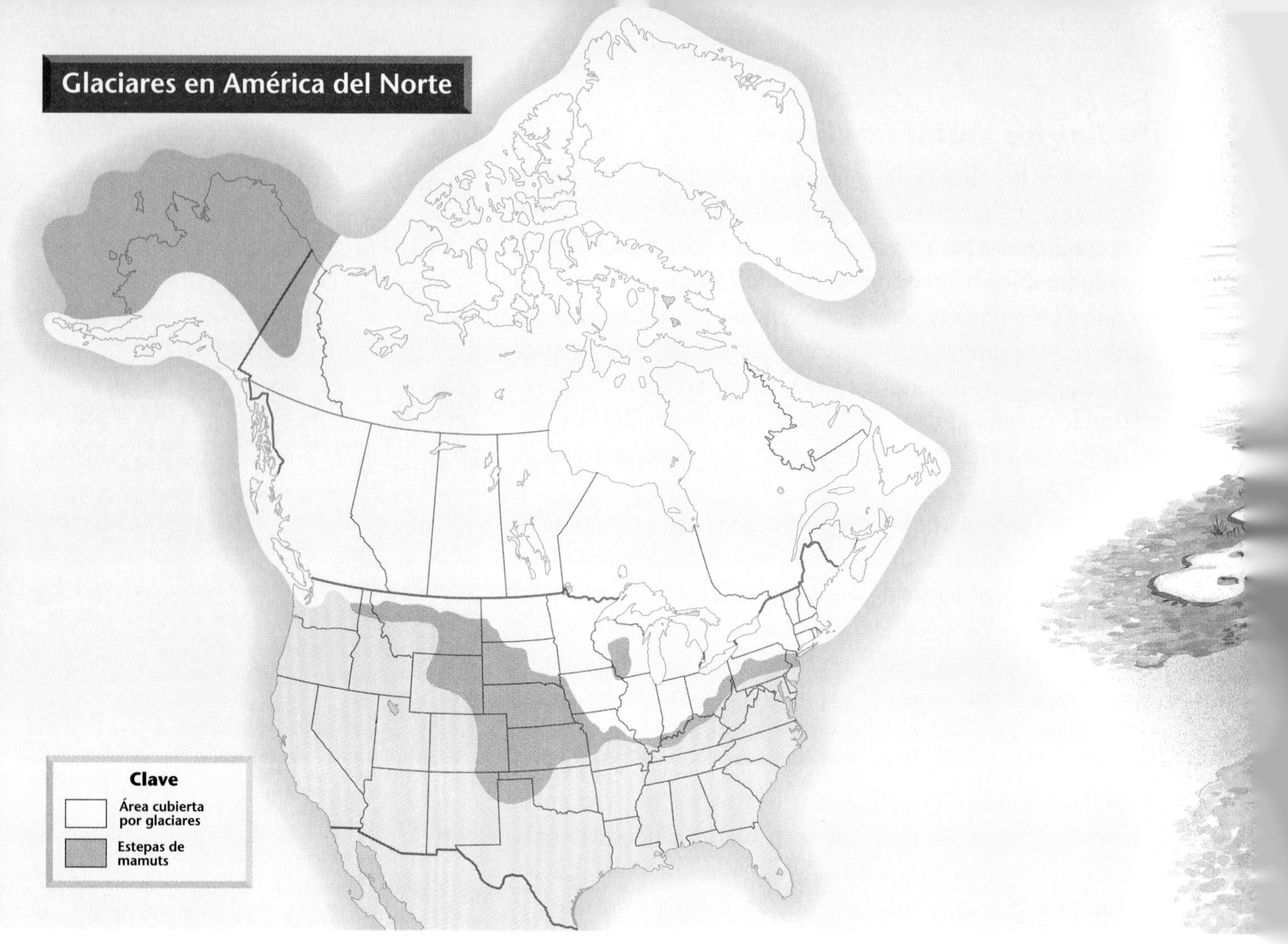

Figura 17 El mapa muestra las partes de América del Norte cubiertas por los glaciares hace 18,000 años. En las estepas cercanas a los glaciares vivieron muchos mamíferos ahora extintos, incluidos los lanudos mamuts y los tigres dientes de sable.

Edades de hielo

A través de la historia de la Tierra, los climas han cambiado gradualmente. Durante millones de años, los periodos cálidos han alternado con las **edades de hielo** o glaciaciones. **En cada edad de hielo, enormes mantos de hielo cubrieron grandes superficies de la Tierra.**

Por los fósiles y otras pruebas, los científicos han concluido que en los pasados dos millones de años ha habido cuatro edades de hielo importantes. Cada una duró 100,000 años o más. Periodos más cálidos conocidos como interglaciales ocurrieron entre las edades de hielo. Se cree que ahora estamos en un periodo cálido entre edades de hielo.

La edad de hielo más reciente terminó apenas hace 10,500 años. Los mantos de hielo cubrían gran parte del norte de Europa y Norteamérica. En algunos lugares, el hielo era de más de tres kilómetros de grueso. Tanta agua estaba congelada en los mantos de hielo que el nivel promedio del mar era mucho más bajo que el actual. Cuando los mantos de hielo se derritieron, los océanos inundaron las áreas costeras. Tierra adentro, se formaron grandes lagos.

☑ *Punto clave ¿Por qué estaban más bajos los océanos durante las edades de hielo de lo que están ahora?*

Causas del cambio de clima

¿Por qué cambian los climas? Los científicos han formulado varias hipótesis. **Entre las explicaciones de los cambios de clima se incluyen variaciones en la posición de la Tierra en relación con el Sol, cambios en la emisión de la energía solar, y el movimiento de los continentes.**

La posición de la Tierra Cambios en la posición de la Tierra en relación con el sol pueden haber afectado a los climas. De acuerdo con una hipótesis, al girar la Tierra alrededor del sol, la época del año en que la Tierra está más cerca del sol cambia de enero a julio y vuelve al punto inicial al cabo de un periodo de unos 26,000 años.

El ángulo en el que la Tierra se inclina y la forma de la órbita de ésta alrededor del sol cambian asimismo ligeramente al cabo de largos periodos. Los efectos combinados de estos cambios en los movimientos de la Tierra pueden ser la causa principal de las edades de hielo.

INTEGRAR LAS CIENCIAS DEL ESPACIO

Energía solar Los cambios a corto plazo en el clima se han ligado con los cambios en el número de **manchas solares**: regiones oscuras y más frescas sobre la superficie del sol. Las manchas solares aumentan y disminuyen en ciclos regulares de 11 años. Los ciclos de las manchas solares podrían a su vez ser causados por cambios en la emisión de energía solar.

Estudios sociales CONEXIÓN

La población prehistórica que vivió durante la última edad de hielo enfrentó un duro ambiente. Para resistir el frío, aprendieron a hacerse vestidos con pieles de animales. También usaron el fuego para calentarse y preparar sus alimentos.

En tu diario

Haz una lista de cinco formas en que tu vida cambiaría si el clima de repente se hiciera más frío.

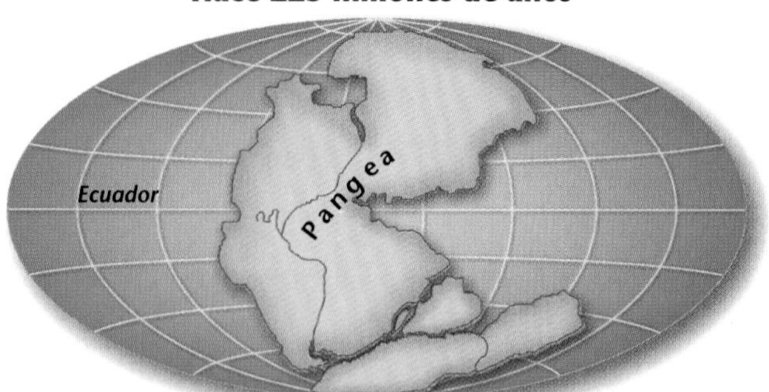

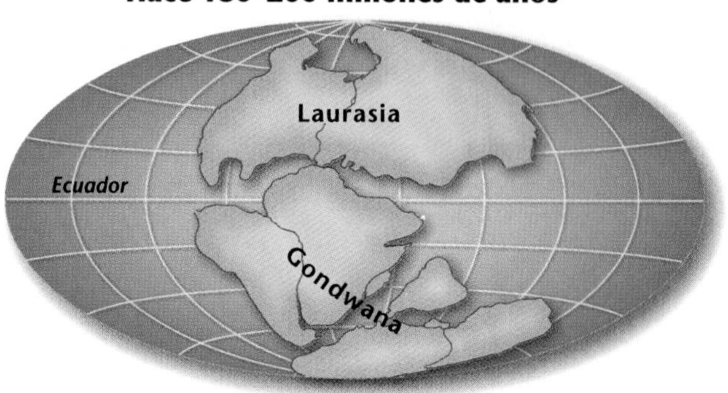

Figura 18 Los continentes se han movido a lo largo de millones de años. ***Interpretar mapas*** *¿Qué continentes del presente se separaron de Gondwana? ¿Cuáles se separaron de Laurasia?*

Recientemente, las mediciones por satélite han demostrado que la cantidad de energía que produce el Sol aumenta y disminuye de un año a otro. Estos cambios pueden hacer que la temperatura de la Tierra aumente y disminuya. Se requieren más observaciones para probar esta hipótesis.

Movimiento de los continentes Los continentes de la Tierra no han estado siempre donde están ahora. Hace unos 225 millones de años, la mayor parte de la tierra del planeta era parte de un solo continente llamado Pangea.

Como muestra la Figura 18, la mayoría de los continentes estaban lejos de sus posiciones actuales. Los continentes que están ahora en las zonas polares estuvieron alguna vez cerca del ecuador. Este movimiento explica por qué plantas tropicales como las magnolias y las palmeras pueden haber crecido alguna vez en Groenlandia.

Al cabo de millones de años, los continentes se separaron y gradualmente se movieron a sus posiciones actuales. Los movimientos de los continentes a través del tiempo cambiaron las ubicaciones de la tierra y el mar. Estos cambios afectaron a los patrones globales de los vientos y las corrientes oceánicas, las que a su vez cambiaron lentamente los climas. Y como los continentes continúan moviéndose, los climas seguirán cambiando.

Repaso de la sección 3

1. ¿Qué tipos de pruebas usan los científicos para estudiar los cambios en el clima?
2. ¿En qué era diferente el clima de la edad de hielo del clima de hoy?
3. Enlista tres factores que podrían ser causantes del cambio de los climas de la Tierra.
4. **Razonamiento crítico Predecir** ¿Qué clases de cambios de clima podrían ser causados por una erupción volcánica? ¿Serían permanentes estos cambios? Explícalo.

Proyecto del capítulo 4

Comprueba tu aprendizaje

¿Qué tipos de condiciones meteorológicas has medido en cada sitio? ¿Has registrado todos los datos en tu bitácora? Debes estar listo ahora para graficar y analizar tus datos. ¿Son semejantes las condiciones meteorológicas de todas tus áreas de prueba o ves diferencias? ¿Qué piensas que sea la causa de las condiciones diferentes? ¿Qué organismos observaste en tus sitios?

 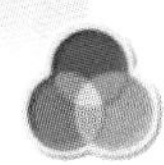

SECCIÓN 4 Cambios globales en la atmósfera

DESCUBRE — ACTIVIDAD

¿Qué es el efecto invernadero?

1. Corta dos pedazos de cartulina negra al tamaño de los fondos de dos cajas de zapatos.
2. Pon un termómetro en un extremo de cada caja. Lee las temperaturas de los termómetros. (Deben ser las mismas.) Cubre una caja con envoltura de plástico.
3. Coloca las dos cajas juntas donde la luz del sol o una bombilla las ilumine de manera igual. Asegúrate de que los termómetros estén sombreados por los costados de las cajas.
4. ¿Qué piensas que les ocurrirá a las temperaturas de los termómetros? Espera 15 minutos y lee los termómetros de nuevo. Registra las temperaturas.

Reflexiona sobre

Inferir ¿Cómo puedes explicar la diferencia de temperatura entre la caja con la envoltura plástica y la caja abierta? ¿Por qué se calienta tanto el interior de un auto que se deja expuesto a la luz solar directa?

GUÍA DE LECTURA

- **¿Cómo podrían las actividades humanas estar afectando la temperatura de la atmósfera de la Tierra?**
- **¿En qué forma han afectado las actividades humanas la capa de ozono?**

Sugerencia de lectura **A medida que leas, dibuja una red de conceptos que muestre cómo las actividades humanas pueden causar cambios en la atmósfera y el clima.**

¿Has visto alguna vez un encabezado como el de abajo? Si odias los inviernos fríos y amas los deportes de verano, puedes preguntarte qué habría de malo en un mundo ligeramente más cálido. Algunos expertos concuerdan contigo, pero muchos científicos están preocupados por tal cambio de clima.

DIARIO DE NOTICIAS DE CUALQUIER PARTE, EE UU

Se espera que la temperatura promedio de la Tierra suba 3 grados Celsius

La mayoría de los cambios de los climas en el mundo tienen su causa en factores naturales. Sin embargo, en los últimos cien años las actividades humanas también han tenido efecto sobre el clima y la atmósfera de la Tierra. Dos de los más importantes problemas mundiales son el calentamiento global y el adelgazamiento de la capa de ozono.

Calentamiento global

En los últimos 120 años, la temperatura promedio de la troposfera ha ascendido aproximadamente 0.5 grado Celsius. ¿Fue este aumento parte de las variaciones naturales o fue causado por actividades humanas? ¿Qué efectos podrían tener las temperaturas más altas? Los científicos han hecho muchas investigaciones para responder a estas preguntas.

Figura 19 La luz solar entra en el invernadero y se absorbe. El interior del invernadero irradia de regreso la energía en forma de radiación infrarroja, o calor. El calor se atrapa y retiene dentro del invernadero, y calienta a éste. *Aplicar los conceptos ¿Qué gases en la atmósfera de la Tierra pueden atrapar el calor como lo hace un invernadero?*

El efecto invernadero Recuerda que los gases en la atmósfera de la Tierra retienen el calor del sol, manteniendo la atmósfera a una temperatura confortable para los seres vivos. El proceso por el cual los gases en la atmósfera de la Tierra atrapan la energía solar se llama efecto invernadero.

A los gases de la atmósfera que atrapan la energía solar se les llama **gases de invernadero.** El vapor de agua, el dióxido de carbono y el metano son algunos de los gases de invernadero. **Las actividades humanas que agregan gases de invernadero a la atmósfera pueden estarla calentando.** Por ejemplo, la quema de madera, carbón vegetal, petróleo y gas natural agrega dióxido de carbono al aire. Si el dióxido de carbono que se agrega atrapa más calor, el resultado podría ser el **calentamiento global,** un aumento gradual en la temperatura de la atmósfera de la Tierra.

La cantidad de dióxido de carbono en la atmósfera ha ido aumentando de manera constante. Algunos científicos predicen que si el nivel del dióxido de carbono se duplica para el año 2100, la temperatura global promedio podría ascender de 1.5 a 3.5 grados Celsius.

Otra hipótesis No todos coinciden sobre las causas del calentamiento global. Algunos científicos piensan que el aumento de 0.5 grados Celsius en las temperaturas globales en los pasados 120 años pueden ser parte de variaciones naturales en el clima más que el resultado de aumentos en el dióxido de carbono.

Como lo aprendiste en la Sección 3, las mediciones por satélite han demostrado que la cantidad de energía que produce el sol aumenta y disminuye de un año a otro. Estos cambios en la energía solar podrían estar causando periodos de climas más cálidos y fríos. O bien el cambio de clima podría ser el resultado de cambios tanto en los niveles de dióxido de carbono como en las cantidades de energía solar.

Posibles efectos El calentamiento global tiene algunas ventajas potenciales. Los granjeros de las áreas frescas podrían hacer dos siembras al año. Los lugares que ahora son demasiado fríos para cultivarlos podrían convertirse en tierras de cultivo. Sin embargo, es probable que muchos efectos del calentamiento global sean menos positivos. Las temperaturas más altas harían que el agua del suelo expuesto se evaporara, como las tierras de cultivo con los surcos abiertos. La tierra seca suelta es arrastrada fácilmente por el viento. De este modo, algunos campos fértiles podrían convertirse en "tazones de polvo".

Un aumento en las temperaturas incluso de unos pocos grados podría calentar el agua en los océanos. Al aumentar las temperaturas de la superficie oceánica podría aumentar el número de huracanes.

Al calentarse el agua se expandiría, haciendo subir los niveles del mar en todo el mundo. Los glaciares y los casquetes de hielo polares podrían derretirse parcialmente, lo cual aumentaría también los niveles del mar. Los niveles del mar ya han aumentado de 10 a 20 centímetros en los últimos 100 años, y podrían subir otros 25 a 80 centímetros para el año 2100. Incluso con un aumento tan pequeño en los niveles del mar se inundarían las áreas costeras bajas.

☑ *Punto clave* *¿Cuáles son tres efectos posibles del calentamiento global?*

Reducción de la capa de ozono

Otro cambio global en la atmósfera tiene que ver con la capa de ozono, sobre la cual aprendiste en el Capítulo 1. El ozono, en la estratosfera, rechaza por filtración mucha de la radiación ultravioleta dañina del sol.

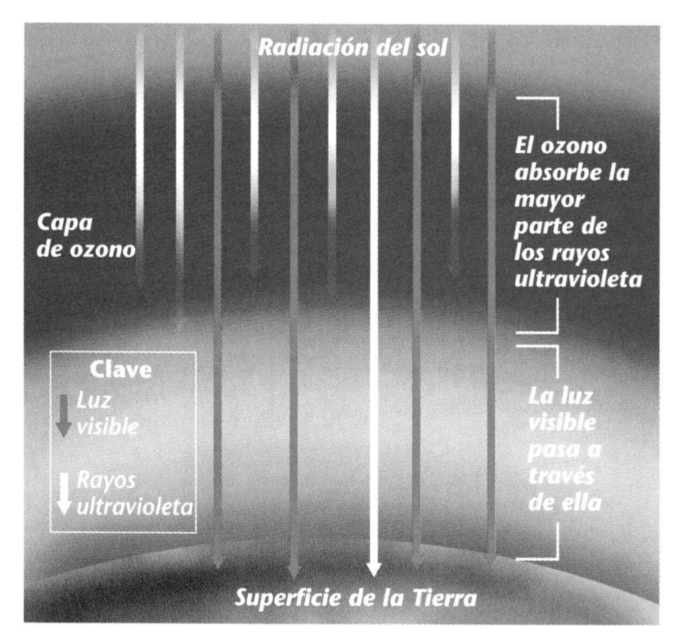

Figura 20 La capa de ozono impide el paso a mucha de la radiación ultravioleta que viene del Sol. La luz visible puede pasar a través de la capa de ozono.

INTÉNTALO

¡Es tu piel!

ACTIVIDAD

¿Qué tan bien impiden los aceites bronceadores y protectores contra el sol el paso de los rayos ultravioleta? He aquí cómo compararlos.

1. Corre las cortinas del cuarto. Coloca un cuadrado de papel sensible a la luz adentro de cada una de tres bolsas de plástico para sándwiches.
2. Pon tres gotas de un aceite en el exterior de una bolsa. Espárcelo uniformemente. Rotula esta bolsa con el número SPF (factor de protección solar) del producto.
3. En otra bolsa, repite el Paso 2, usando un producto con diferente SPF. Lávate las manos después de esparcir el producto. Deja la tercera bolsa sin tratar, como control.
4. Coloca las bolsas al exterior bajo la luz solar directa. Regrésalas al interior después de tres minutos o de que uno de los cuadrados de papel se haya vuelto completamente blanco.

Sacar conclusiones

¿Rechazaron ambos productos la radiación ultravioleta? ¿Uno de los productos rechazó más la radiación ultravioleta que el otro? Explícalo.

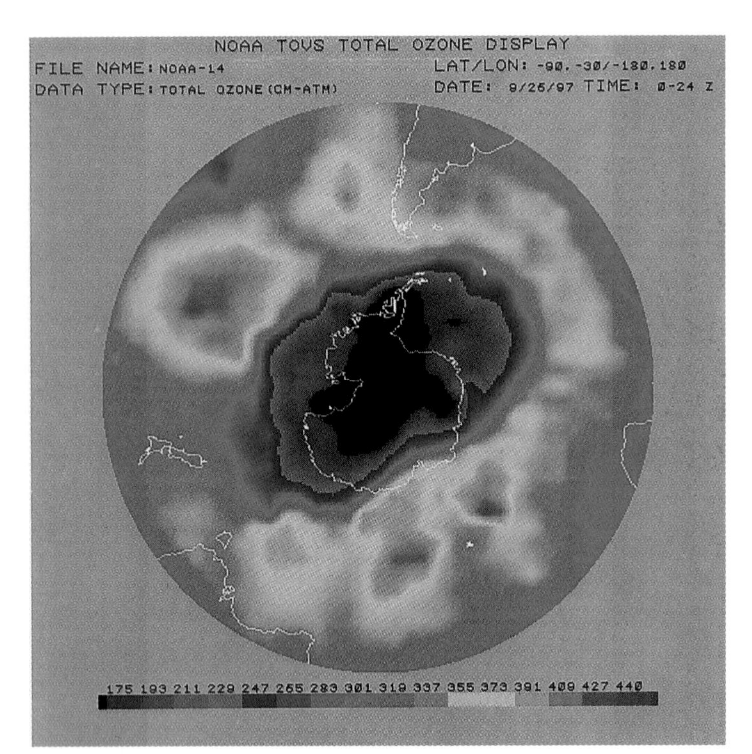

Figura 21 Esta imagen de satélite muestra la concentración de ozono en el aire sobre el Polo Sur. El área oscura deja ver dónde está más delgada la capa de ozono.

En los años setenta, los científicos observaron que la capa de ozono sobre la Antártida estaba adelgazándose cada primavera. Para 1992, el área de ozono más delgada era mayor que la extensión continental de Estados Unidos. ¿Por qué se produjo el agujero en el ozono? **Sustancias químicas producidas por los seres humanos han estado dañando la capa de ozono.**

La causa principal del agotamiento del ozono es un grupo de compuestos del cloro llamados **clorofluorocarbonos**, o CFC. Los CFC se usaban en acondicionadores de aire y refrigeradores, como limpiadores de piezas electrónicas y en las latas de atomizadores. La mayoría de los compuestos químicos liberados al aire se desintegran a la larga. Los CFC, sin embargo, pueden durar décadas y recorrer todo el camino a la estratosfera. En la estratosfera, la radiación ultravioleta descompone las moléculas de CFC en átomos, incluyendo el cloro. Los átomos del cloro descomponen a su vez el ozono en átomos de oxígeno.

Como el ozono impide el paso de la radiación ultravioleta, la disminución del ozono significa un aumento de la radiación ultravioleta que llega a la superficie de la Tierra. ¡Si en alguna ocasión has sufrido una quemadura solar puedes entender uno de los efectos de una más fuerte radiación ultravioleta! La radiación ultravioleta puede causar también daño ocular y varias clases de cáncer de la piel.

A fines de la década de 1970, en Estados Unidos y en muchos otros países se prohibió el uso de CFC en las latas de atomizadores. En 1992, más de 90 naciones acordaron eliminar por fases la producción de CFC. Como el agotamiento del ozono afecta al mundo entero, tales acuerdos tienen que ser internacionales para que sean efectivos.

Repaso de la sección 4

1. ¿Qué acciones humanas aumentan el dióxido de carbono en la atmósfera de la Tierra?
2. ¿Cómo el aumento en el dióxido de carbono del aire afectaría a las temperaturas mundiales?
3. ¿Qué sustancias químicas son la causa principal del agotamiento del ozono en la estratosfera?
4. **Razonamiento crítico Predecir** ¿Cómo podría el calentamiento global cambiar las condiciones del lugar donde vives? ¿Cómo afectaría tu vida?

Las ciencias en casa

Ve a una farmacia con tu familia. Compara el SPF (factor de protección solar) de varios productos bronceadores o antisolares en venta. Explica por qué es importante proteger tu piel de la radiación ultravioleta. Pídele a tu familia que determine el valor más conveniente por su dinero en términos de tasa del SPF y precio.

GUÍA DE ESTUDIO

¿Cuáles son las causas del clima?

Ideas clave

- El clima de una región es determinado por su temperatura y precipitación.
- Los factores principales que influyen en la temperatura son la latitud, altitud, distancia de los grandes cuerpos de agua y corrientes oceánicas.
- Los factores principales que afectan las precipitaciones son los vientos dominantes y la presencia de montañas.
- Las estaciones diferentes son resultado de la inclinación del eje de la Tierra al dar ésta la vuelta alrededor del sol.

Términos clave

clima
zona tropical
zona polar
zona templada
clima marítimo
clima continental
barlovento
sotavento
microclima

Regiones climáticas

Ideas clave

- Los climas se clasifican de acuerdo con las temperaturas y la precipitación.
- Hay cinco regiones climáticas principales: tropical lluviosa, seca, marítima templada, continental templada y polar. A las tierras altas se les considera frecuentemente como una sexta región climática.

Términos clave

bosque tropical
sabana
desierto
estepa
subtropical húmedo
subártico
tundra
permafrost

Cambios en el clima a largo plazo

Ideas clave

- Los científicos suponen que las plantas y animales en el pasado requerían condiciones similares que plantas y animales de hoy.
- Durante cada edad de hielo, enormes mantos de hielo cubrieron grandes partes de la superficie de la Tierra.
- Entre las posibles explicaciones de los cambios importantes de clima se incluyen el movimiento de los continentes, las variaciones de la posición de la Tierra en relación con el Sol, y los cambios en la emisión de energía del Sol.

Términos clave

edad de hielo
mancha solar

Cambios globales en la atmósfera

INTEGRAR LAS CIENCIAS DEL AMBIENTE

Ideas clave

- Actividades humanas que agregan gases de invernadero a la atmósfera terrestre pueden estar calentando ésta.
- Sustancias químicas producidas por los seres humanos han estado dañando la capa de ozono.

Términos clave

gas de invernadero
calentamiento global
clorofluorocarbonos

Repaso del contenido

Para repasar los conceptos clave, consulta el Interactive Student Tutorial CD-ROM.

Opción múltiple

Elige la letra que complete mejor cada enunciado.

1. Las temperaturas son más altas en la zona tropical porque
- **a.** la tierra es plana.
- **b.** los rayos del sol caen más directamente.
- **c.** el eje de la Tierra está inclinado hacia el sol.
- **d.** las corrientes oceánicas calientan la región.

2. Los climas continentales se encuentran
- **a.** en cada continente.
- **b.** sólo cerca del ecuador.
- **c.** sólo en el hemisferio norte.
- **d.** sólo en el hemisferio sur.

3. En un clima tropical húmedo y seco, la vegetación más común es
- **a.** de bosques de coníferas.
- **b.** de pastizales de sabana.
- **c.** de bosque pluvial tropical.
- **d.** de pastizales de estepa.

4. Periodos extremadamente fríos en la historia de la Tierra han dado por resultado
- **a.** anillos de los árboles.
- **b.** manchas solares.
- **c.** calentamiento global.
- **d.** glaciares.

5. Los clorofluorocarbonos, o CFC, son la causa principal del (de las)
- **a.** agotamiento del ozono.
- **b.** calentamiento global.
- **c.** efecto invernadero.
- **d.** edades de hielo.

Falso o verdadero

Si el enunciado es verdadero, escribe verdadero. Si es falso, cambia la palabra o palabras subrayadas para hacer verdadero el enunciado.

6. Los vientos dominantes afectan la cantidad de luz solar que cae en un área.

7. Cuando el extremo norte del eje de la Tierra está inclinado hacia el sol, es verano en el hemisferio sur.

8. Las regiones climáticas se clasifican conforme a su temperatura y precipitación.

9. Un anillo delgado de árbol indica que un año fue fresco o seco.

10. Un aumento del nitrógeno en la atmósfera puede estar haciendo que suban las temperaturas mundiales.

Revisar los conceptos

11. Identifica las partes de Estados Unidos que están situadas en cada una de las tres zonas de temperatura.

12. ¿Cómo se definen los climas "secos"? ¿En qué son diferentes los dos tipos de clima seco?

13. ¿Cómo explican los movimientos de los continentes los cambios de clima importantes a lo largo del tiempo?

14. ¿Por qué, para ser efectivos, tienen que ser internacionales los acuerdos encaminados a prevenir o reducir el agotamiento del ozono?

15. Escribir para aprender ¿En qué región climática vives? Escribe una descripción de tu clima local e identifica algunas de las cosas —como la latitud, los cuerpos de agua o los patrones de vientos— que afectan al clima.

Razonamiento gráfico

16. Red de conceptos En una hoja de papel, copia la red de conceptos acerca del clima. Después complétala y ponle un título. (Para más información acerca de las redes de conceptos, consulta el Manual de destrezas.)

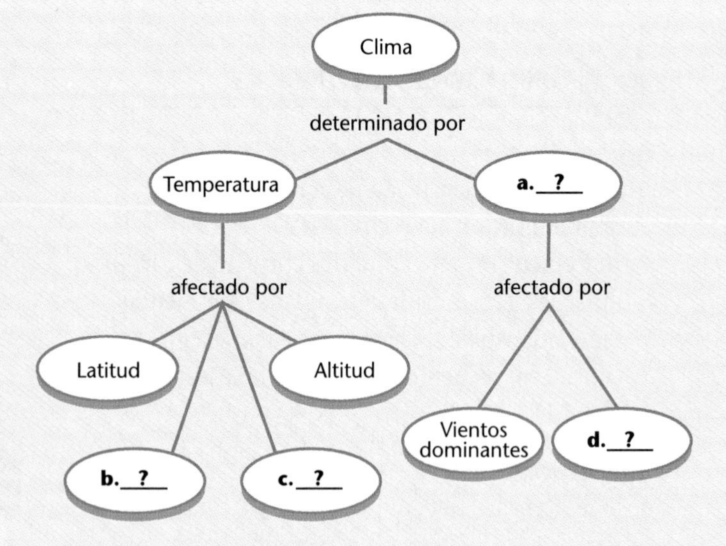

Aplicar las destrezas

Usa el mapa de zonas de temperatura del mundo para responder las Preguntas 17–19.

17. **Interpretar mapas** Nombra cada una de las cinco zonas que se muestran en el mapa.
18. **Medir** ¿Cuál es el nombre de la zona de temperatura que incluye al ecuador? ¿Cuántos grados de latitud cubre esta zona?

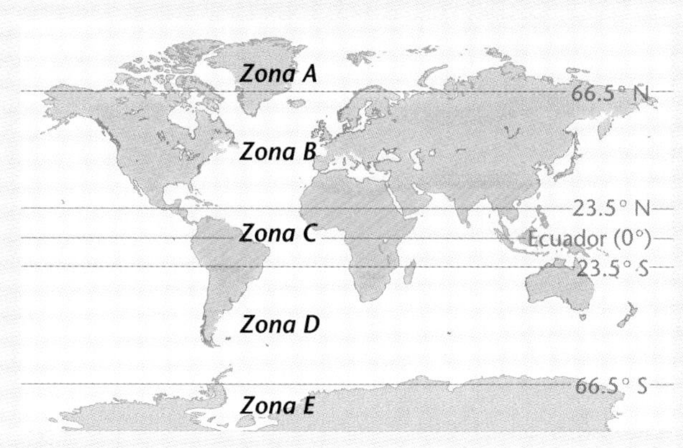

19. **Interpretar datos** ¿Cuál de las cinco zonas que se ven en el mapa tiene la mayor área de tierra adecuada para que la gente viva?

Razonamiento crítico

20. **Relacionar causa y efecto** Describe tres formas en las que el agua influye en el clima.
21. **Comparar y contrastar** ¿En qué es diferente el calentamiento global de cambios anteriores en el clima de la Tierra?
22. **Formular juicios** ¿Qué es lo más importante que se necesita hacer acerca del calentamiento global?
23. **Relacionar causa y efecto** ¿Por qué hay partes de Estados Unidos que tienen un clima semiárido mientras las áreas vecinas tienen un clima continental húmedo?

CAPÍTULO 4 REPASO

Evaluación del rendimiento

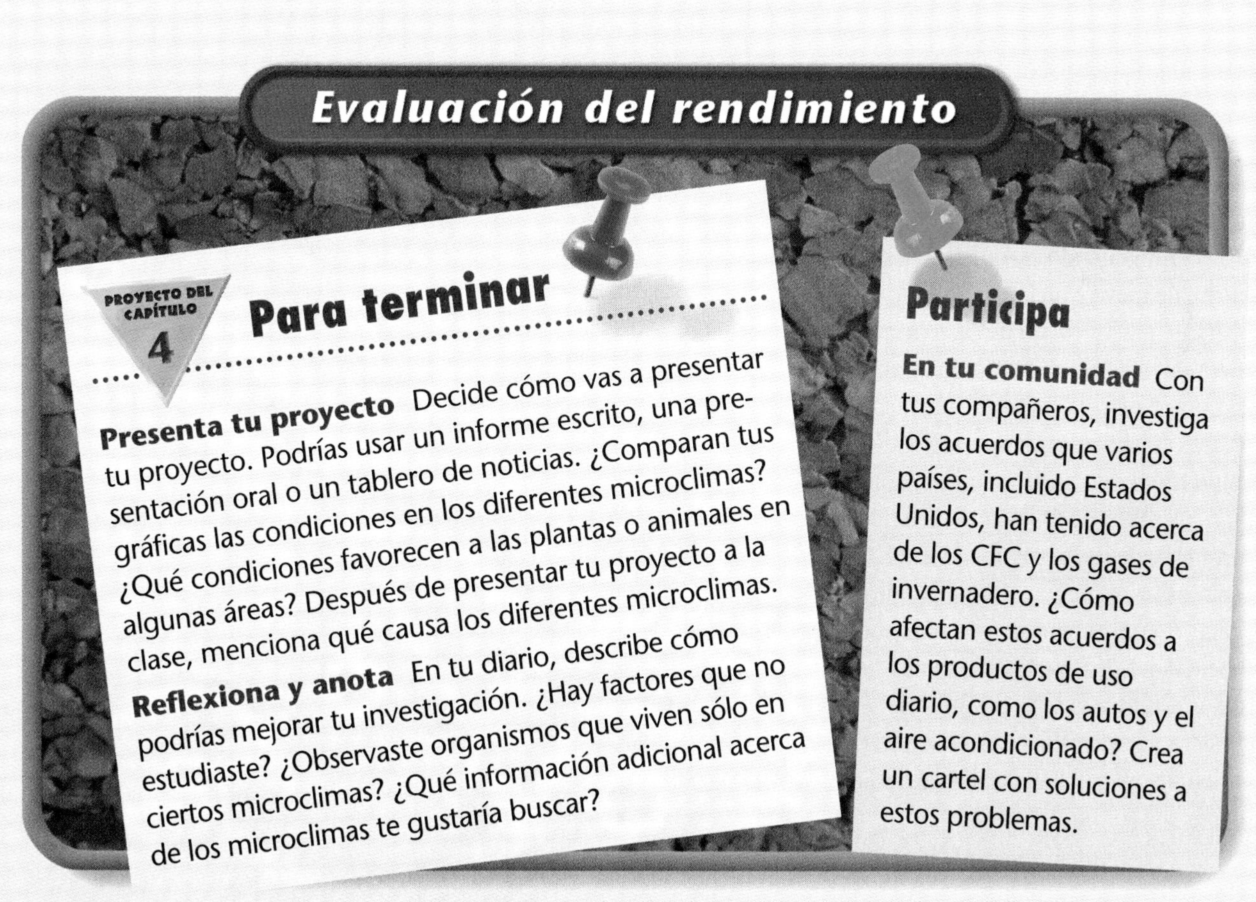

PROYECTO DEL CAPÍTULO 4

Para terminar

Presenta tu proyecto Decide cómo vas a presentar tu proyecto. Podrías usar un informe escrito, una presentación oral o un tablero de noticias. ¿Comparan tus gráficas las condiciones en los diferentes microclimas? ¿Qué condiciones favorecen a las plantas o animales en algunas áreas? Después de presentar tu proyecto a la clase, menciona qué causa los diferentes microclimas.

Reflexiona y anota En tu diario, describe cómo podrías mejorar tu investigación. ¿Hay factores que no estudiaste? ¿Observaste organismos que viven sólo en ciertos microclimas? ¿Qué información adicional acerca de los microclimas te gustaría buscar?

Participa

En tu comunidad Con tus compañeros, investiga los acuerdos que varios países, incluido Estados Unidos, han tenido acerca de los CFC y los gases de invernadero. ¿Cómo afectan estos acuerdos a los productos de uso diario, como los autos y el aire acondicionado? Crea un cartel con soluciones a estos problemas.

LA ANTÁRTIDA

¿Qué tiempo esperas en julio: caluroso y soleado? ¡Prepárate: Julio en la Antártida te sorprenderá!

El 21 de julio de 1983, la temperatura de la estación de investigación rusa Vostok cayó a la temperatura baja récord mundial: –89°C.

¡BIENVENIDO A LA ANTÁRTIDA!

Como la Antártida está en el Hemisferio Sur, julio es allí el medio del invierno. Pero la temperatura tampoco es muy cálida en verano. La temperatura promedio del verano en Vostok es de –33°C. El clima de la Antártida está fuera de lo común en otros sentidos. Es el continente con más viento, así como el más frío. Aun cuando la Antártida está cubierta de nieve y hielo, es también el continente más seco: un desierto nevado. Tiene menos de cinco centímetros de precipitación en el interior al año. Las ventiscas en la Antártida son aterradoras, pero no traen mucha nieve nueva. Sólo soplan los copos de un lugar a otro.

A pesar de sus extremos, la Antártida es hermosa y fascinante. Como puedes ver en el mapa, muchos países han puesto ahí estaciones de investigación para estudiar el clima, la temperatura y la atmósfera. Los científicos en la Antártida también investigan la vida silvestre y la geología.

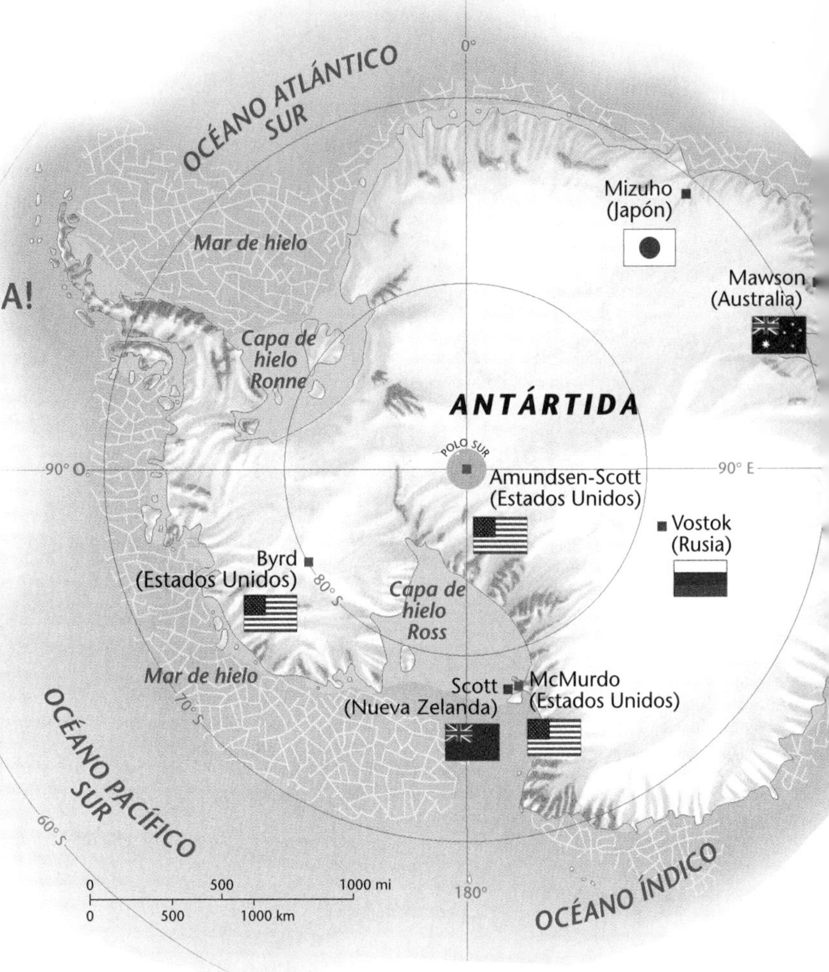

El mapa muestra las principales estaciones de investigación en la Antártida.

Una gran bóveda cubre los edificios de la estación Amundsen-Scott de Estados Unidos en el Polo Sur.

La carrera al Polo Sur

¿Te atreverías a enfrentarte a la oscuridad y el frío de la Antártida? A principios del siglo XX, varios exploradores famosos iniciaron una "carrera al polo". Sus intentos de llegar al Polo Sur produjeron historias de heroísmo... y tragedia.

Robert F. Scott (arriba, al centro) y sus hombres llegaron al Polo Sur, pero perdieron la carrera.

En octubre de 1911, el explorador británico Robert Falcon Scott viajó al Polo Sur. Emprendió la marcha con perros, trineos motorizados y ponies. Él y otros cuatro exploradores llegaron al Polo Sur en enero de 1912... ¡sólo para descubrir que una expedición noruega encabezada por Roald Amundsen se les había anticipado un mes entero en su paso por el punto! ¡El equipo de Scott había perdido la carrera!

Poco después, Scott y su grupo emprendieron el regreso. Pero fueron sorprendidos por las ventiscas. Todos murieron. Los investigadores encontraron después su tienda, el diario de Scott y sus fotografías. El equipo de Scott había estado a sólo 18 kilómetros de un sitio de aprovisionamiento.

Pocos años después, Sir Ernest Shackleton fue el héroe de una increíble historia de supervivencia antártica. En 1914, Shackleton intentó llegar al Polo Sur por una nueva ruta. En el camino, los hielos atraparon y aplastaron su barco, el *Endurance*. Él y sus hombres escaparon a través de los hielos a Isla Elefante. Dejando a 22 hombres allí, Shackleton y otros cinco navegaron en un pequeño bote ballenero en busca de ayuda. Y lo más sorprendente: ¡todos fueron rescatados!

En los años 20, los aviones trajeron una nueva forma de explorar la Antártida. El explorador estadounidense Richard E. Byrd dirigió el primer vuelo sobre el Polo Sur en 1929. Más tarde, Byrd estableció estaciones de investigación en Little America (ve el mapa).

Cooperación internacional

En 1957–1958, durante el Año Geofísico Internacional (IGY), científicos de varios países establecieron estaciones de investigación en la Antártida y compartieron sus descubrimientos. En 1959, doce naciones firmaron el Tratado del Antártico para garantizar la "libertad de investigación científica". Los firmantes originales fueron (empezando por la parte superior izquierda) Argentina, Australia, Bélgica, Chile, Francia, Japón, Nueva Zelanda, Noruega, la Unión Soviética, Sudáfrica, el Reino Unido y Estados Unidos.

Actividad de estudios sociales

Crea una línea cronológica de sucesos importantes en la Antártida. Busca fotos o haz dibujos para ilustrarlos. Incluye estos acontecimientos:

- primeras expediciones
- "carrera al polo" al inicio del siglo XX
- Año Geofísico Internacional
- Tratado del Antártico
- nuevas estaciones de investigación

¿Por qué se requería valor y resistencia para llegar al Polo Sur al inicio del siglo XX?

Continente de extremos

¿Por qué es tan fría la Antártida? Su alta latitud y los meses de oscuridad son razones importantes. Además, las amplias extensiones de blancura de la nieve y los helados glaciares rechazan por reflejo la luz solar antes de absorber mucho calor.

Como en todo continente, el clima varía de un lugar a otro. Las partes más cálidas de la Antártida están a elevaciones menores, latitudes más bajas o cerca de la costa. Las áreas costeras son más cálidas porque el océano cercano modera las temperaturas. Estas áreas también tienen tierra al descubierto, la cual absorbe calor.

Los patrones del tiempo de verano en la Antártida son diferentes de los patrones de invierno. El corto calentamiento del verano empieza en octubre. Las temperaturas más cálidas van de mediados de diciembre a mediados de enero. Luego las temperaturas bajan de repente. Así que para mediados de marzo, el comienzo del invierno, la temperatura ha caído a los niveles de invierno. Durante los siguientes seis meses la Antártida está muy fría... y oscura.

Actividad de ciencias

Mantener el calor es esencial para la vida en la Antártida. Prepara un experimento para probar qué tan bien preservan el calor diferentes materiales. Usa calcetines de nylon, seda, algodón y lana. Necesitarás un frasco para cada material más otro frasco como control.

- Llena los frascos con cantidades iguales de agua muy caliente. El agua de cada frasco debe estar a la misma temperatura de los demás.
- Registra la temperatura de cada frasco y atorníllale la tapa.
- Pon cada frasco, excepto el control, adentro de un calcetín. Refrigera todos los frascos durante 30 minutos.
- Saca los frascos y registra la temperatura del agua de cada uno.

¿Qué frasco se enfrió más rápidamente? ¿Qué materiales retuvieron mejor el calor?

¿Cómo mantienen el calor los exploradores e investigadores? El secreto está en usar capas de ropa que eviten que el calor corporal escape. ▼

• Una **capa interna** de ropa interior larga (de seda, lana o sintética) lleva afuera la humedad de la piel.

• Una **capa aislante** fofa, como el vellón o el plumón, atrapa bolsas de aire que se calientan con el calor del cuerpo.

• La **capa externa** protege contra el viento y el agua.

Una capucha aislada, un sombrero con orejeras o una máscara facial protege contra el viento. Los lentes o gafas solares reducen el resplandor de la luz solar y evitan que se congelen los ojos.

Las botas y los guantes también son de capas. Una capa de vellón puede estar sellada dentro de una capa de caucho a prueba de agua.

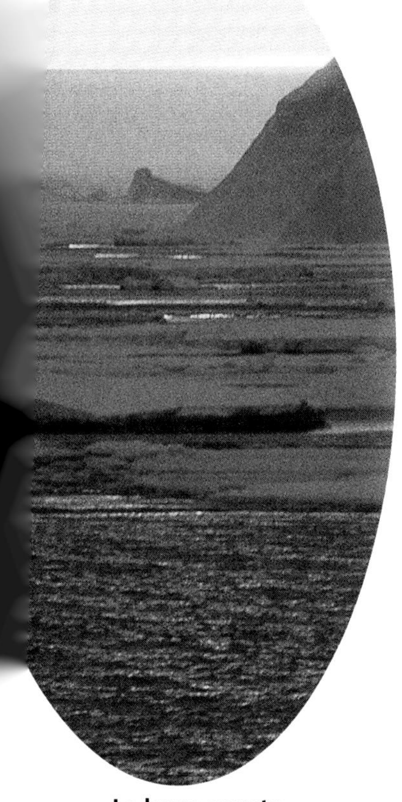
La larga puesta de sol antártica

Vigilancia del cielo

Es el 21 de marzo (el comienzo del invierno) y estás observando como el Sol se pone muy, muy lentamente. Al Sol le lleva 30 horas, más de un día, desaparecer bajo el horizonte. ¡Una vez que se haya ido, no volverás a ver luz solar de nuevo hasta septiembre! Abril y mayo no son por completo oscuros, pero difícilmente hay luz suficiente para que se proyecte una sombra. Después reina la oscuridad durante dos meses. En agosto, la luz empieza de nuevo. El cielo se ilumina rápidamente hasta la salida del Sol polar.

La inclinación de la Tierra sobre su eje afecta a las horas de luz diurna y oscuridad de una estación a otra. En los polos, el medio del verano trae el "sol de media-noche", que da vueltas alrededor del cielo pero no se pone. El medio del invierno trae la oscuridad casi total.

La tabla muestra las horas de luz diurna el día 15 de cada mes. Muestra lecturas en dos diferentes sitios antárticos: la estación Amundsen-Scott y la estación japonesa Mizuho.

HORAS DE LUZ DIURNA EN LA ANTÁRTIDA
(de la salida a la puesta de sol, redondeado a la hora siguiente)

Mes	Estación Mizuho 70° S	Estación Amundsen–Scott 90° S
Enero	24	24
Febrero	18	24
Marzo	14	24
Abril	9	0
Mayo	3	0
Junio	0	0
Julio	0	0
Agosto	7	0
Septiembre	11	0
Octubre	16	24
Noviembre	22	24
Diciembre	24	24

Actividad de matemáticas

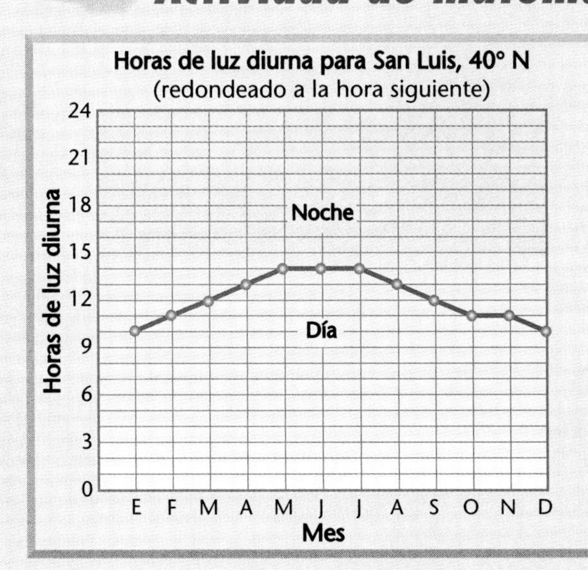

Esta gráfica de línea muestra el patrón del año de luz diurna para San Luis, Missouri, que se encuentra a unos 40° de latitud norte. Las lecturas se tomaron el día 15 de cada mes. Usa la tabla para hacer otra gráfica de línea que muestre las horas de luz de la estación Mizuho, la estación Amundsen-Scott y San Luis.

- En el eje horizontal de la tabla enlista los meses.
- En el eje vertical marca espacios para 0 a 24 horas.
- Elige un marcador de color diferente para cada latitud. Sobre cada mes en cada lugar, pon un punto coloreado en la marca de la hora correcta. Conecta los puntos para mostrar cambios en la luz diurna en cada lugar durante un año.
- ¿En qué se parecen los cambios de oscuridad y luz diurna en la Antártida, como los que ves en casa? ¿En qué son diferentes?

Artes del lenguaje

Solo en la Antártida

El almirante Richard Byrd trabajó en la Antártida casi 30 años después de su vuelo sobre el Polo Sur. Dirigió varias expediciones y estableció estaciones de investigación en Little America (la Pequeña América). El libro de Byrd, *Alone* (Solo), se basa en el diario que llevó al pasar el invierno de 1934 solo en un puesto de vigía de una estación meteorológica. Durante su permanencia de cuatro meses y medio, Byrd casi llegó al límite de su resistencia mental y física. Sin embargo, sobrevivió la prueba y prosiguió con su investigación meteorológica hasta que llegó la ayuda en agosto.

En esta memoria de sus días a principios de abril de 1934, Byrd describe algunos de los problemas para trabajar en el frío intenso.

A veces me sentía como si fuera el último sobreviviente de una Edad de Hielo, tratando de sostenerme con las débiles herramientas heredadas de un plácido mundo templado. El frío hace cosas extrañas. A los 50° Fahrenheit bajo cero (–45.5°C) una lámpara de mano se apaga. A los –55° Fahrenheit (–48.3°C) se congela el keroseno y la flama se extingue en el mechero. A los –60° Fahrenheit (–51.1°C) el caucho se pone quebradizo. Un día, recuerdo, el cable de la antena se me partió en las manos cuando traté de doblarlo para hacer una nueva conexión. Bajo los –60° Fahrenheit (–51.1°C), el frío encontrará la última microscópica gota de aceite en un instrumento y detendrá éste sin remedio. Si hay la menor brisa, puedes oír como se congela tu respiración al ir flotando, tronando como cuetes o triquitraques chinos... Y si te agitas mucho trabajando y respiras muy profundo, sientes a veces como si se te quemaran los pulmones.

El frío, hasta el de abril es un frío relativamente moderado, me dio bastante en qué pensar... El jugo de tomate de dos botellas se congeló y rompió éstas. Siempre que traía alimentos enlatados de fuera al interior de la cabaña, tenía que dejarlos todo el día cerca de la estufa para que se descongelaran... Siempre estaba acumulándose

El almirante Byrd trata de mantener el calor en su pequeña cabaña en Little America. ▶

Vista costera de la Antártida. ▼

escarcha en las clavijas de contacto eléctricas del ventilador y en las tazas del anemómetro. Algunos días tuve que trepar los 12 pies (3.66 m) del poste del anemómetro hasta dos y tres veces para limpiarle las tazas. Era una tarea cruel, especialmente en las noches con violentas ráfagas de viento. Con las piernas trenzadas alrededor del delgado poste, los brazos colgados sobre los travesaños y las manos libres tratando de raspar a cuchillo el punto de contacto para limpiarlo, sosteniendo al mismo tiempo una lámpara de mano para ver, califiqué para el puesto de la niñera del asta más fría del mundo. Rara vez bajé de ese poste sin un dedo de mano o pie, o la nariz o la mejilla helados.

La cabaña estaba siempre fría a punto de congelación por la mañana. Yo dormía con la puerta abierta [para tener ventilación]. Cuando despertaba, la temperatura interior (dependiendo del tiempo que hiciese fuera), podía estar entre los 10° y los 40° Fahrenheit bajo cero (–23.33°C y –40°C). La escarcha cubría la bolsa de dormir donde mi respiración se había condensado durante la noche; los calcetines y las botas, cuando los recogía, estaban tan tiesos con mi sudor congelado, que primero era necesario estrujarlos con las manos. Tenía un par de guantes de seda colgados de un clavo sobre la litera, para ponérmelos antes de hacer nada más. No obstante, aun con su protección, los dedos me picaban y quemaban al contacto de la lámpara y la estufa al encender éstas.

Actividad de las artes del lenguaje

De este fragmento, ¿qué puedes concluir sobre la actitud de Byrd hacia su investigación? Aunque probablemente nunca has viajado a la Antártida, puedes haber tenido una aventura al aire libre: en un campamento de verano o incluso en un parque de la ciudad. Usa redacción descriptiva para recrear esa experiencia. Recuerda incluir detalles concretos, sensibles, como los del diario de Byrd. Si lo prefieres, escribe sobre un acontecimiento o aventura imaginarios al aire libre.

Relaciónalo

Planea una expedición fresca

¡Vas en camino a la Antártida! La buena planeación es la clave del éxito de una expedición. En grupos pequeños planea tu expedición. Cuando terminen sus planes, reúnanse con su clase para presentar su programa. Consideren estas preguntas y problemas:

- ¿Qué investigación harán: del tiempo, la vida silvestre, la geología u otro tema?
- ¿Dónde trabajarán? ¿Cerca de la costa? ¿Se unirán a una estación de investigación?
- ¿Viajarán? Traza tu ruta de viaje y localización en un mapa de la Antártida.
- ¿Cuánto tiempo planean permanecer allá?
- ¿Qué equipo llevarán: equipo de alpinismo para cruzar los glaciares, botes y kayaks, tiendas para acampar?
- ¿Qué ropa necesitarán? Consulten la ilustración de la ropa protectora.
- ¿Qué provisiones llevarán? Planeen las clases y cantidades de alimentos que tomarán.

Piensa como científico

Tal vez no lo sepas, pero todos los días piensas como científico. Cada vez que te haces una pregunta y examinas las respuestas posibles aplicas muchas de las mismas destrezas que los científicos. Algunas de esas destrezas se describen en esta página.

Observar

Observas cada vez que reúnes información sobre el mundo con uno o más de tus cinco sentidos. Oír que ladra un perro, contar doce semillas verdes y oler el humo son observaciones. Para aumentar el alcance de los sentidos, los científicos tienen microscopios, telescopios y otros instrumentos con los que hacen observaciones más detalladas.

Las observaciones deben referirse a los hechos y ser precisas, un informe exacto de lo que tus sentidos detectan. Es importante escribir o dibujar cuidadosamente en un cuaderno las observaciones en la clase de ciencias. La información reunida en las observaciones se llama evidencia o dato.

Inferir

Cuando explicas o interpretas una observación, **infieres**, o haces una inferencia. Por ejemplo, si oyes que tu perro ladra, infieres que hay alguien en la puerta. Para hacer esta inferencia, combinas las evidencias (tu perro ladra) con tu experiencia o conocimientos (sabes que el perro ladra cuando se acerca un desconocido) para llegar a una conclusión lógica.

Advierte que las inferencias no son hechos, sino solamente una de tantas explicaciones de tu observación. Por ejemplo, quizá tu perro ladra porque quiere ir de paseo. A veces resulta que las inferencias son incorrectas aun si se basan en observaciones precisas y razonamientos lógicos. La única manera de averiguar si una inferencia es correcta, es investigar más a fondo.

Predecir

Cuando escuchas el pronóstico del tiempo, oyes muchas predicciones sobre las condiciones meteorológicas del día siguiente: cuál será la temperatura, si lloverá o no y si habrá mucho viento. Los meteorólogos pronostican el tiempo basados en sus observaciones y conocimientos de los sistemas climáticos. La destreza de **predecir** consiste en hacer una inferencia sobre un acontecimiento futuro basada en pruebas actuales o en la experiencia.

Como las predicciones son inferencias, a veces resultan falsas. En la clase de ciencias, puedes hacer experimentos para probar tus predicciones. Por ejemplo, digamos que predices que los aviones de papel más grandes vuelan más lejos que los pequeños. ¿Cómo pondrías a prueba tu predicción?

Estudia la fotografía para responder las preguntas siguientes.

Observar Mira con atención la fotografía. Anota por lo menos tres observaciones.

Inferir Con tus observaciones, haz una inferencia de lo que sucedió. ¿Qué experiencias o conocimientos aprovechaste para formular tu inferencia?

Predecir Predice lo que ocurrirá a continuación. ¿En qué evidencias o experiencias basas tu predicción?

Clasificar

¿Te imaginas cómo sería buscar un libro en la biblioteca si todos los tomos estuvieran puestos en los estantes sin ningún orden? Tu visita a la biblioteca sería cosa de todo un día. Por fortuna, los bibliotecarios agrupan los libros por tema o por autor. Agrupar los elementos que comparten algún parecido se llama **clasificar**. Puedes clasificar las cosas de muchas maneras: por tamaño, por forma, por uso y por otras características importantes.

Como los bibliotecarios, los científicos aplican la destreza de clasificar para organizar información y objetos. Cuando las cosas están distribuidas en grupos, es más fácil entender sus relaciones.

ACTIVIDAD

Clasifica los objetos de la fotografía en dos grupos, de acuerdo con la característica que tú escojas. Luego, elige otra característica y clasifícalos en tres grupos.

Hacer modelos

¿Alguna vez has hecho un dibujo para que alguien entienda mejor lo que le dices? Ese dibujo es una especie de modelo. Los modelos son dibujos, diagramas, imágenes de computadora o cualquier otra representación de objetos o procesos complicados. **Hacer modelos** nos ayuda a entender las cosas que no vemos directamente.

Los científicos representan con modelos las cosas muy grandes o muy pequeñas, como los planetas del sistema solar o las partes de las células. En estos casos se trata de modelos físicos, dibujos o cuerpos sólidos que se parecen a los objetos reales. En otros casos son modelos mentales: ecuaciones matemáticas o palabras que describen el funcionamiento de algo.

ACTIVIDAD

Esta estudiante demuestra con un modelo las causas del día y la noche en la Tierra. ¿Qué representan la lámpara y la pelota de tenis?

Comunicar

Te comunicas cuando hablas por teléfono, escribes una carta o escuchas al maestro en la escuela. **Comunicar** es el acto de compartir ideas e información con los demás. La comunicación eficaz requiere de muchas destrezas: escribir, leer, hablar, escuchar y hacer modelos.

Los científicos se comunican para compartir resultados, información y opiniones. Acostumbran comunicar su trabajo en publicaciones, por teléfono, en cartas y en la Internet. También asisten a reuniones científicas donde comparten sus ideas en persona.

ACTIVIDAD

En un papel, escribe con claridad las instrucciones detalladas para amarrarse las agujetas. Luego, intercámbialas con un compañero o compañera. Sigue exactamente sus instrucciones. ¿Qué tan bien pudiste amarrarte el zapato? ¿Cómo se hubiera comunicado con más claridad tu compañero o compañera?

Hacer mediciones

Cuando los científicos hacen observaciones, no basta decir que algo es "grande" o "pesado". Por eso, miden con sus instrumentos qué tan grandes o pesados son los objetos. Con las mediciones, los científicos expresan con mayor exactitud sus observaciones y comunican más información sobre lo que observan.

Mediciones SI

La forma común de medir que utilizan los científicos de todo el mundo es el *Sistema Internacional de Unidades*, abreviado SI. Estas unidades son fáciles de usar porque se basan en múltiplos de 10. Cada unidad es 10 veces mayor que la inmediata anterior y un décimo del tamaño de la siguiente. En la tabla se anotan los prefijos de las unidades del SI más frecuentes.

Prefijos comunes SI

Prefijo	Símbolo	Significado
kilo-	k	1,000
hecto-	h	100
deka-	da	10
deci-	d	0.1 (un décimo)
centi-	c	0.01 (un centésimo)
mili-	m	0.001 (un milésimo)

Longitud Para medir la longitud, o la distancia entre dos puntos, la unidad de medida es el **metro (m)**. Un metro es la distancia aproximada del suelo al pomo de la puerta. Las distancias mayores, como entre ciudades, se miden en kilómetros (km). Las longitudes más pequeñas se miden en centímetros (cm) o milímetros (mm). Para medir la longitud, los científicos usan reglas métricas.

Conversiones comunes

1 km = 1,000 m
1 m = 100 cm
1 m = 1,000 mm
1 cm = 10 mm

ACTIVIDAD

En la regla métrica de la ilustración, las líneas largas son divisiones en centímetros, mientras que las cortas que no están numeradas son divisiones en milímetros. ¿Cuántos centímetros de largo tiene esta concha? ¿A cuántos milímetros equivale?

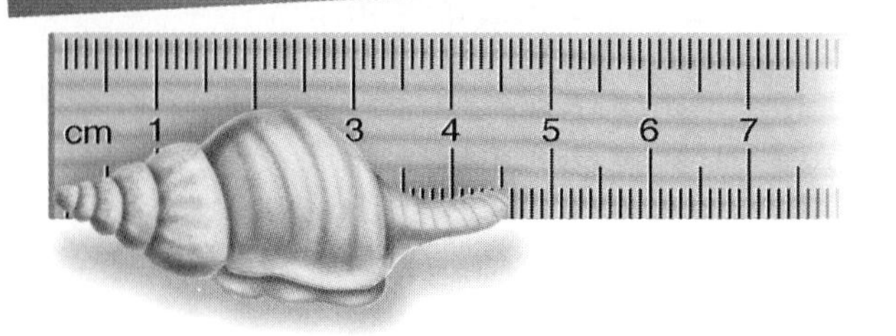

Volumen líquido Para medir el volumen de los líquidos, o la cantidad de espacio que ocupan, utilizamos una unidad de medida llamada **litro (L)**. Un litro es aproximadamente el volumen de un cartón de leche de tamaño mediano. Los volúmenes menores se miden en mililitros (mL). Los científicos tienen cilindros graduados para medir el volumen líquido.

Conversión común

1 L = 1,000 mL

ACTIVIDAD

El cilindro graduado de la ilustración está marcado con divisiones en milímetros. Observa que la superficie del agua del cilindro es curva. Esta curvatura se llama *menisco*. Para medir el volumen, tienes que leer el nivel en el punto más bajo del menisco. ¿Cuál es el volumen del agua en este cilindro graduado?

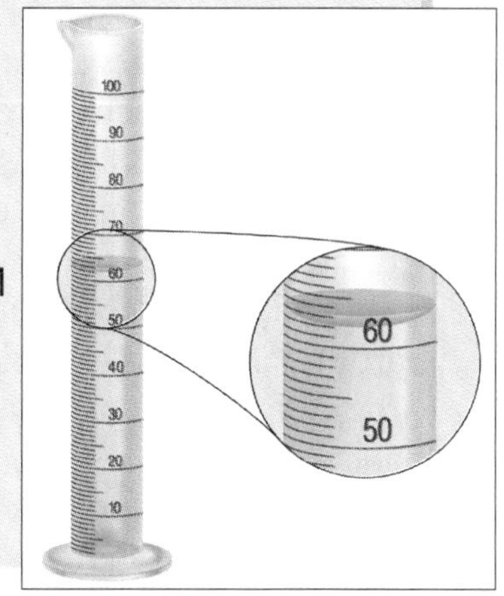

Masa Para medir la masa, o la cantidad de materia de los objetos, tomamos una unidad de medida conocida como **gramo (g)**. Un gramo es aproximadamente la masa de un sujetador de papeles. Las masas más grandes se miden en kilogramos (kg). Los científicos miden con básculas la masa de los objetos.

Conversión común

1 kg = 1,000 g

ACTIVIDAD

La báscula electrónica muestra la masa de una manzana en kilogramos. ¿Cuál es la masa de la manzana? Supón que una receta de puré requiere un kilogramo de manzanas. ¿Cuántas manzanas necesitarías?

Temperatura
Para medir la temperatura de las sustancias, usamos la **escala Celsius**. La temperatura se mide con un termómetro en grados Celsius (°C). El agua se congela a 0°C y hierve a 100°C.

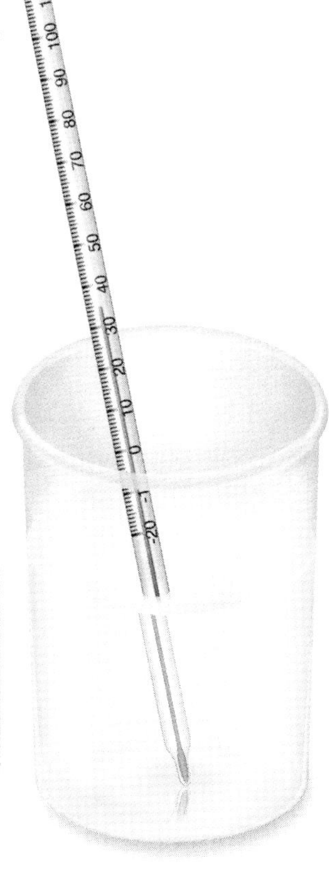

ACTIVIDAD

¿Cuál es la temperatura del líquido en grados Celsius?

Conversión de unidades SI

Para trabajar con el sistema SI, debes saber cómo convertir de unas unidades a otras. Esto requiere la destreza de **calcular**, o realizar operaciones matemáticas. Convertir unidades SI es igual que convertir dólares y monedas de 10 centavos, porque los dos sistemas se basan en múltiplos de diez.

Digamos que quieres convertir en metros una longitud de 80 centímetros. Sigue estos pasos para convertir las unidades.

1. Comienza por escribir la medida que quieres convertir; en este ejemplo, 80 centímetros.
2. Escribe el factor de conversión que represente la relación entre las dos unidades. En este ejemplo, la relación es *1 metro = 100 centímetros*. Escribe el factor como fracción. Asegúrate de poner en el denominador las unidades de las que conviertes (en este ejemplo, centímetros).
3. Multiplica la medición que quieres convertir por la fracción. Las unidades de esta primera medición se cancelarán con las unidades del denominador. Tu respuesta estará en las unidades a las que conviertes.

Ejemplo

80 centímetros = ___?___ metros

$$80 \text{ centímetros} \times \frac{1 \text{ metro}}{100 \text{ centímetros}} = \frac{80 \text{ metros}}{100}$$

$$= 0.8 \text{ metros}$$

Convierte las unidades siguientes.

1. 600 milímetros = ___?___ metros
2. 0.35 litros = ___?___ mililitros
3. 1,050 gramos = ___?___ kilogramos

Realizar una investigación científica

En cierta forma, los científicos son como detectives que unen claves para entender un proceso o acontecimiento. Una forma en que los científicos reúnen claves es realizar experimentos. Los experimentos prueban las ideas en forma cuidadosa y ordenada. Sin embargo, no todos los experimentos siguen los mismos pasos en el mismo orden, aunque muchos tienen un esquema parecido al que se describe aquí.

Plantear preguntas

Los experimentos comienzan planteando una pregunta científica. Las preguntas científicas son las que se pueden responder reuniendo pruebas. Por ejemplo, la pregunta "¿qué se congela más rápidamente, el agua dulce o el agua salada?" es científica, porque puedes realizar una investigación y reunir información para contestarla.

Desarrollar una hipótesis

El siguiente paso es formular una hipótesis. Las **hipótesis** son predicciones acerca de los resultados de los experimentos. Como todas las predicciones, las hipótesis se basan en tus observaciones y en tus conocimientos o experiencia. Pero, a diferencia de muchas predicciones, las hipótesis deben ser algo que se pueda poner a prueba. Las hipótesis bien enunciadas adoptan la forma *Si... entonces...* y en seguida el planteaminto. Por ejemplo, una hipótesis sería "*si añado sal al agua dulce, entonces tardará más en congelarse*". Las hipótesis enunciadas de esta manera son un boceto aproximado del experimento que debes realizar.

Crear un experimento

Enseguida, tienes que planear una forma de poner a prueba tu hipótesis. Debes redactarla en forma de pasos y describir las observaciones o mediciones que harás.

Dos pasos importantes de la creación de experimentos son controlar las variables y formular definiciones operativas.

Controlar variables En los experimentos bien planeados, tienes que cuidar que todas las variables sean la misma excepto una. Una **variable** es cualquier factor que pueda cambiarse en un experimento. El factor que modificas se llama **variable manipulada**. En nuestro experimento, la variable manipulada es la cantidad de sal que se añade al agua. Los demás factores son constantes, como la cantidad de agua o la temperatura inicial.

El factor que cambia como resultado de la variable manipulada se llama **variable de respuesta** y es lo que mides u observas para obtener tus resultados. En este experimento, la variable de respuesta es cuánto tarda el agua en congelarse.

Un **experimento controlado** es el que mantiene constante todos los factores salvo uno. Estos experimentos incluyen una prueba llamada de **control**. En este experimento, el recipiente 3 es el de control. Como no se le añade sal, puedes comparar con él los resultados de los otros experimentos. Cualquier diferencia en los resultados debe obedecer en exclusiva a la adición de sal.

Formular definiciones operativas
Otro aspecto importante de los experimentos bien planeados es tener definiciones operativas claras. Las **definiciones operativas** son enunciados que describen cómo se va a medir cierta variable o cómo se va a definir. Por ejemplo, en este experimento, ¿cómo determinarás si el agua se congeló? Quizá decidas meter un palito en los recipientes al comienzo del experimento. Tu definición operativa de "congelada" sería el momento en que el palito dejara de moverse.

PROCEDIMIENTO EXPERIMENTAL

1. *Llena 3 recipientes con agua fría de la llave.*
2. *Añade 10 gramos de sal al recipiente 1 y agita. Añade 20 gramos de sal al recipiente 2 y agita. No añadas sal al recipiente 3.*
3. *Coloca los tres recipientes en el congelador.*
4. *Revisa los recipientes cada 15 minutos. Anota tus observaciones.*

Interpretar datos

Las observaciones y mediciones que haces en los experimentos se llaman datos. Debes analizarlos al final de los experimentos para buscar regularidades o tendencias. Muchas veces, las regularidades se hacen evidentes si organizas tus datos en una tabla o una gráfica. Luego, reflexiona en lo que revelan los datos. ¿Apoyan tu hipótesis? ¿Señalan una falla en el experimento? ¿Necesitas reunir más datos?

Sacar conclusiones

Las conclusiones son enunciados que resumen lo que aprendiste del experimento. Cuando sacas una conclusión, necesitas decidir si los datos que reuniste apoyan tu hipótesis o no. Tal vez debas repetir el experimento varias veces para poder sacar alguna conclusión. A menudo, las conclusiones te llevan a plantear preguntas nuevas y a planear experimentos nuevos para responderlas.

ACTIVIDAD

Al rebotar una pelota, ¿influye la altura de la cual la arrojas? De acuerdo con los pasos que acabamos de describir, planea un experimento controlado para investigar este problema.

Razonamiento crítico

¿Alguien te ha pedido consejo acerca de un problema? En tal caso, es probable que hayas ayudado a esa persona a pensar en el problema a fondo y de manera lógica. Sin saberlo, aplicaste las destrezas del razonamiento crítico, que consiste en reflexionar y emplear la lógica para resolver problemas o tomar decisiones. A continuación se describen algunas destrezas de razonamiento crítico.

Comparar y contrastar

Cuando buscas las semejanzas y las diferencias de dos objetos, aplicas la destreza de **comparar y contrastar**. Comparar es identificar las semejanzas, o características comunes. Contrastar significa encontrar las diferencias. Analizar los objetos de este modo te servirá para descubrir detalles que en otro caso quizá omitirías.

ACTIVIDAD

Compara y contrasta los dos animales de la foto. Anota primero todas las semejanzas que veas y luego todas las diferencias.

Aplicar los conceptos

Cuando recurres a tus conocimientos de una situación para entender otra parecida, empleas la destreza de **aplicar conceptos**. Ser capaz de transferir tus conocimientos de una situación a otra demuestra que realmente entiendes el concepto. Con esta destreza respondes en los exámenes las preguntas que tienen problemas distintos de los que estudiaste en clase.

ACTIVIDAD

Acabas de aprender que el agua tarda más en congelarse si se le mezclan otras sustancias. Con este conocimiento, explica por qué en invierno necesitamos poner en el radiador de los autos una sustancia llamada anticongelante.

Interpretar ilustraciones

En los libros hay diagramas, fotografías y mapas para aclarar lo que lees. Estas ilustraciones muestran procesos, lugares e ideas de forma visual. La destreza llamada **interpretar ilustraciones** te sirve para aprender de estos elementos visuales. Para entender una ilustración, date tiempo para estudiarla junto con la información escrita que la acompañe. Las leyendas indican los conceptos fundamentales de la ilustración. Los nombres señalan las partes importantes de diagramas y mapas, en tanto que las claves explican los símbolos de los mapas.

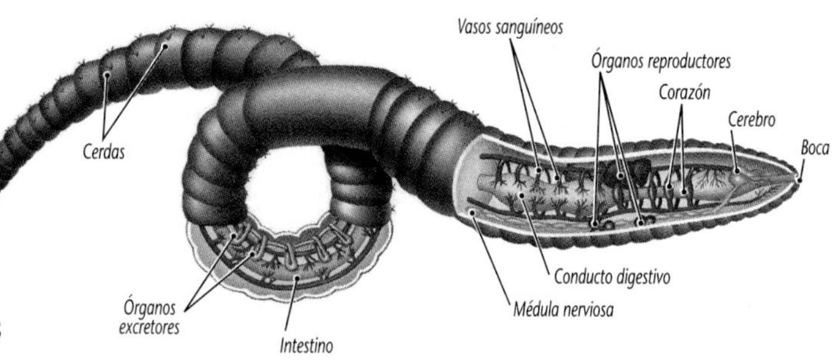

▲ Anatomía interna de la lombriz de tierra

Estudia el diagrama de arriba. Luego, escribe un párrafo breve donde expliques lo que aprendiste.

Relacionar causa y efecto

Si un suceso es la causa de que otro ocurra, se dice que ambos tienen una relación de causa y efecto. Cuando determinas que hay tal relación entre dos sucesos, muestras una destreza llamada **relacionar causa y efecto**. Por ejemplo, si observas en tu piel una hinchazón roja y que te causa irritación, infieres que te picó un mosquito. La picadura es la causa y la hinchazón el efecto.

Es importante aclarar que aunque dos sucesos ocurran al mismo tiempo, no necesariamente generan una relación de causa y efecto. Los científicos se basan en la experimentación y en experiencias pasadas para determinar la existencia de una relación de causa y efecto.

ACTIVIDAD

Estás en un campamento y tu linterna dejó de funcionar. Haz una lista de las causas posibles del desperfecto. ¿Cómo determinarías la relación de causa y efecto que te ha dejado a oscuras?

Hacer generalizaciones

Cuando sacas una conclusión acerca de todo un grupo basado en la información de sólo algunos de sus miembros, aplicas una destreza llamada **hacer generalizaciones**. Para que las generalizaciones sean válidas, la muestra que escojas debe ser lo bastante grande y representativa de todo el grupo. Por ejemplo, puedes ejercer esta destreza en un puesto de frutas si ves un letrero que diga "Pruebe algunas uvas antes de comprar". Si tomas unas uvas dulces, concluyes que todas las uvas son dulces y compras un racimo grande.

ACTIVIDAD

Un equipo de científicos necesita determinar si es potable el agua de un embalse grande. ¿Cómo aprovecharían la destreza de hacer generalizaciones? ¿Qué deben hacer?

Formular juicios

Cuando evalúas algo para decidir si es bueno o malo, correcto o incorrecto, utilizas una destreza llamada **formular juicios**. Por ejemplo, formulas juicios cuando prefieres comer alimentos saludables o recoges la basura de un parque. Antes de formular el juicio, tienes que meditar en las ventajas y las desventajas de la situación y mostrar los valores y las normas que sostienes.

ACTIVIDAD

¿Hay que exigir a niños y adolescentes que porten casco al ir en bicicleta? Explica las razones de tu opinión.

Resolver problemas

Cuando te vales de las destrezas de razonamiento crítico para resolver un asunto o decidir una acción, practicas una destreza llamada **resolver problemas**. Algunos problemas son sencillos, como la forma de convertir fracciones en decimales. Otros, como averiguar por qué dejó de funcionar tu computadora, son complicados. Algunos problemas complicados se resuelven con el método de ensayo y error: ensayas primero una solución; si no funciona, intentas otra. Entre otras estrategias útiles para resolver problemas se encuentran hacer modelos y realizar una lluvia de ideas con un compañero en busca de soluciones posibles.

Organizar la información

A medida que lees este libro, ¿cómo puedes comprender toda la información que contiene? En esta página se muestran herramientas útiles para organizar la información. Se denominan *organizadores gráficos* porque te dan una imagen de los temas y de la relación entre los conceptos.

Redes de conceptos

Las redes de conceptos son herramientas útiles para organizar la información en temas generales. Comienzan con un tema general que se descompone en conceptos más concretos. De esta manera, se facilita la comprensión de las relaciones entre los conceptos.

Para trazar una red de conceptos, se anotan los términos (por lo regular sustantivos) dentro de óvalos y se conectan con palabras de enlace. El concepto más general se pone en la parte superior. Conforme se desciende, los términos son cada vez más específicos. Las palabras de enlace, que se escriben sobre una línea entre dos óvalos, describen las relaciones de los conceptos que unen. Si sigues hacia abajo cualquier encadenamiento de conceptos y palabras de enlace, suele ser fácil leer una oración.

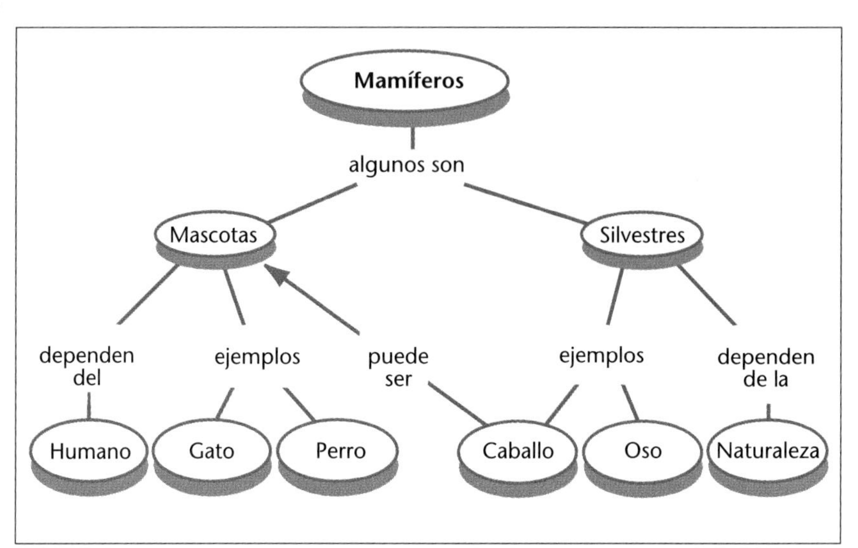

Algunas redes de conceptos comprenden nexos que vinculan un concepto de una rama con otro de una rama distinta. Estos nexos, llamados cruzados, muestran relaciones más complicadas entre conceptos.

Tablas para comparar y contrastar

Las tablas para comparar y contrastar son herramientas útiles para clasificar las semejanzas y las diferencias entre dos o más objetos o sucesos. Las tablas proporcionan un esquema organizado para realizar comparaciones de acuerdo con las características que identifiques.

Para crear una tabla para comparar y contrastar, anota los elementos que vas a comparar en la parte superior. Enseguida, haz en la columna izquierda una lista de las características que formarán la base de tus comparaciones. Para terminar tu tabla, asienta la información sobre cada característica, primero de un elemento y luego del siguiente.

Característica	Béisbol	Baloncesto
Núm. de jugadores	9	5
Campo de juego	Diamante de béisbol	Cancha de baloncesto
Equipo	Bates, pelotas, manoplas	Canasta, pelota

Diagramas de Venn

Los diagramas de Venn son otra forma de mostrar las semejanzas y las diferencias entre elementos. Estos diagramas constan de dos o más círculos que se superponen parcialmente. Cada círculo representa un concepto o idea. Las características comunes, o semejanzas, se anotan en la parte superpuesta de ambos círculos. Las características únicas, o diferencias, se escriben en las partes de los círculos que no pertenecen a la zona de superposición.

Para trazar un diagrama de Venn, dibuja dos círculos superpuestos. Encabézalos con los nombres de los elementos que vas a comparar. En cada círculo, escribe las características únicas en las partes que no se superponen. Luego, anota en el área superpuesta las características compartidas.

Diagramas de flujo

Los diagramas de flujo ayudan a entender el orden en que ciertos sucesos ocurren o deben ocurrir. Sirven para esbozar las etapas de un proceso o los pasos de un procedimiento.

Para hacer un diagrama de flujo, escribe en un recuadro una descripción breve de cada suceso. Anota el primero en la parte superior de la hoja, seguido por el segundo, el tercero, etc. Para terminar, dibuja una flecha que conecte cada suceso en el orden en que ocurren.

Preparación de pasta

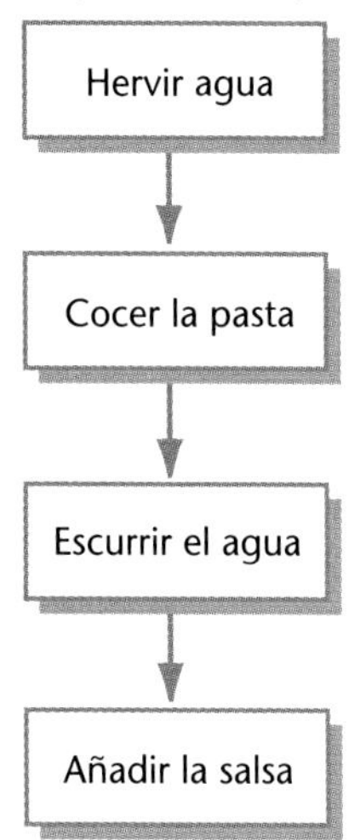

Diagramas de ciclos

Los diagramas de ciclos muestran secuencias de acontecimientos continuas, o ciclos. Las secuencias continuas no tienen final, porque cuando termina el último suceso, el primero se repite. Como los diagramas de flujo, permiten entender el orden de los sucesos.

Para crear el diagrama de un ciclo, escribe en un recuadro una descripción breve de cada suceso. Coloca uno en la parte superior de la hoja, al centro. Luego, sobre un círculo imaginario y en el sentido de las manecillas del reloj, escribe cada suceso en la secuencia correcta. Dibuja flechas que conecten cada suceso con el siguiente, de modo que se forme un círculo continuo.

Etapas de los experimentos científicos

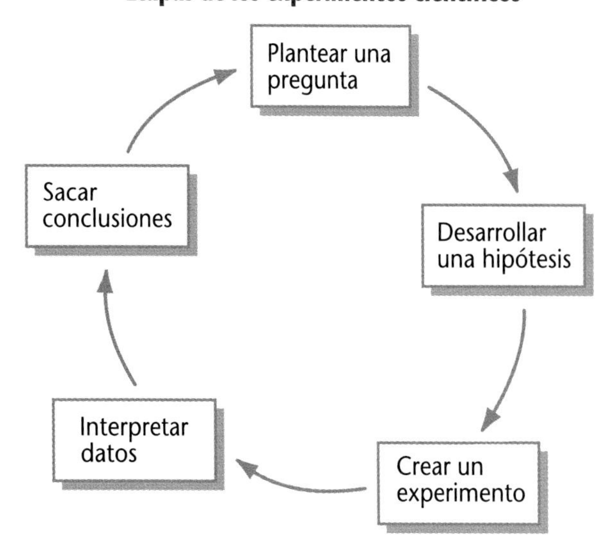

Crear tablas de datos y gráficas

¿Cómo se entiende el significado de los datos de los experimentos científicos? El primer paso es organizarlos para comprenderlos. Para ello, son útiles las tablas de datos y las gráficas.

Tablas de datos

Ya reuniste los materiales y preparaste el experimento. Pero antes de comenzar, necesitas planificar una forma de anotar lo que ocurre durante el experimento. En una tabla de datos puedes escribir tus observaciones y mediciones de manera ordenada.

Por ejemplo, digamos que un científico realizó un experimento para saber cuántas calorías queman sujetos de diversas masas corporales al realizar varias actividades. La tabla de datos muestra los resultados.

CALORÍAS QUEMADAS EN 30 MINUTOS DE ACTIVIDAD

Masa corporal	Experimento 1 Ciclismo	Experimento 2 Baloncesto	Experimento 3 Ver televisión
30 kg	60 calorías	120 calorías	21 calorías
40 kg	77 calorías	164 calorías	27 calorías
50 kg	95 calorías	206 calorías	33 calorías
60 kg	114 calorías	248 calorías	38 calorías

Observa en la tabla que la variable manipulada (la masa corporal) es el encabezado de una columna. La variable de respuesta (en el experimento 1, las calorías quemadas al andar en bicicleta) encabeza la siguiente columna. Las columnas siguientes se refieren a experimentos relacionados.

Gráficas de barras

Para comparar cuántas calorías se queman al realizar varias actividades, puedes trazar una gráfica de barras. Las gráficas de barras muestran los datos en varias categorías distintas. En este ejemplo, el ciclismo, el baloncesto y ver televisión son las tres categorías. Para trazar una gráfica de barras, sigue estos pasos.

Calorías quemadas por una persona de 30 kilos en diversas actividades

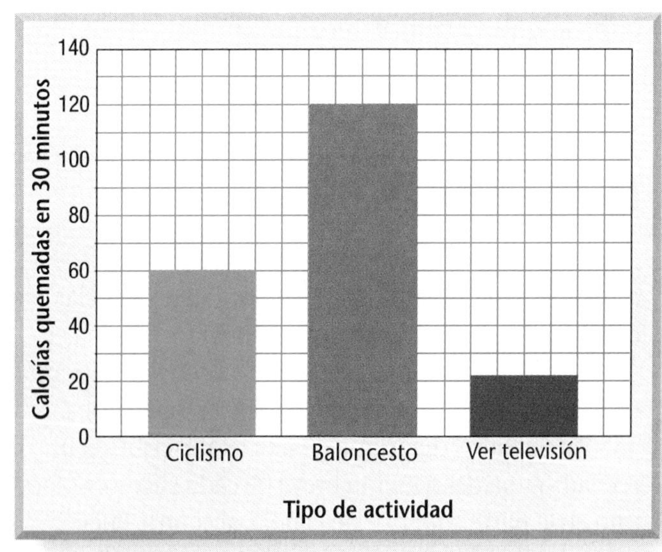

1. En papel cuadriculado, dibuja un eje horizontal, o eje de las *x*, y uno vertical, o de las *y*.
2. En el eje horizontal, escribe los nombres de las categorías que vas a graficar. Escribe también un nombre para todo el eje.
3. En el eje vertical anota el nombre de la variable de respuesta. Señala las unidades de medida. Para crear una escala, marca el espacio equivalente a los números de los datos que reuniste.
4. Dibuja una barra por cada categoría, usando el eje vertical para determinar la altura apropiada. Por ejemplo, en el caso del ciclismo, dibuja la barra hasta la altura de la marca 60 en el eje vertical. Haz todas las barras del mismo ancho y deja espacios iguales entre ellas.
5. Agrega un título que describa la gráfica.

Gráficas de líneas

Puedes trazar una gráfica de líneas para saber si hay una relación entre la masa corporal y la cantidad de calorías quemadas al andar en bicicleta. En estas gráficas, los datos muestran los cambios de una variable (la de respuesta) como resultado de los cambios de otra (la manipulada). Conviene trazar una gráfica de líneas cuando la variable manipulada es *continua*, es decir, cuando hay otros puntos entre los que estás poniendo a prueba. En este ejemplo, la masa corporal es una variable continua porque hay otros pesos entre los 30 y los 40 kilos (por ejemplo, 31 kilos). El tiempo es otro ejemplo de variable continua.

Efecto de la masa corporal en las calorías quemadas al practicar el ciclismo

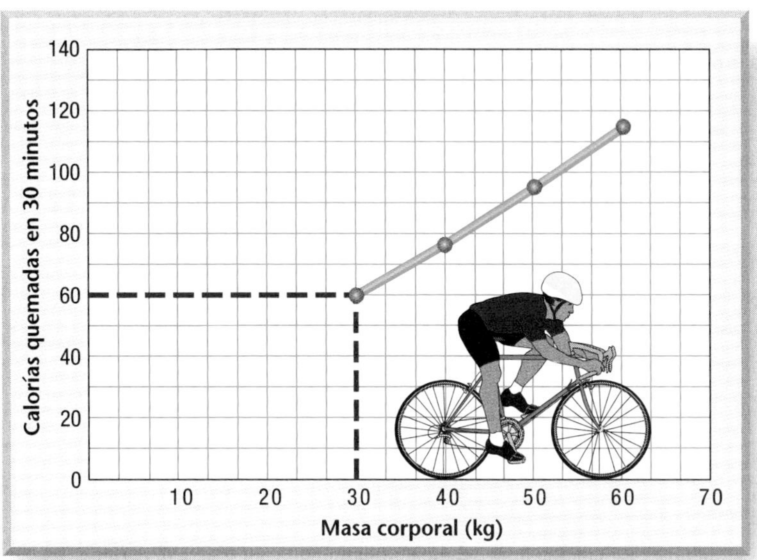

Las gráficas de líneas son herramientas poderosas, pues con ellas calculas las cifras de condiciones que no probaste en el experimento. Por ejemplo, con tu gráfica puedes estimar que una persona de 35 kilos quemaría 68 calorías al andar en bicicleta.

Para trazar una gráfica de líneas, sigue estos pasos.

1. En papel cuadriculado, dibuja un eje horizontal, o eje de las *x*, y uno vertical, o de las *y*.
2. En el eje horizontal, escribe el nombre de la variable manipulada. En el vertical, anota el nombre de la variable de respuesta y añade las unidades de medida.
3. Para crear una escala, marca el espacio equivalente a los números de los datos que reuniste.
4. Marca un punto por cada dato. En la gráfica de esta página, las líneas punteadas muestran cómo marcar el punto del primer dato (30 kilogramos y 60 calorías). En el eje horizontal, sobre la marca de los 30 kilos, proyecta una línea vertical imaginaria. Luego, dibuja una línea horizontal imaginaria que se proyecte del eje vertical en la marca de las 60 calorías. Pon el punto en el sitio donde se cruzan las dos líneas.
5. Conecta los puntos con una línea continua. (En algunos casos, tal vez sea mejor trazar una línea que muestre la tendencia general de los puntos graficados. En tales casos, algunos de los puntos caerán arriba o abajo de la línea.)
6. Escribe un título que identifique las variables o la relación de la gráfica.

Traza gráficas de líneas con los datos de la tabla de los experimentos 2 y 3.

ACTIVIDAD

Acabas de leer en el periódico que en la zona donde vives cayeron 4 centímetros lluvia en junio, 2.5 centímetros en julio y 1.5 centímetros en agosto. ¿Qué gráfica escogerías para mostrar estos datos? Traza tu gráfica en papel cuadriculado.

Gráficas circulares

Como las gráficas de barras, las gráficas circulares sirven para mostrar los datos en varias categorías separadas. Sin embargo, a diferencia de las gráficas de barras, sólo se trazan cuando tienes los datos de *todas* las categorías que comprende tu tema. Las gráficas circulares se llaman a veces gráficas de pastel, porque parecen un pastel cortado en rebanadas. El pastel representa todo el tema y las rebanadas son las categorías. El tamaño de cada rebanada indica qué porcentaje tiene cada categoría del total.

La tabla de datos que sigue muestra los resultados de una encuesta en la que se pidió a 24 adolescentes que declararan su deporte favorito. Con esos datos, se trazó la gráfica circular de la derecha.

DEPORTES FAVORITOS

Deporte	*Número de estudiantes*
Soccer	8
Baloncesto	6
Ciclismo	6
Natación	4

Para trazar una gráfica circular, sigue estos pasos.

1. Dibuja un círculo con un compás. Marca el centro con un punto. Luego, traza una línea del centro a la parte superior.
2. Para determinar el tamaño de cada "rebanada", establece una proporción en la que x sea igual al número de grados de la rebanada (NOTA: Los círculos tienen 360 grados). Por ejemplo, para calcular el número de grados de la rebanada del "soccer", plantea la relación siguiente:

$$\frac{\text{estudiantes que prefieren el soccer}}{\text{número total de estudiantes}} = \frac{x}{\text{número total de grados del círculo}}$$

$$\frac{8}{24} = \frac{x}{360}$$

Haz la multiplicación cruzada y resuelve x.

$$24x = 8 \times 360$$
$$x = 120$$

La rebanada de "soccer" tendrá 120 grados.

Deportes que prefieren los adolescentes

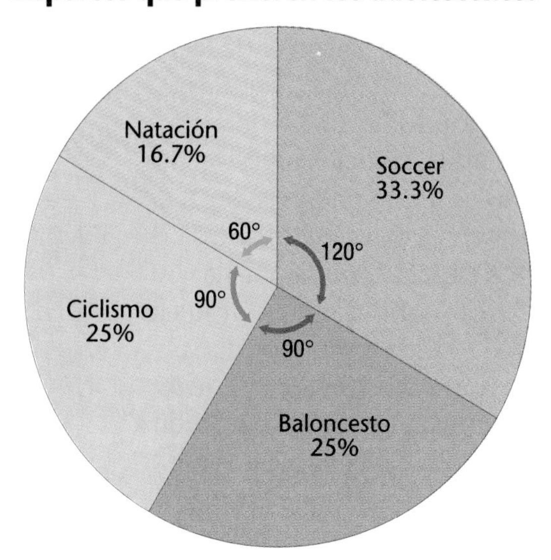

3. Mide con un transportador el ángulo de la primera rebanada. La línea de 0° es la que trazaste hasta la parte superior del círculo. Dibuja una línea que vaya del centro del círculo al extremo del ángulo que mediste.
4. Prosigue alrededor del círculo, midiendo cada rebanada con el transportador. Comienza en el borde de la rebanada anterior para que no se superpongan. Cuando termines, el círculo debe estar completo.
5. Determina el porcentaje del círculo que representa cada rebanada. Para ello, divide el número de grados de cada rebanada entre los grados del círculo (360) y multiplica por 100. En el caso de la rebanada del "soccer", calcula el porcentaje como sigue:

$$\frac{120}{360} \times 100\% = 33.3\%$$

6. Colorea cada rebanada. Escribe el nombre de la categoría y el porcentaje que representa.
7. Escribe el título de la gráfica circular.

ACTIVIDAD

En un salón de 28 estudiantes, 12 van a la escuela en autobús, 10 caminan y 6 van en bicicleta. Traza una gráfica circular para mostrar estos datos.

Seguridad en el laboratorio

Símbolos de seguridad

Estos símbolos te alertan de posibles daños en el laboratorio y te recuerdan que trabajes con cuidado.

Gafas de protección Usa siempre estas gafas para protegerte los ojos en cualquier actividad que requiera sustancias químicas, flamas o calor o bien la posibilidad de que se rompan cristales.

Delantal Ponte el delantal para proteger de daños tu piel y tu ropa.

Frágil Trabajas con materiales que se pueden romper, como recipientes de cristal, tubos de vidrio, termómetros o embudos. Maneja estos materiales con cuidado. No toques los vidrios rotos.

Guantes térmicos Ponte un guante de cocina o alguna otra protección para las manos cuando manipules materiales calientes. Las parrillas, el agua o los cristales calientes pueden causar quemaduras. No toques objetos calientes con las manos desnudas.

Caliente Toma los objetos de vidrio calientes con abrazaderas o tenazas. No toques objetos calientes con las manos desnudas.

Objeto filoso Las tijeras puntiagudas, los escalpelos, las navajas, las agujas, los alfileres y las tachuelas son filosos. Pueden cortar o pincharte la piel. Dirige siempre los bordes filosos lejos de ti y de los demás. Usa instrumentos afilados según las instrucciones.

Descarga eléctrica Evita la posibilidad de descargas eléctricas. Nunca uses equipo eléctrico cerca del agua ni cuando el equipo o tus manos estén húmedos. Verifica que los cables no estén enredados ni que puedan hacer que alguien tropiece. Desconecta el equipo cuando no esté en uso.

Corrosivo Trabajas con ácido u otra sustancia química corrosiva. No dejes que salpique en tu piel, ropa ni ojos. No inhales los vapores. Cuando termines la actividad, lávate las manos.

Veneno No permitas que ninguna sustancia química tenga contacto con la piel ni inhales los vapores. Cuando termines la actividad, lávate las manos.

Ten cuidado Cuando un experimento requiere actividad física, toma tus precauciones para que no te lastimes ni lesiones a los demás. Sigue las instrucciones del maestro. Avísale si hay alguna razón por la que no puedas participar en la actividad.

Precaución con los animales Trata con cuidado a los animales vivos para no hacerles daño ni que te lastimes. El trabajo con partes de animales o animales conservados también requiere cuidados. Cuando termines la actividad, lávate las manos.

Precaución con las plantas Maneja las plantas en el laboratorio o durante el trabajo de campo sólo como te lo indique el maestro. Avísale si eres alérgico a ciertas plantas que se van a usar en una actividad. No toques las plantas nocivas, como la hiedra, el roble o el zumaque venenosos ni las que tienen espinas. Cuando termines la actividad, lávate las manos.

Flamas Es posible que trabajes con flamas de mecheros, velas o cerillos. Anudate por atrás el cabello y la ropa sueltos. Sigue las instrucciones de tu maestro sobre cómo encender y extinguir las flamas.

No flamas Es posible que haya materiales inflamables. Verifica que no haya flamas, chispas ni otras fuentes expuestas de calor.

Vapores Cuando haya vapores venenosos o desagradables, trabaja en una zona ventilada. No inhales los vapores directamente. Prueba los olores sólo cuando el maestro lo indique y efectúa un movimiento de empuje para dirigir el vapor hacia tu nariz.

Desechos Es preciso desechar en forma segura las sustancias químicas y los materiales de la actividad. Sigue las instrucciones de tu maestro.

Lavarse las manos Cuando termines la actividad, lávate muy bien las manos con jabón antibacteriano y agua caliente. Frota los dos lados de las manos y entre los dedos. Enjuaga por completo.

Normas generales de seguridad Es posible que veas este símbolo cuando ninguno de los anteriores aparece. En este caso, sigue las instrucciones concretas que te proporcionen. También puede ser que veas el símbolo cuando te pidan que establezcas tu propio procedimiento de laboratorio. Antes de proseguir, pide a tu maestro que apruebe tu plan.

Reglas de seguridad en ciencias

Para que estés preparado y trabajes con seguridad en el laboratorio, repasa las siguientes reglas de seguridad. Luego, vuélvelas a leer. Asegúrate de entenderlas y seguirlas todas. Pide a tu maestro que te explique las que no comprendas.

Normas de atuendo

1. Para evitar lesiones oculares, ponte las gafas de protección siempre que trabajes con sustancias químicas, mecheros, objetos de vidrio o cualquier cosa que pudiera entrar en los ojos. Si usas lentes de contacto, avísale a tu maestro o maestra.
2. Ponte un delantal o una bata cuando trabajes con sustancias corrosivas o que manchen.
3. Si tienes el cabello largo, anúdalo por atrás para alejarlo de sustancias químicas, flamas o equipo.
4. Quítate o anuda en la espalda cualquier prenda o adorno que cuelgue y que pueda entrar en contacto con sustancias químicas, flamas o equipo. Súbete o asegura las mangas largas.
5. Nunca lleves zapatos descubiertos ni sandalias.

Precauciones generales

6. Lee varias veces todas las instrucciones de los experimentos antes de comenzar la actividad. Sigue con cuidado todas las directrices escritas y orales. Si tienes dudas sobre alguna parte de un experimento, pide a tu maestro que te ayude.
7. Nunca realices actividades que no te hayan encargado o que no estén autorizadas por el maestro. Antes de "experimentar" por tu cuenta, pide permiso. Nunca manejes ningún equipo sin autorización explícita.
8. Nunca realices las actividades de laboratorio sin supervisión directa.
9. Nunca comas ni bebas en el laboratorio.
10. Conserva siempre limpias y ordenadas todas las áreas del laboratorio. Lleva al área de trabajo nada más que cuadernos, manuales o procedimientos escritos de laboratorio. Deja en la zona designada cualesquiera otros artículos, como bolsas y mochilas.
11. No juegues ni corretees.

Primeros auxilios

12. Informa siempre de todos los incidentes y lesiones a tu maestros no importa si son insignificantes. Notifica de inmediato sobre cualquier incendio.
13. Aprende qué debes hacer en caso de accidentes concretos, como que te salpique ácido en los ojos o la piel (enjuaga los ácidos con abundante agua).
14. Averigua la ubicación del botiquín de primeros auxilios, pero no lo utilices a menos que el maestro te lo ordene. En caso de una lesión, él deberá aplicar los primeros auxilios. También puede ser que te envíe por la enfermera de la escuela o a llamar a un médico.
15. Conoce la ubicación del equipo de emergencia, como el extintor y los artículos contra incendios y aprende a usarlos.
16. Conoce la ubicación del teléfono más cercano y a quién llamar en caso de emergencia.

Medidas de seguridad con fuego y fuentes de calor

17. Nunca uses ninguna fuente de calor, como velas, mecheros y parrillas, sin gafas de protección.
18. Nunca calientes nada a menos que te lo indiquen. Sustancias que frías son inofensivas, pueden volverse peligrosas calientes.
19. No acerques al fuego ningún material combustible. Nunca apliques una flama ni una chispa cerca de una sustancia química combustible.
20. Nunca pases las manos por las flamas.
21. Antes de usar los mecheros de laboratorio, verifica que conoces los procedimientos adecuados para encenderlos y graduarlos, según te enseñó tu maestro. Nunca los toques, pues pueden estar calientes, y nunca los descuides ni los dejes encendidos.
22. Las sustancias químicas pueden salpicar o salirse de tubos de ensayo calientes. Cuando calientes una sustancia en un tubo de ensayo, fíjate que la boca del tubo no apunte hacia alguien.
23. Nunca calientes líquidos en recipientes tapados. Los gases se expanden y pueden hacer estallar el recipiente.
24. Antes de tomar un recipiente que haya sido calentado, acércale la palma de la mano. Si sientes el calor en el dorso, el recipiente está demasiado caliente para asirlo. Usa un guante de cocina para levantarlo.

Uso seguro de sustancias químicas

25. Nunca mezcles sustancias químicas "por diversión". Puedes producir una mezcla peligrosa y quizás explosiva.

26. Nunca acerques la cara a un recipiente que contiene sustancias químicas. Nunca toques, pruebes ni aspires una sustancia a menos que lo indique el maestro. Muchas sustancias químicas son venenosas.

27. Emplea sólo las sustancias químicas que requiere la actividad. Lee y verifica dos veces las etiquetas de las botellas de suministro antes de vaciarlas. Toma sólo lo que necesites. Cuando no uses las sustancias, cierra los recipientes que las contienen.

28. Desecha las sustancias químicas según te instruya tu maestro. Para evitar contaminarlas, nunca las devuelvas a sus recipientes originales. Nunca te concretes a tirar por el fregadero o en la basura las sustancias químicas y de otra clase.

29. Presta atención especial cuando trabajes con ácidos y bases. Vierte las sustancias sobre el fregadero o un recipiente, nunca sobre tu superficie de trabajo.

30. Si las instrucciones son que huelas una sustancia, efectúa un movimiento giratorio con el recipiente para dirigir los vapores a tu nariz; no los inhales directamente.

31. Cuando mezcles un ácido con agua, vacía primero el agua al recipiente y luego agrega el ácido. Nunca pongas agua en un ácido.

32. Extrema los cuidados para no salpicar ningún material del laboratorio. Limpia inmediatamente todos los derrames y salpicaduras de sustancias químicas con mucha agua. Enjuaga de inmediato con agua todo ácido que caiga en tu piel o ropa y notifica enseguida a tu maestro de cualquier derrame de ácidos.

Uso seguro de objetos de vidrio

33. Nunca fuerces tubos ni termómetros de vidrio en topes de hule y tapones de corcho. Si lo requiere la actividad, pide a tu maestro que lo haga.

34. Si usas un mechero de laboratorio, coloca una malla de alambre para impedir que las flamas toquen los utensilios de vidrio. Nunca los calientes si el exterior no está completamente seco.

35. Recuerda que los utensilios de vidrio calientes parecen fríos. Nunca los tomes sin verificar primero si están calientes. Usa un guante de cocina. Repasa la regla 24.

36. Nunca uses objetos de vidrio rotos o astillados. Si algún utensilio de vidrio se rompe, díselo a tu maestra y deséchalo en el recipiente destinado a los vidrios rotos. Nunca tomes con las manos desnudas ningún vidrio roto.

37. Nunca comas ni bebas en un artículo de vidrio de laboratorio.

38. Limpia a fondo los objetos de vidrio antes de guardarlos.

Uso de instrumentos filosos

39. Maneja con mucho cuidado los escalpelos y demás instrumentos filosos. Nunca cortes el material hacia ti, sino en la dirección opuesta.

40. Si te cortas al trabajar en el laboratorio, avisa de inmediato a tu maestra o maestro.

Precauciones con animales y plantas

41. Nunca realices experimentos que causen dolor, incomodidad o daños a mamíferos, aves, reptiles, peces y anfibios. Esta regla se aplica tanto en la escuela como en casa.

42. Los animales se manipulan sólo si es absolutamente indispensable. Tu maestro te dará las instrucciones sobre cómo manejar las especies llevadas a la clase.

43. Si eres alérgico a ciertas plantas, mohos o animales, díselo a tu maestro antes de iniciar la actividad.

44. Durante el trabajo de campo, protégete con pantalones, mangas largas, calcetines y zapatos cerrados. Aprende a reconocer las plantas y los hongos venenosos de tu zona, así como las plantas con espinas, y no las toques.

45. Nunca comas parte alguna de plantas u hongos desconocidos.

46. Lávate bien las manos después de manipular animales o sus jaulas. Lávate también después de las actividades con partes de animales, plantas o tierra.

Reglas al terminar experimentos

47. Cuando termines un experimento, limpia tu área de trabajo y devuelve el equipo a su lugar.

48. Elimina materiales de desecho de acuerdo con las instrucciones de tu maestro.

49. Lávate las manos después de cualquier experimento.

50. Cuando no los uses, apaga siempre los quemadores y las parrillas. Desconecta las parrillas y los equipos eléctricos. Si usaste un mechero, ve que también esté cerrada la válvula de alimentación del gas.

Glosario

altitud Elevación sobre el nivel del mar. (p. 28)

anemómetro Instrumento para medir la velocidad del viento. (p. 53)

anticiclón Centro de alta presión de aire seco. (p. 82)

atmósfera Capa de gases que rodea a la Tierra. (p. 14)

aurora boreal Despliegue brillante de colores en el cielo provocado por el choque en la ionosfera de partículas de luz solar con átomos de oxígeno y nitrógeno. También se le llama luces del norte. (p. 36)

barlovento Ladera de las montañas frente al viento que llega. (p. 117)

barómetro aneroide Instrumento seco que mide los cambios de la presión atmosférica. Los cambios de condiciones en una caja metálica hermética hacen que se mueva la aguja del cuadrante de este aparato. (p. 27)

barómetro de mercurio Instrumento que mide los cambios de la presión atmosférica. Consta de un tubo de cristal con un extremo cerrado, parcialmente lleno con mercurio, y el extremo abierto descansa sobre un plato con mercurio. La presión barométrica empuja el mercurio del plato y lo fuerza a subir por el tubo. (p. 26)

barómetro Instrumento usado para medir los cambios en la presión barométrica. (p. 26)

bosque tropical Bosque en la zona tropical húmeda donde llueve todo el año. (p. 123)

brisa marina Corriente de aire de un océano o lago hacia la tierra. (p. 56)

brisa terrestre Corriente de aire que va de la tierra a un cuerpo de agua. (p. 56)

calentamiento global Aumento gradual de la temperatura atmosférica de la Tierra. (p. 140)

calor Energía transferida de un objeto a otro menos caliente. (p. 49)

ciclón Remolino de aire de baja presión. (p. 81)

cirros Nubes espigadas y plumosas formadas a gran altura, más de 6 kilómetros, principalmente por cristales de hielo. (p. 64)

clima Promedio de las condiciones permanentes de temperatura, precipitaciones, viento y nubes en un área. (p. 112)

clima continental El del centro de los continentes, con inviernos fríos y veranos calurosos. (p. 114)

clima marítimo Clima de algunas regiones costeras, con inviernos relativamente cálidos y veranos frescos. (p. 114)

clorofluorocarbono Compuesto clorinado usado antiguamente en los acondicionadores de aire, refrigeradores y aerosoles. También se le llama CFC. (p. 142)

condensación Proceso por el cual las moléculas de vapor de agua en el aire se transforman en líquido. (p. 63)

conducción Transferencia directa del calor de una sustancia a otra con la que está en contacto. (p. 50)

contaminantes Sustancias dañinas en el aire, el agua o el suelo. (p. 20)

continental (masa de aire) Masa de aire seco que se forma sobre la tierra. (p. 76)

convección Transferencia de calor por medio del movimiento de un fluido. (p. 50)

corriente de chorro Banda de vientos de alta velocidad a cerca de 10 kilómetros sobre la superficie de la Tierra. (p. 60)

cúmulos Nubes que se forman a menos de 2 kilómetros sobre la tierra y parecen redondos y esponjosos copos de algodón. (p. 64)

definición operativa Enunciado que describe cómo una variable particular puede medirse o definir un término. (p. 153)

densidad Cantidad de masa de una sustancia con relación a un volumen dado. (p. 25)

desierto Región con menos de 25 centímetros de lluvia por año. (p. 126)

dispersión Reflejo de la luz en todas direcciones. (p. 44)

edad de hielo Periodo de tiempo frío en la historia de la Tierra, durante el cual una amplia parte de ésta estuvo cubierta por glaciares. (p. 136)

efecto Coriolis Efecto causado por la rotación de la Tierra cuando hace que los vientos del hemisferio norte se curven a la derecha y los del hemisferio sur lo hagan a la izquierda. (p. 57)

efecto invernadero Proceso en el cual el calor es atrapado en la atmósfera por vapor de agua, dióxido de carbono, metano y otros gases que forman un "cobertor" alrededor de la Tierra. (p. 140)

El Niño Fenómeno que se presenta cada dos o siete años en el océano Pacífico, durante el cual el viento desvía y empuja la superficie calentada del agua hacia la costa de América del Sur, lo que ocasiona grandes cambios en el clima. (p. 102)

energía térmica Energía del movimiento en las moléculas de una sustancia. (p. 49)

estepa Pradera de pastos que se encuentra en regiones de clima semiárido. (p. 127)

estratos Nubes en forma de capas planas. (p. 64)

estratosfera La segunda capa inferior de la atmósfera terrestre; la capa de ozono se localiza en su nivel superior. (p. 32)

evacuar Desplazarse lejos temporalmente. (p. 90)

evaporación Proceso en el cual las moléculas de agua en estado líquido se volatilizan como vapor. (p. 61)
exosfera Capa externa de la termosfera que se extiende hacia el espacio. (p. 36)
experimento controlado En el que todos sus factores, excepto uno, se mantienen constantes. (p. 157)

factor de enfriamiento por viento Incremento del frío causado por el viento. (p. 53)
frente Área donde dos masas de aire se encuentran sin mezclarse. (p. 79)

gases de invernadero Gases de la atmósfera que captan el calor. (p. 140)

hipótesis Predicción sobre el resultado de un experimento. (p. 156)
humedad Medida de la cantidad de vapor de agua en el aire. (p. 62)
humedad relativa Porcentaje de vapor de agua en el aire comparado con la cantidad máxima que el aire puede contener en esa temperatura. (p. 62)
huracán Tormenta tropical con vientos de 119 kilómetros o más por hora; el típico tiene unos 600 kilómetros de ancho. (p. 88)

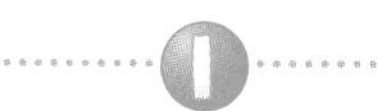

ionosfera Parte inferior de la termosfera donde se encuentran partículas cargadas eléctricamente, llamadas iones. (p. 36)
inundación repentina Inundación súbita y violenta que ocurre en una horas y aun minutos, luego de una fuerte tempestad. (p. 96)
isobaras Líneas con las que en un mapa se limitan los lugares que tienen igual presión barométrica. (p. 102)
isotermas Líneas con las que en un mapa se limitan los lugares que tienen igual temperatura. (p. 102)

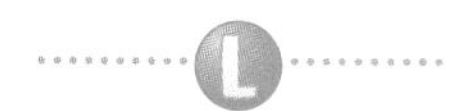

latitud Distancia medida en grados, desde el ecuador a un punto. (p. 58)
lluvia ácida Lluvia que contiene más ácido de lo normal. (p. 23)

manchas solares Regiones oscuras y menos calientes en la superficie del Sol. (p. 137)
marejada de tormenta Domo curvo de agua a través de la costa donde entra a tierra un huracán. (p. 90)
marítimo (masa de aire) Masa de aire húmedo que se forma en los océanos. (p. 76)
masa de aire continental Masa de aire seco que se forma sobre la tierra. (p. 76)
masa de aire Enorme masa de aire que en su totalidad tiene similar temperatura, presión y humedad. (p. 76)
masa de aire marítimo Masa de aire húmedo que se forma en los océanos. (p. 76)
masa de aire polar Masa de aire frío que se forma al norte de los 50° de latitud norte o al sur de los 50° de latitud sur y con alta presión de aire. (p. 76)
masa de aire tropical Masa de aire caliente formada en los trópicos y con baja presión de aire. (p. 76)
mesosfera Capa intermedia en la atmósfera terrestre, donde se quema la mayoría de los meteoritos. (p. 32)
meteorólogos Científicos que estudian las causas del estado del tiempo y tratan de predecirlo. (p. 100)

microclima Clima característico de un área específica; puede ser diferente del de las áreas circundantes. (p. 117)
monzón Vientos marinos y terrestres sobre una amplia región que cambian de rumbo con la estación. (p. 56)

ocluido Cortado, como una masa de aire caliente en un frente ocluido se corta desde tierra por un aire más fresco debajo de él. (p. 81)
onda electromagnética Forma de energía que puede viajar a través del espacio. (p. 42)
ozono Forma de oxígeno que tiene tres átomos en cada molécula en lugar de los dos habituales. (p. 16)

permafrost Suelo permanentemente congelado, localizado en regiones climáticas de tundra. (p. 130)

polar (masa de aire) Masa de aire frío que se forma al norte de los 50° de latitud norte o al sur de los 50° de latitud sur y con alta presión de aire. (p. 76)

pluviómetro Instrumento para medir la cantidad de precipitaciones. Consta de una lata cerrada por un extremo y tapado con un embudo y un tubo colector, con una escala interna para medir. (p. 69)

precipitación Cualquier clase de agua que cae de las nubes sobre la superficie terrestre. (p. 67)

presión Fuerza que empuja contra un área o superficie. (p. 25)

presión barométrica Fuerza que resulta de la presión ejercida hacia abajo por una columna de aire sobre un área determinada. (p. 26)

punto de rocío Temperatura en la cual comienza la condensación. (p. 63)

radiación infrarroja Forma de energía cuya longitud de onda es mayor que la de la luz visible. (p. 43)

radiación Transferencia directa de energía por medio de ondas electromagnéticas. (p. 42)

radiación ultravioleta Forma de energía con longitud de onda más corta que la de la luz visible. (p. 43)

rayo Chispa repentina o descarga de energía provocada cuando una carga eléctrica salta del centro de una nube a otra, o de una nube al suelo. (p. 84)

sabana Pastizal tropical con grupos esparcidos de árboles; se encuentra en zonas de climas tropicales alternativamente húmedos y secos. (p. 126)

sequía Largo periodo de bajas precipitaciones. (p. 70)

sicrómetro Instrumento para medir la humedad relativa, consta de un termómetro de bulbo húmedo y otro de bulbo seco. (p. 62)

smog fotoquímico Bruma pardusca, mezcla de ozono y otros químicos, formada cuando los óxidos de nitrógeno, hidrocarburos y otros contaminantes reaccionan unos con otros por acción de la luz del sol. (p. 22)

sotavento El lado por donde el viento baja de las montañas. (p. 117)

subártico Zona climática al norte de una franja continental húmeda, con veranos cortos y frescos, e inviernos largos y extremadamente fríos. (p. 129)

subtropical húmedo Zona climática húmeda y más templada en el borde de los trópicos. (p. 128)

temperatura Cantidad promedio de energía de movimiento en las moléculas de una sustancia. (p. 49)

termómetro Instrumento para medir la temperatura, consta de un delgado tubo cerrado de cristal con un bulbo que contiene un líquido (usualmente mercurio o alcohol) en un extremo. (p. 49)

termosfera Capa externa de la atmósfera terrestre. (p. 35)

tiempo Condición de la atmósfera terrestre en un lugar y momento particulares. (p. 14)

tormenta Violenta alteración en la atmósfera. (p. 83)

tornado Nube de tormenta en forma de embudo que gira velozmente y cuyo extremo inferior toca la tierra, en general con una trayectoria destructiva. (p. 85)

tropical (masa de aire) Masa de aire caliente formada en los trópicos y con baja presión de aire. (p. 76)

troposfera La capa más baja de la atmósfera terrestre, donde se producen los cambios de tiempo. (p. 31)

tundra Región de clima polar que abarca Alaska, Canadá y Rusia, con veranos cortos y frescos, e inviernos largos extremadamente fríos. (p. 130)

vapor de agua Estado gaseoso del agua. (p. 17)

variable Cualquier factor que puede cambiar durante un experimento. (p. 157)

variable de respuesta Factor que cambia como resultado de las modificaciones de una variable manipulada en un experimento. (p. 157)

variable manipulada El factor que un científico cambia durante un experimento. (p. 157)

vientos globales Vientos que soplan constantes en una dirección específica a través de largas distancias. (p. 57)

viento Movimiento horizontal del aire de un área de presión alta a otra de presión baja. (p. 52)

vientos locales Los que soplan en cortas distancias. (p. 54)

zonas templadas Área entre las zonas tropical y polar, de aproximadamente 23.5° a 66.5° en las latitudes norte y sur. (p. 113)

zona tropical Área cercana al ecuador entre aproximadamente 23.5° de latitud norte y alrededor de 23.5° de latitud sur. (p. 113)

zonas polares Áreas cercanas a los polos, ubicadas entre alrededor de los 66.5° a 90° en las latitudes norte y sur. (p. 113)

índice

Reconocimientos

Ilustración

John Edwards & Associates: 30, 44, 56t, 79, 80, 81, 89, 119, 140
GeoSystems Global Corporation: 88, 91, 92, 103t, 115, 124–125, 136, 148
Andrea Golden: 10, 151
Jared Lee: 150
Martucci Design: 15, 23, 43, 103b, 121, 132
Matt Mayerchak: 38, 72, 144
Morgan Cain & Associates: 26b, 27, 28, 45, 48, 50–51, 54, 57, 59, 67, 69, 141
Ortelius Design Inc: 17, 56b, 82, 86-87, 109, 113, 116, 138, 145
Matthew Pippin: 26t, 33, 61, 65, 96
Proof Positive/Farrowlyne Associates, Inc.: 149
John Sanderson/Horizon Design: 78
Walter Stuart: 137
J/B Woolsey Associates: 64, 97, 117

Fotografía

Investigación fotográfica Kerri Hoar, PoYee McKenna Oster
Imagen de portada Tom Ives/The Stock Market

Naturaleza de las ciencias
Página 8, Jane Love/NASA; **9r**, Jose L. Pelaez/The Stock Market; **9l**, NASA/Photo Researchers; **10b**, NASA; **10–11t**, NASA

Capítulo 1
Páginas 12–13, Jay Simon/TSI; **14t**, Russ Lappa; **14b**, NASA/Photo Researchers; **16b**, Russ Lappa; **16t**, Richard Haynes; **17r**, George G. Dimijian/Photo Researchers; **18tl**, Eric Horan/Liaison International; **19**, Richard Haynes; **20t**, Russ Lappa; **20b**, Aaron Haupt/Photo Researchers; **21b**, Paul Lowe/Magnum Photos; **21t**, Biophoto Associates/Photo Researchers; **22**, Will McIntyre/Photo Researchers; **24**, Steve Casimiro/Liaison International; **25t**, Russ Lappa; **25b**, Eric A. Kessler; **27t**, Ivan Bucher/Photo Researchers; **29**, Russ Lappa; **31t**, Russ Lappa; **31b**, Steve Vidler/Superstock; **32**, Mark C. Burnett/Photo Researchers; **34b**, Corbis-Bettmann; **34t**, The Granger Collection, NY; **35b**, NASA; **35t**, The National Archives/Corbis; **36**, Jack Finch/Science Photo Library/Photo Researchers; **37**, Biophoto Associates/Photo Researchers.

Capítulo 2
Páginas 40–41, William Johnson/Stock Boston; **42–43**, Photo Researchers; **47**, Richard Haynes; **48**, Russ Lappa; **49**, Russ Lappa; **50–51**, Daniel Cox/Allstock/PNI; **52t**, Russ Lappa; **52bl**, Victoria Hurst/Tom Stack & Associates; **52–53**, Gary Retherford/Photo Researchers; **53r**, Richard Haynes; **55**, Richard Haynes; **56**, Steve McCurry/Magnum Photos; **58**, Scala/Art Resource, NY; **60**, Ken McVey/TSI; **61**, Russ Lappa; **62**, E.J. Tarbuck; **63**, Peter Arnold; **65t**, Michael Gadomski/GADOM/Bruce Coleman; **65tm**, Phil Degginger/Bruce Coleman; **65bm**, E.R. Degginger; **65b**, John Shaw/Bruce Coleman; **66**, Wendy Shattil/Bob Rozinski/Tom Stack & Associates; **67**, Richard Haynes; **68t**, AP/Wide World; **68b**, Nuridsany et Perennou/Photo Researchers; **68 inset**, Gerben Oppermans/TSI; **70**, Bill Frantz/TSI; **71l**, Gerben Oppermans/TSI; **71r**, Victoria Hurst/Tom Stack & Associates.

Capítulo 3
Páginas 74–75, Pete Turner/The Image Bank; **76t**, Russ Lappa; **76b,** Russ Lappa; **77,** Jim Corwin/TSI; **83t**, Russ Lappa; **83b**, Dirck Halstead/Liaison International; **84**, Dan Sudia/Photo Researchers; **85**, Schuster/Superstock; **86b**, The Granger Collection, NY; **86t,** The Granger Collection, NY; **87l**, North Wind Picture Archives; **88**, Sheila Beougher/Liaison International; **89**, NASA-Goddard Laboratory for Atmospheres; **90**, Clore Collection, Tate Gallery, London/Art Resource, NY; **92**, NOAA; **94**, Tony Freeman/Photo Edit; **95t**, Richard Haynes; **95bl**, Keith Kent/Science Photo Library/Photo Researchers; **95br**, Grant V. Faint/The Image Bank; **98**, AP Photo/Pool/David J. Phillip; **99t**, Larry Lawfer; **99b**, Corel Corp.; **100**, AP Photo/David Umberger; **101**, NOAA; **103**, NOAA; **104–106**, AccuWeather, Inc.; **107l**, Schuster/Superstock; **107r**, Russ Lappa.

Capítulo 4
Páginas 110–111, David Muench; **112t**, Richard Haynes; **112b**, Thomas D. Mangelsen/Peter Arnold; **114**, David Madison/Bruce Coleman; **116**, Duncan Wherrett/TSI; **117**, Chris Cheadle/TSI; **121**, Richard Haynes; **122t,** Russ Lappa; **122b**, Charlie Waite/TSI; **123**, Geogory G. Dimigian/Photo Researchers; **126t**, Thomas D. Mangelsen/Peter Arnold; **126b**, Alex S. MacLean/Peter Arnold; **127**, Stephen Johnson/TSI; **128t,** Ann Duncan/Tom Stack & Associates; **128b**, Margaret Gowan/TSI; **129**, Kennan Ward Photography/Corbis; **130t**, Art Wolfe/TSI; **130b**, Thomas Kitchin/Tom Stack & Associates; **131**, Photodisc, Inc.; **134**, 1996 Ira Block; **135r**, Tony Craddock/Science Photo Library/Photo Researchers; **135 inset**, George Godfrey/Animals Animals; **142**, NOAA; **143l**, Art Wolfe/TSI; **143r**, Tony Craddock/Science Photo Library/Photo Researchers.

Exploración interdisciplinaria
Página 146, Galen Rowell/Corbis; **147**, The Granger Collection, NY; **149**, AE Zuckerman/Photo Edit; **150 inset**, Corbis-Bettmann; **150–151**, AE Zuckerman/Photo Edit.

Manual de destrezas
Página 152, Mike Moreland/Photo Network; **153t**, Foodpix; **153m**, Richard Haynes; **153b**, Russ Lappa; **156**, Richard Haynes; **158**, Ron Kimball; **159**, Renee Lynn/Photo Researchers.

Versión en español

Editorial Compuvisión México